中国特色高等职业教育发展与政策研究

陈正江 著

浙江工商大学出版社
ZHEJIANG GONGSHANG UNIVERSITY PRESS
·杭州·

图书在版编目(CIP)数据

中国特色高等职业教育发展与政策研究 / 陈正江著.
— 杭州 : 浙江工商大学出版社, 2021.3
ISBN 978-7-5178-4388-7

Ⅰ. ①中… Ⅱ. ①陈… Ⅲ. ①高等职业教育—发展—研究—中国②高等职业教育—教育政策—研究—中国
Ⅳ. ①G718.5

中国版本图书馆 CIP 数据核字(2021)第 048848 号

中国特色高等职业教育发展与政策研究

ZHONGGUO TESE GAODENG ZHIYE JIAOYU FAZHAN YU ZHENGCE YANJIU

陈正江 著

责任编辑 张 玲
封面设计 尚阅文化
责任印制 包建辉
出版发行 浙江工商大学出版社
(杭州市教工路 198 号 邮政编码 310012)
(E-mail:zjgsupress@163.com)
(网址:http://www.zjgsupress.com)
电话:0571-88904980,88831806(传真)
排 版 杭州朝曦图文设计有限公司
印 刷 浙江全能工艺美术印刷有限公司
开 本 710mm×1000mm 1/16
印 张 17.75
字 数 230 千
版 印 次 2021 年 3 月第 1 版 2021 年 3 月第 1 次印刷
书 号 ISBN 978-7-5178-4388-7
定 价 56.00 元

浙江工商大学出版社营销部邮购电话 0571-88904970

目 录

Contents

绪　言

人力资本需求、制度供给与高职教育发展

——基于改革开放40多年来我国高等职业教育若干重大政策的考察

作为高等教育的重要类型与职业教育的重要层次，改革开放以来，我国高等职业教育经历了波澜壮阔的发展历程，实现了历史性突破。高等职业教育极大地推动了我国高等教育大众化进程，并引领了职业教育整体质量的提升，是我国改革开放40多年进程在教育方面的独特折射，是中国对世界教育的独特贡献。教育改革与发展是一种十分复杂且非常漫长的过程，对处于经济社会转型时期的我国来说尤其如此。正如涂尔干所言："要想把握这些力量，我们就需要观察它们在历史的进程中是如何运作的。因为只有在历史中，它们才会通过所产生的效果的累积而展现自身。正是因为这个原因，要想真正理解任何一项教育主题，都必须把它放到机构发展的背景当中，放到一个演进的过程当中，它属于这个过程中的一部分，但只是当前时代的暂时的结果。"改革开放以来，我国制定实施了一系列推动高等职业教育发展

的重大政策，进一步确立了高职教育的重要地位，明确了高职教育改革发展的指导思想、目标和思路，反映了我国高职教育发展的历史沿革与价值导向。在大力发展职业教育政策的推动下，发展高职教育逐步成为社会共识。在此期间，我国高职教育规模进一步扩大，截至2017年5月31日，在全国2631所普通高等学校中，高职院校有1388所，占比52.8%，其服务经济社会的能力明显增强。基于此，本文通过对改革开放40多年来我国高等职业教育发展的历史考察，从若干重大事件中探讨社会需求、制度供给与高等职业教育发展之间存在的关系，以及在这个过程中政府、产业、院校以及社会对高等职业教育的态度，为构建中国特色高等职业教育话语体系提供前置性研究。

一、改革开放40多年来我国高等职业教育若干重大政策事件考察

在回顾中国高职教育发展时，任何一个阶段都不能忽略，每个阶段都是对前一阶段的回应，并反映着那段时期政治与经济的变化景象。正如布尔迪厄所言："每一次言语行动，而且更一般地讲，每一次行动，都是一种事件的结合，即彼此独立的因果系列之间的一种遭遇。"

（一）1978—1998年："三改一补"政策与《中华人民共和国职业教育法》

1977年8月，邓小平同志主持召开了科学与教育工作座谈会，做出恢复高考的重要决策。教育如果要为实现四个现代化提供支撑，就必须进一步调整。当时，还不存在真正意义上的高等职业教育。但历史自身确有连续性，只看其中某一段会有很大的局限。一些事情的意义在当时还没有显现出来，要经过一段时间才看得明白。20世纪80年代，国家的政策导向是在普及九年义务教育的同时，大力发展多层

次、多形式的职业教育，并着重发展高等职业教育，培养一大批具有必要的理论知识和较强实践能力，能够在生产、建设、管理、服务第一线工作的专门人才，这个导向在其后逐步过渡到"三改一补"政策。

1."三改一补"政策

1993年2月13日，中共中央、国务院印发的《中国教育改革和发展纲要》指出："各地要积极发展多样化的高中后教育，要大力加强和发展地区性专科教育。"在1994年召开的全国教育工作会议上，时任总理李鹏同志在报告中提出："适当发展高等专科教育和高等职业教育，今后一个时期，适当扩大规模的重点是高等专科教育和高等职业教育。"1994年7月3日发布的《国务院关于〈中国教育改革和发展纲要〉的实施意见》中提出："通过改革现有高等专科学校、职业大学和成人高校以及举办灵活多样的高等职业班等途径，积极发展高等职业教育。"1996年6月17日，时任国家教委主任朱开轩在全国职业教育工作会议上指出："发展高等职业教育要与高等教育的结构调整相结合，充分利用现有教育资源，主要通过现有职业大学、部分专科学校、独立设置的成人高校改革办学模式、调整专业方向和培养目标来促进高等职业教育的发展。特别要积极鼓励专科办高职的探索与试点。在仍不能满足需要时，经批准可利用少数具备条件的国家级重点中专举办高职班或转制等方式作为补充。"这种通过改革、改组、改制现有部分高校为主和以少量重点中专举办高职班作为补充的途径俗称"三改一补"政策，这一政策成为高等职业教育生存的必要基础与先决条件，并使我国高等职业教育得以进一步延续。

2.《中华人民共和国职业教育法》

1996年5月15日，全国人大常委会通过《中华人民共和国职业教育法》(以下简称《职业教育法》)，随后以中华人民共和国主席令第69号公布，并自1996年9月1日起实施。《职业教育法》分总则、职业教育体系、职业教育的实施、职业教育的保障条件、附则等 5 章共 40 条。该法确立了职业教育的法律地位，明确了职业教育的根本任务、办学体制和管理体制，提出了发展职业教育的方法和途径，规定了政府、社会、企业、学校和个人的义务与权利，制定了职业学校的设置标准和准入条件等，其中规定国务院教育行政部门负责职业教育工作的统筹规划、综合协调、宏观管理。《职业教育法》的颁布和实施，标志着我国职业教育走上了制度化、法制化的轨道。

(二)1999—2012 年：高职教育省级统筹与高职教育示范建设计划

1. 高职教育省级统筹

世纪之交，党中央、国务院做出了重大的战略决策，即推进高等教育大众化，其中以大力发展高等职业教育为最重要的标志。1999 年 1 月，教育部和国家计委联合印发《试行按新的管理模式和运行机制举办高等职业技术教育的实施意见》，其中明确提出，高等职业教育由以下机构实施：短期职业大学、职业技术学院、具有高等学历教育资格的民办高校、普通高等专科学校、本科院校内设立的高等职业教育机构（二级学院）、经教育部批准的极少数国家级重点中等专业学校、办学条件达到国家规定合格标准的成人高校等。1999 年 6 月 13 日发布的《中共中央国务院关于深化教育改革，全面推进素质教育的决定》指出，高等职业教育是高等教育的重要组成部分。经国务院授权，把发展高等职业教育和大部分高等专科教育的权力以及责任交给省级人民政府，省级人民政府依法管理职业技术学院（或职业学院）和高等专科学校。高等职业教育办学管理权的下放，要求地方政府加强统筹规划，采取积极措施推动区域高等职业教育的进一步发展。

2. 高职教育示范建设计划

2005 年的《国务院关于大力发展职业教育的决定》（以下简称《决

定》)提出,要实施职业教育示范性院校建设计划,重点建设高水平的培养高素质技能型人才的 1000 所示范性中等职业学校和 100 所示范性高等职业院校。2006 年,教育部、财政部启动实施“国家示范性高等职业院校建设计划”(以下简称“示范计划”),旨在通过重点支持建设 100 所高水平示范性高职院校,加快高职教育改革与发展,推进高职教育质量的整体提高。“纵观高等职业教育发展的政策脉络,可以发现‘示范计划’是加快高等职业教育改革与发展的重大举措,也正是全面提高高等职业教育教学质量的重要抓手。”作为 21 世纪我国高职教育改革发展的一项重要政策,“示范计划”贯穿于我国“十一五”和“十二五”两个发展阶段,实施周期长达十年,成为我国 21 世纪高职教育影响最大、口碑最好、成效最明显的政策。

(三)2013—2018 年:习近平总书记的重要指示与高职教育创新发展行动计划

1. 习近平总书记的重要指示

2014 年 6 月 23 日,中共中央总书记习近平专门对职业教育工作做出了重要指示。他强调,职业教育是国民教育体系和人力资源开发的重要组成部分,是广大青年打开通往成功成才大门的重要途径,肩负着培养多样化人才、传承技术技能、促进就业创业的重要职责,必须高度重视、加快发展。他指出,要树立正确人才观,培育和践行社会主义核心价值观,着力提高人才培养质量,弘扬劳动光荣、技能宝贵、创造伟大的时代风尚,营造人人皆可成才、人人尽展其才的良好环境,努力培养数以亿计的高素质劳动者和技术技能人才。要牢牢把握服务发展、促进就业的办学方向,深化体制机制改革,创新各层次各类型职业教育模式,坚持产教融合、校企合作,坚持工学结合、知行合一,引导社会各界特别是行业企业积极支持职业教育,努力建设中国特色职业教育体系。要加大对农村地区、民族地区、贫困地区职业教育支持力度，努力让每个人都有人生出彩的机会。他要求各级党委和政府要把加快发展现代职业教育摆在更加突出的位置，更好地支持和帮助职业教育发展，为实现“两个一百年”奋斗目标和中华民族伟大复兴的中国梦提供坚实的人才保障。

2. 高职教育创新发展行动计划

为贯彻落实国务院《关于加快发展现代职业教育的决定》和全国人大常委会职业教育法执法检查有关要求，推动高等职业教育创新发展，2015 年 10 月，教育部发布《高等职业教育创新发展行动计划(2015—2018 年)》(以下简称《行动计划》)。《行动计划》以立德树人为根本，以服务发展为宗旨，以促进就业为导向，坚持适应需求、面向人人，坚持产教融合、校企合作，坚持工学结合、知行合一，明确扩大优质教育资源、增强院校办学活力、加强技术技能积累、完善质量保障机制、提升思想政治教育质量等五大任务，并将这些政策任务分解为 22 个主要项目作为工作载体。同时，充分调动省级教育行政部门、相关行业职业教育教学指导委员会的积极性，推动高等职业教育与经济社会同步发展，提升人才培养质量。

二、人力资本需求、制度供给与高职教育发展

我国高等职业教育发展的实践指向是服务发展和促进就业，处于制度变迁与现代转型背景中的高等职业教育，要实现从外生性发展向内涵式发展的转变，就需要挖掘教育科学的潜力，形成教育自驱动的功能。

(一)人力资本需求催生并持续强化高等职业教育

职业教育与经济社会发展紧密相关，正如吴邦国同志在 2002 年第

四次全国职业教育工作会议讲话中指出的，加强职业教育不仅是教育问题，也与经济工作有着直接而密切的联系。改革开放所释放的巨大人力资本需求，为我国高等职业教育的发展起着催生作用；同时，我国高等职业教育的发展又进一步为改革开放提供了人力资源基础。随着现代经济的发展，教育、研究、人力资本、制度环境等因素在经济发展过程中的重要性日益凸显，就提高经济增长质量而言，在劳动力方面有教育与培训的要求，以提高专业化人力资本的积累水平。高等职业教育致力于培养数以亿计的高素质劳动者和技术技能人才，是建设现代职业教育体系承上启下的关键。

加快发展现代职业教育是建设人力资源强国的必由之路。“一个国家制造业在价值链中的位置，取决于技术、管理和技能等诸多因素，而归根结底都与劳动者的人力资本水平密切相关。因此，产业升级的前提是技能升级。”相关研究表明，以 2010 年后 15—59 岁劳动年龄人口的负增长为标志，中国长期维持经济增长所依靠的人口红利已逐渐消失，刘易斯拐点的出现在实践中表现为从“民工荒”到“技工荒”，这意味着今后在不涨工资的前提下，无法获得无限的劳动力供给。第一次人口红利终究是会枯竭的，而第二次人口红利的潜力则是无限的。长期以来我国缺乏的是技术人才和熟练工人，在向效率驱动型经济增长模式加速转变的情况下，更是如此。在这个意义上，高等职业教育是我国工业化、信息化、城镇化、农业现代化的重要推力，这是基于当前我国国情的现实选择。这就要求高职教育发展的规模、结构、效益和强度在实践中必须加以科学设计与合理确定，即高职教育只有与中国特色新型工业化、信息化、城镇化、农业现代化道路相适应，才有可能得到持续发展。

（二）制度供给引导并持续推动高等职业教育发展

唯物主义揭示了事物发展是内因与外因共同作用的结果。改革开放以来，党中央、国务院高度重视职业教育，加强了对高等职业教育工作的领导和支持，开始研究并解决高等职业教育发展中的重大问题，先后颁布了一系列推动与指导职业教育改革发展的重大方针政策，例如，《中共中央关于教育体制改革的决定》《关于大力推进职业教育改革与发展的决定》《国务院关于大力发展职业技术教育的决定》《中国教育改革和发展纲要》《面向21世纪教育振兴行动计划》《中共中央、国务院关于深化教育改革全面推进素质教育的决定》《国务院关于大力推进职业教育改革与发展的决定》《2003—2007年教育振兴行动计划》《国务院关于大力发展职业教育的决定》和《国家中长期教育改革和发展规划纲要（2010—2020年）》，国务院《关于加快发展现代职业教育的决定》，教育部、国家发展改革委、财政部、人力资源社会保障部、农业农村部、国务院扶贫办等六部委《现代职业教育体系建设规划（2014—2020年）》，《财政部、教育部关于建立完善以改革和绩效为导向的生均拨款制度　加快发展现代高等职业教育的意见》。

发展是我国高等职业教育的第一要务和永恒主题，从广阔的社会变迁视角来看，从大力发展，到加快发展，再到创新发展，政策话语的微调暗含着发展政策的变迁与发展模式的转变。大力发展是对加强职业教育重要性认识的基础上做出的政策选择，而加快发展则是对现代职业教育紧迫性认识的基础上做出的政策选择。这种转变不仅仅是政策的转向，更是政策在深层次的加强。在内涵式发展阶段，当职业教育整体得到发展并出现多层次、多类型的职业教育后，原有的职业教育体制、机制不能适应这种发展要求时，就需要与时俱进，发展现代职业教育。在这个意义上，大力发展职业教育与外延式发展相适应，强调外在推动的力度，表现为“大力发展”；加快发展现代职业教育与内涵式发展相适应，强调提高发展的速度和深度，速度表现为“加快发展”，深度则表现为“现代职业教育”，主要依靠内在活力的激发和潜力的挖掘。而“创新发展”表现为“对教育发展阶段做出准确判断，正视职业教育发展中的问题，公正、透明、谨慎地引导舆论和公众心理，并利用制度需求最强烈、制度供给激励最具相容性的有利时机，构建现代职业教育体系的制度基础”。

三、讨论与反思

通过对改革开放40多年来我国高等职业教育若干重大政策事件的考察，从人力资本需求和制度供给两个层面对我国高等职业教育发展做出分析。事实上，科学理论与社会实践之间不可能直接发生作用，其间必定存在着一个桥梁，研究便是介于科学理论与社会实践之间的桥梁。本文尝试从制度诱因和自发秩序两个角度展开讨论和反思，为推动高等职业教育现代转型提供启示。

（一）制度诱因

在公共政策理论分析框架中，公共政策是指公共权力机关经由政治过程所选择和制定的为解决公共问题、达成公共目标、以实现公共利益的方案，其作用是规范和指导有关机构、团体或个人的行动。而规范和指导职业教育发展的方案是一项重要的公共政策，确定了国家在一定时期内发展职业教育的任务、方针和措施，其表现形式包括法律、行政法规和规章、党的文件和国家领导人的指示（口头或书面）、规划等。如1996年颁布实施的《中华人民共和国职业教育法》是规范职业教育发展的基本法律，《国务院关于大力发展职业技术教育的决定》等属于行政法规，《中共中央关于教育体制改革的决定》等属于党的文件，《国家中长期教育改革和发展规划纲要（2010—2020年）》属于规划，2002年时任国务院总理朱镕基在第四次全国职业教育工作会议上的讲话和2005年时任国务院总理温家宝在第五次全国职业教育工作会议上的讲话属于国家领导人的指示。上述形式都反映出职业教育发

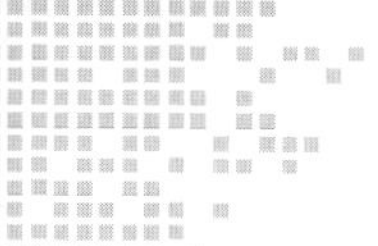

展的政策意图和导向，对我国职业教育发展产生深刻的影响。

(二)自发秩序

政策研究是教育社会学介入制度实践的重要方式之一，对空间转向、新教育私有化、新管理主义等新概念的关注，体现出政策研究与时俱进的特征。本文所采用的是政策研究方法。早在2002年的《国务院关于大力推进职业教育改革与发展的决定》就提出要建立“现代职业教育体系”，及至2010年《国家中长期教育改革和发展规划纲要(2010—2020年)》提出形成适应经济发展方式转变和产业结构调整要求、体现终身教育理念、中等和高等职业教育协调发展的现代职业教育体系，对现代职业教育的含义、体系、制度、实现路径、保障等方面的研究尚需深化，实践有待检验。正如2011年诺贝尔经济学奖获得者托马斯·萨金特所言：“最根本的一点是，应该有一个政府决策机制的模型。政府可以通过实际行动以及与公众进行沟通来影响人们的预期。”事实上，由于有着巨大的市场需求，诸如蓝翔、北大青鸟等一系列职教品牌才因此涌现出来，这些培训模式的成功要素通常不外乎市场需求、就业压力以及地方政府的行政扶持。因此，“对教育发展阶段做出准确判断，正视职业教育发展中的问题，公正、透明、谨慎地引导舆论和公众心理，并利用制度需求最强烈、制度供给激励最具相容性的有利时机，构建现代职业教育体系的制度基础”。

四、结　语

2018年是我国改革开放40周年，站在这一新的历史起点上，回顾与总结我国高职教育发展无疑是一件重要且有益之事。“社会学一直以来的一项重大任务就是描述一个特定的社会(通常是我们自己的社会)情形以及解释导致我们目前社会状况的各种社会变迁。”当然，高职教育发展也存在不可预知的情形，本文提出的观点，首先，需要经历系统的理论论证与实践检验；其次，还需要深入的理论探讨和经验研究支撑，如分析政策过程与结构，测量政策的体系与指标。因为清晰的理论方法使我们能够从逻辑上考量它的关键变量、因果关系，考察它的范围、一致性和成效，以及在这个过程中政府、产业界、知识界、院校及社会公众对高等职业教育的态度，最终摆脱研究者的前设、结论与案例特征选择和描述的互证倾向。

（本文刊载于《中国人民大学教育学刊》2020 年第 1 期）

第一章

高等职业教育内涵发展研究

基于跨界特征的高等职业教育类型特色建构

摘　要：高等职业教育类型特色的建构与增强，对于高等职业教育可持续发展具有重要意义，它的确立有助于使高等职业教育理论范型成为一种所有研究者都参与其间的共同思考框架。本文从什么是高等职业教育类型特色、高等职业教育类型特色体现在哪些方面，以及如何进一步增强高等职业教育类型特色等问题切入思考，在探讨高等职业教育类型特色内涵的基础上，重点从跨界性视角剖析其类型特色，并基于这种跨界特征提出增强高等职业教育类型特色的若干建议，为形成中国特色高等职业教育理论提供前置研究。

关键词：高等职业教育；类型特色；跨界；建构；增强

一、问题的提出

我国高等职业教育经过改革开放40多年来的发展，理论研究和实践探索不断深化。作为一个特定论域，高等职业教育吸引着高等教育、职业教育领域众多研究者的关注。这两类群体的研究者或是从高等教育得到启发与印证，或是从职业教育进行嫁接与移植，其两者成为构建高等职业教育理论范型的重要工具，这种借用高等教育或职业教育问题、概念和方法来分析高等职业教育，自然而然也就形成了高等职业教育类型论与高等职业教育层次论的争辩与分歧——持类型论观点的学者认为，高等职业教育是高等教育的重要类型；持层次论观点的学者认为，高等职业教育是职业教育的重要层次。

存在即合理。事实上，在高等教育、职业教育分野的教育体系框架下，高等职业教育的地位非常尴尬，面临着令人担忧的身份危机。这种地位或身份危机的肇因是高等职业教育类型特色没有得以建构，尤其是对什么是高等职业教育类型特色、高等职业教育类型特色体现在哪些方面，以及如何进一步增强高等职业教育类型特色等重大的理论和实践问题，缺乏深入的研究和有力的论证。类型特色正是高等职业教育存在合理性的基石，也是其具有不可替代性的内在标志，它的确立有助于使高等职业教育理论范型成为一种所有研究者都参与其间的共同反思框架。为构建这一框架，笔者基于上文提出的三个问题切入思考，在探讨高等职业教育类型特色的基础上，重点从跨界性视角剖析其类型特色，并基于这种跨界特征提出增强高等职业教育类型特色的若干建议，为形成中国特色高等职业教育理论提供前置研究。

二、高等职业教育类型特色

(一)类型特色

1. 类型

在社会科学研究中,分类(categorization)是一种唤起身份和规则的机制。[1]通过分类,研究对象得以明确,并在分类的基础上形成了类型。类型是一种隐喻(metaphors),它是对分组归类方法体系的总称。通常而言,一个类型只需研究一种属性,类型的各成分是用假设的各个特别属性来识别的,这种分组归类的方法因在各种现象之间建立有限的关系而有助于论证和探索。

2. 特色

特色是一事物明显区别于他物的特点。从一般意义上,事物在满足普遍性的同时,通常具有特殊性。正如伊曼纽尔·华勒斯坦所指出的那样,对社会现代性的研究产生了注重研究复杂性的科学,学者们呼吁把普遍主义"置于具体背景中来加以认识"。[2]这种基于具体背景认识得出的特殊性就形成了事物的特色。

3. 类型特色

类型特色是指事物属于一种类型而区别于别的类型的标记或特征,具有自主性是事物类型特色的重要基础。当然,类型特色是基于理论建构得出的。关于这个过程,费孝通先生有精炼的总结,即"从命题到结果整个是假设性的,以这种模式作为范型来测定现实的事例,推测它会出现的结果"[3]。2012 年,教育部发布《关于全面提高高等教育质量的若干意见》提出促进高校办出特色。作为高等教育的一种类型,高等职业教育的类型特色是决定高职院校能否办出特色的重要因素。

因此,我们必须对高等职业教育的类型特色做深入的剖析。

(二)高等职业教育类型特色

1. 高等职业教育类型特色

高等职业教育的类型特色建构在其自主性之上。在我国高等职业教育发展过程中,这种自主性在其中得到充分的反映,并具体体现为时代性和本土性。一方面,在改革开放过程中,适应时代的发展需要,我国高等职业教育为加快发展壮大现代产业体系做出重大贡献;另一方面,高等职业教育是土生土长的,它能较好地满足区域经济社会发展的需求。前者是从时间维度考察得出的结论,后者是从空间维度考察得出的结论。这两种维度即时代性和本土性,在此基础上,形成了高等职业教育的自足性与自主性,而这种自足与自主即高等职业教育的类型特色,内在地超越了关于高等职业教育类型论和层次论的争辩。

2. 高等职业教育类型特色的形成

理论告诉我们高等职业教育是什么,实践则要求我们怎么去办高等职业教育。因此对高等职业教育类型特色的这种理论建构必须要有实践支撑。事实上,改革开放以来特别是 21 世纪以后,我国高等职业教育呈现出前所未有的发展势头,高等职业院校数、在校生数和毕业生数持续增长,其规模已占普通高等教育的一半左右。实践中的高等职业教育已经成为不可否认的一种教育类型。影响高等职业教育类型特色形成的因素主要包括历史因素和现实因素,前者主要体现在制度和政策方面,后者主要体现在社会心理和社会认知方面。

3. 高等职业教育类型特色的社会功能

高等职业教育类型特色具有重要的社会功能。因为"当这种制度取得成功以后,就会为其他同类组织所模仿,而在这个时候,这种制度就成为一种'制度环境',具有了'合法性',从而形成'共享观念'"[4]。当人们共享相同的价值时,他们趋向于依照他们所期望于其他人行动的方式来行动。从实用主义的角度,高等职业教育的类型特色对于中国当下的高等职业教育研究者和政策制定者来说,都有着重要的理论和实践启示以及指导意义,它是一种鞭策与激励。

三、跨界性:高等职业教育类型特色分析

高等职业教育本身就是一种折中主义的产物,其中存在着内在的张力,这在一定程度上反映了高等职业教育跨界的特征,而识别和分析这种跨界性是确立高等职业教育类型特色的前提和基础。

(一)跨界性

1. 来源机构的跨界性

我国现代高等职业教育是从"三改一补"中发展而来。所谓"三改一补",即对现有高等专科学校、职业大学和独立设置的成人高校进行改革、改组和改制,并选择部分符合条件的中专改办补充;此外,部分本科院校也可以设置高等职业技术学院。其中既有高等专科学校、职业大学,也有独立设置的成人高校,还有中专和部分本科院校,反映出最初形成高等职业教育来源的院校复杂性。这些院校之间构成了高等教育与职业教育的多重跨越,其中高等教育既包括普通高等教育——本科院校和高等专科学校,也包括成人高等教育——独立设置的成人高校,而职业教育中既包含职业大学,也包含中等专业学校,高教与职教的跨界性体现明显。

2. 组建方式的跨界性

"三改一补"就是改革、改组、改制和补充。换言之,这是在上述来

源机构原先办学的基础上做出适当的改进。当然，其中具体如何改革、改组、改制和补充，政策并未"一刀切"，而是给各类机构留有较大的自主权。遥想高职办学当年，这些院校在举办高等职业教育探索与实践中无不秉持"摸着石头过河"的原则，在继承传统办学模式的同时，或多或少地融入了高等教育和职业教育的某些要素。因此，组建后院校有些高等教育特征更明显些，而有些职业教育特征更明显些，高教与职教的跨界性更加表露无遗。

3. 办学运行的跨界性

"三改一补"政策完善了高职教育发展的保障机制。在这一政策的助推下，高等职业教育成为我国教育发展的重点，并在世纪之交获得了大发展。事后来看，当时这些学校完成组建后，要想生存下来，实际上面临着极大的挑战。这就要求它们要跳出教育看教育，跳出教育办教育。"八仙过海，各显神通"，这些学校纷纷把关注点从单一的学校转移到学校与社会的结合上，尤其注重围绕教育与职业、学校与企业、学习与工作等方面的结合做文章，这种办学的开放性以及学校与外部社会合作的互动性体现出明显的跨界性。

那么，由上述原因所形成的跨界性是如何对高等职业教育的类型特色产生作用的，这个过程究竟是如何发生的，笔者在下文中将结合教育与职业、学校与企业、学习与工作、高教与职教等四重关系，分析高等职业教育在制度、机构、运行、体系等方面体现出的跨界特征，以及在形成这些跨界特征的过程中如何生成高等职业教育的类型特色。

（二）高等职业教育跨界特征分析

1. 制度跨界：教育与职业

西班牙教育家、社会活动家奥尔托加·加塞特指出："人类从事和热衷于教育，是基于一个简单明了、毫无浪漫色彩的原因——为了能够满怀信心、自由自在和卓有成效地生活，必须知道很多事情。”[5]1917年成立的中华职业教育社提出解决面包、劳工、教育三大问题，进而提出，实现此三大自由，职业教育是唯一的钥匙。无独有偶，陶行知先生也曾言：“教育即生活这句话，是从杜威先生那里来的，我们过去是常常用它，但是，从来没有问过这里面有什么用意。现在，我把它翻了个筋斗，改为生活即教育。”人生需要什么，我们就教什么。人生需要面包，我们就得过面包生活，受面包的教育；人生需要恋爱，我们就得过恋爱生活，也受恋爱的教育。照此类推，照加上去，是那样的生活就受那样的教育。[6]而所谓职业，一般意味着一类人利用后天可得的技能所从事的服务公众行为。由此看来，所谓职业需要具备三个面向：共同的行业，可得的技能，为公众服务的精神。谋生绝非职业考量。职业组织的存在，不是为了其所属的从业人员的利益，而是为了推动该行业所承载的社会服务职能。[7]

2. 机构跨界：学校与企业

以杜威和陶行知为代表的实用主义教育理论倡导“教育即生活”与“学校即社会”。20世纪20年代，我国近现代职业教育的倡导者黄炎培先生就提出：“设什么科，要看职业界的需要；定什么课程，用什么教材，要问问职业界的意见；就是训练学生，也要体察职业界的习惯；有时聘请教员，还要利用职业界的人才。”[8]德国教育家卡尔·雅斯贝尔斯也强调大学只能为职业的训练奠定基础，真正掌握要靠实践。大学应该尽最大可能为这种最终要通过实践才能实现的进步提供条件。[9]到现代社会，在每一个发达国家，劳动的核心都越发侧重于知识工人，他们不是靠卖力气赚钱，而是靠在学校或大学里学到的知识。这些人对自己的工作、对工作的管理方式、对自己的机遇和回报有着完全不同的期待。这一切变化的背后是向知识的转变，因为知识成了生产的关键资源。[10]

3.运行跨界:学习与工作

从功利主义到进步主义再到实用主义,职业教育始终表现为一种实学,一度被称为实业教育,这种教育的价值在于其实在(reality)、实用(practicality)、有用(serviceability)。实用主义者理所当然地不把理性视为高等教育的目的,而把高等教育视为解决生活问题的工具。[11] 1999 年韩国首尔第二届国际职业教育与培训大会的主题是:从学习到工作。学习与工作分属两种系统,即教育系统与职业系统。简言之,教育系统以培养人为己任,而职业系统则以接受教育系统培养的人为其存在的理由。两种系统间存在着巨大的差异,却又有着紧密的联系,它们的共同之处在于均以行动为导向,正是这种共同性让这两种系统跨界运行得以实现。因此,在这个意义上,教育既是目的,也是手段,教育是作为目的和手段而共同发挥作用的。[12]事实上,早在 100 多年前的 1913 年,黄炎培发表了《学校教育采用实用主义之商榷》的论文,号召人们"打破平面的教育,而为立体的教育""渐改文字的教育,而为实物的教育"[13]。其中蕴含着深刻的道理,学习有如平面的教育和文字的教育,而工作有如立体的教育和实物的教育,其二者之间必须打通,这样才能更好地实现技能与用人单位的需求相匹配,特别是在全球青年结构性失业问题,即就业难与技工荒并存的状况下,通过实施高等职业教育,实现青年从学习到工作的跨越。

4.体系跨界:高教与职教

1998 年颁布实施的《中华人民共和国高等教育法》(以下简称《高等教育法》)第十八条规定,高等教育由高等学校和其他高等教育机构实施。同时在第六十八条指出,本法所称高等学校是指大学、独立设置的学院和高等专科学校,其中包括高等职业学校和成人高等学校。1999 年 1 月,国务院批转教育部《面向 21 世纪教育振兴行动计划》,用较多篇幅强调发展高等职业教育。同年印发的《关于进一步调整国务院部门(单位)所属学校管理体制和布局机构的决定》更是为高等职业教育发展提供了契机。这在此后高等教育大众化过程中得到了明显体现,尽管高等职业教育作为高等教育的“新军”,因缺少历史积淀而甘当配角,却独当一面。1996 年颁布实施的《中华人民共和国职业教育法》(以下简称《职业教育法》)第十三条规定,职业学校教育分为初等、中等、高等职业学校教育。《职业教育法》对职业教育的定性,是对不同阶段的普通教育的“分流”。2006 年,教育部发布《关于全面提高高等职业教育教学质量的若干意见》,对高等职业教育的办学定位、培养目标、专业建设、教学模式、校企合作、师资建设等方面做出规定。2011 年,教育部《关于推进高等职业教育改革创新引领职业教育科学发展的若干意见》指出,高等职业教育具有高等教育和职业教育双重属性。因此,我们必须深刻地理解高教与职教的融合,发挥其在优化高等教育结构和引领现代职业教育体系建设的重要作用。

四、增强高等职业教育类型特色的若干建议

高等职业教育类型特色的形成是一个从日常经验到科学理论再到科学实践的循环往复并螺旋上升的转变过程,而当这一切发生之后,如何保持并增强这种类型特色,对推进高等职业教育可持续发展具有重要意义。笔者将从办学特色、人才培养特色、教学特色与育人特色等层面提出建议。

(一)增强产教融合的办学特色

2017 年 12 月,国务院办公厅发布的《关于深化产教融合的若干意见》指出,产教融合是职业教育的基本办学模式,是办好职业教育的关键所在。高等职业教育在产教融合方面具有天然的优势。因此,要积极引导专科高等职业院校,集中力量办好当地需要的特色优势专业

(群),服务经济社会发展和人的全面发展。而推进高职教育产教融合示范基地建设,调查是开展职业教育之基础,在调查的基础上推动产业需求与专业设置对接,职业标准与课程内容对接,生产过程与教学过程对接,职业资格证书与毕业证书对接,终身学习与职业教育对接,支持学校层面和专业层面深化产教融合,为区域经济社会发展提供人才支撑和智力支持。

(二)增强校企合作的人才培养特色

从人才培养的角度看,高等职业教育培养的是高素质技术技能型人才。2018 年 1 月,教育部等六部门联合发布了《〈职业学校校企合作促进办法〉的通知》提出,构建“政府扶持、学校主导、企业参与、开放共赢”的校企合作机制。校企合作是一种以社会需求为导向的运行机制,这种机制框架要求人才培养的过程由企业和学校共同参与,共同研发制定教育计划。校企合作人才培养模式与传统的教育模式不同,它是由单一的学校教育转化为学校和企业共同教育、由封闭式的学校教育转化为开放式的社会教育、由以理论学习为主转化为以实践教育为主的人才培养模式,以需求为导向优化人才培养结构,构建校企合作长效机制。

(三)增强工学结合的教学特色

无论是在专业建设中,还是在课程建设和教学改革中,都能体现高等职业教育教学工学结合的基本特征,这种特征最简洁的概括就是“做中学”。2012 年,《教育部关于全面提高高等教育质量的若干意见》提出,制订实施本科和高职高专专业类教学质量国家标准,围绕产业行业企业需求,开展真实的生产性实训。在工学结合中强化学生职业道德、职业技能、就业创业能力的培养,培养应用型、技能型人才;同时,工学结合的过程也是“双师型”教师队伍建设的过程。

(四)增强知行合一的育人特色

立德树人是发展中国特色社会主义教育事业的核心所在,这是新时代培养德智体美劳全面发展的社会主义建设者和接班人的根本要求。现在有越来越多的学生觉得自己被推上了达成某种具体职业目标的特定道路,学生对课程乃至课外实践的选择都与职业的目标和规划有关。而要将立德树人根本任务落到实处,就必须充分发挥全课程的育人功能,在育人过程中要强化实践育人环节,确保各类专业实践教学必要的学分(学时),并在教学过程中构建新型师生关系,推进知行合一育人特色落到实处。

五、结　语

在构思与写作本文的过程中,有一个问题始终在笔者脑中萦绕,什么是高等职业教育的贡献?[14]这个问题直指高等职业教育的要害,即高等职业教育是否具有不可替代性。高等职业教育类型特色的意蕴何在?这种转变如何才能发生?事实上,对研究对象的科学性认识不足,决定了高等职业教育类型特色的形成将是一个长久的过程。正如布鲁贝克所言,“事实上,这许多方面都是以满足各自所属的历史时期的不同程度的需要获得各自的合法地位的”[15]。

“思维模型与制度之间有着密切的联系。”[16]在推进高等职业教育高质量发展的背景下,关于高等职业教育类型特色的研究需要具有发展性视野,理解和解释高等职业教育类型特色的理论意涵和实践机制,更需要我们综合运用调查研究、人物访谈、案例分析、事件分析、政策研究等方法,使本研究从概念分析转向经验材料,并运用观察到的高等职业教育行为和积累的大量数据资料,以期摆脱研究者的前设、结论与案例特征选择和描述的互证倾向,在理论上建构、在实践中增强高等职业教育类型特色，通过持续反思使其臻于完善，并不断彰显高等职业教育的主体性与科学性。

参考文献

[1] 詹姆斯・G. 马奇. 决策是如何形成的[M]. 王元歌，章爱民，译. 北京：机械工业出版社，2007：50.

[2] 伊曼纽尔・华勒斯坦，等. 开放社会科学：重建社会科学报告书[M]. 刘锋，译. 北京：生活・读书・新知三联书店，1997：2.

[3] 费孝通. 访美掠影・应用压倒理论[M]//费孝通. 文化的死与生. 上海：上海人民出版社，2016：272.

[4] 秦惠民，解水青. 高职教育对现代大学功能变革的影响——基于国际视角的新制度学解读[J]. 中国高教研究，2014(2)：18—22.

[5] 奥尔托加・加塞特. 大学的使命[M]. 徐小洲，陈军，译. 杭州：浙江教育出版社，2001：13.

[6] 陶行知. 生活即教育[M]//中央教育科学研究所. 陶行知教育文选. 北京：教育科学出版社，1981：109—110.

[7] 罗斯科・庞德. 法的新路径[M]. 李立丰，译. 北京：北京大学出版社，2016：91—92.

[8] 黄炎培. 提出大职业教育主义征求同志意见[J]. 职业与教育，1926(1)：1—4.

[9] 卡尔・雅斯贝尔斯. 大学之理念[M]. 邱立波，译. 上海：上海人民出版社，2007：74.

[10] 彼得・德鲁克. 德鲁克看中国和日本[M]. 林克，译. 北京：东方出版社，2009：1.

[11][15] 约翰・S. 布鲁贝克. 高等教育哲学[M]. 王承绪，徐辉，郑继伟，等，译. 杭州：浙江教育出版社，1987：97，3.

[12] 内尔·诺丁斯. 教育哲学[M]. 徐立新，译. 北京：北京师范大学出版社，2008：26.
[13] 黄炎培. 学校教育采用实用主义之商榷[J]. 教育杂志，1912(7)：107—130.
[14] 苏力. 什么是你的贡献？[J]. 南京大学法律评论，1997(1)：220—223.
[16] 道格拉斯·诺思. 时间历程中的经济绩效[M]//李·J. 阿尔斯通. 制度变革的经验研究. 罗仲伟，译. 北京：经济科学出版社，2003：422.

（本文刊载于《职教论坛》2019 年第 3 期）

类型特色视域下高职院校产教融合体系构建研究

摘　要：党的十九大提出完善职业教育和培训体系，深化产教融合、校企合作。在此背景下，高等职业教育亟须在类型特色视域观照下，重塑产教融合的理念与实践。本文以类型特色为切入点，对高职院校产教融合的特征与供求展开分析，在把握外部产业需求与内在教育取向的基础上，通过提升高职教育专业服务能力、构建高效率技术技能积累体系、以"1＋X"证书制度为试点开展高质量培训、牵头培育组建高水平产教融合联盟、打造产教融合校企合作命运共同体等途径构建产教融合体系，实现内在"教育性"与外部"经济性"的统一，充分彰显自身类型特色，推进高职教育高质量发展。

关键词：高职教育；类型特色；产教融合；需求；供给；体系

一、问题的提出

产教融合是职业教育办学的基本特征，被喻为理解职业教育的一把钥匙。早在50多年前，美国学者福斯特在其《发展规划中的职业学校谬误》中就对学校职业教育和职业学校教育进行了区分，并提醒职业教育的研究者和实践者们要将关注重点从学校拓展到职业，从教育拓展到产业。[1]随着高等职业教育在我国的勃兴，产教融合、校企合作作为核心议题自然而然浮现出来。21世纪以来，从"产学研结合"到"产教结合"再到"产教融合"，这些概念尽管在表述上有所差异，但均在传播一种共同的理念，即教育与社会的结合。"科学地使用一种概念，意味着在实践乃至理论上掌握该概念以往的使用情况，以及使用它的概念空间。”[2]作为教育与产业的结合方式，我国高等职业教育也在不断实践中走出了一条从“产学研结合”到“产教结合”再到“产教融合”的探索之路。无论是教育端，还是产业端，均强调学校与社会的结合，反对孤立地就教育论教育，就产业论产业。因此双方都对产教融合有着深深的期待。事实上，实践中开展产教融合确实存在着不小的困难，教育和产业统筹融合、良性互动格局在宏观层面尚未确立；校企协同、实践育人的人才培养模式在微观层面也尚未形成；人才培养供给侧和产业需求侧在结构、质量、水平上还不能完全适应，“两张皮”问题仍然存在。对于我国大部分高职院校而言，它们均创立于新世纪之后，校区常位于城市郊区，由于受各种资源条件的约束，空间距离也形成了一定的障碍，导致“请进来”和“走出去”开展产教融合都较为困难。

在深入实施创新驱动发展战略、加快发展壮大现代产业体系的背景下，深化产教融合是高职院校推进人才培养供给侧结构性改革的迫切任务。产教融合是提升高职院校办学水平和人才培养质量的重要驱动力量，对新形势下全面提高教育质量、扩大就业创业、推进经济转型升级、培育经济发展新动能具有重要意义。2013 年，党的十八届三中全会通过的《中共中央关于全面深化改革若干重大问题的决定》提出，“加快现代职业教育体系建设，深化产教融合、校企合作，培养高素质劳动者和技能型人才”。党的十九大提出，“完善职业教育和培训体系，深化产教融合、校企合作”。这既是对中国特色现代职业教育的新定位和新要求，同时也为包括高职教育在内的职业教育发展指出了方向。2017 年 12 月，国务院办公厅发布《关于深化产教融合的若干意见》（以下简称《意见》），聚焦于深化产教融合并进一步做出全面部署。理念只有被真正地内化与在实践中加以检验，才能最终发挥作用，而在实践中理念得以深化，并发展出新理念以指导实践。可以说，深化对教育与产业关系的理解，是打通中国高等职业教育发展的“任督二脉”。我国经济在经历了 40 多年的高速增长后，目前正在向高质量发展阶段转化，加快推进经济发展的质量变革、效率变革和动力变革，必须建设知识型、技能型、创新型的劳动者大军。特别是在当前推进高质量发展的进程中，高等职业教育亟须在类型教育视域观照下，通过构建产教融合体系，促进专业建设和产业需求融合对接；通过办好一批高水平示范性高校，实现内在“教育性”与外部“经济性”的统一，从而充分彰显高等职业教育自身的类型特征。

二、类型特色视域下的高职院校产教融合特征与供求分析

（一）高等职业教育类型特色分析

1. 职业性

高等职业教育归于类型教育的决定性因素在于职业，正如美国实用主义哲学家杜威所言，职业“能够唤起人的本能和习惯，使他们发挥作用”。通过职业进行教育，“所结合进去的有利于学习的因素比任何其他方法都要多”。[3]教育与职业的沟通，它以社会职业分类为基础设置专业，这些专业不是对学科体系的简单照抄照搬，而是基于现实经济社会生活中特定的职业群和岗位群。高等职业教育的最大效应之一就是从实践过渡到实践。美国教育家亚伯拉罕·弗莱克斯纳指出，企业之所以需要大学，不仅是因为大学为它们的实验室培养化学家和物理学家，而且还因为大学训练了适用于任何领域的智慧。[4]通过培养学生的职业发展能力，高等职业教育以职业性作为其类型特征的基础属性，这种基础属性势必在人才培养方案中映射出来。泰希勒的研究揭示了在向大众化迈进的过程中，高等教育与就业之间的复杂关系不再以对某些技能的需要为驱动，更多的是怎样才能使高等教育人才与

现实工作中的不平等现象相适应。在知识经济背景下，新行业创造的岗位需要技术专长和非认知技能，对于低技能人员构成挑战。因此可以说，技能和教育培训是人力资源提升最迫切和最棘手的问题，这个问题不能解决，对于其他问题的处理也就无从下手。随着“大众创业、万众创新”在我国的深入开展，有活力的初创企业与成熟的企业之间，以及社会公众与高等职业教育之间建立的联系将更加紧密，高职院校就会成为地区性或区域性的产教融合载体和创新服务基地。在这里，新技术、新业态、新商业模式将由创意想法转变为具体的经济利益和商业价值。

2. 适应性

美国著名教育家欧内斯特·博耶提出将学术分为四种类型，即探究的学术——通过研究来发现新知识，综合的学术——通过课程发展建立学科间的联系来综合知识，应用的学术——用一定的方法将理论与实际联系起来，传播的学术——通过咨询或教学来传授知识。[5]其中，开展产教融合的理论基础就是“应用的学术”。当前正处于第四次工业革命的进程中，在这场革命当中，新兴技术和各领域创新成果的传播速度和广度要远远超出前几次工业革命。有研究表明，信息和其他颠覆性技术的创新是通过取代现有人工来提高生产效率。因此，为了应对技术发展和商业模式变革，需要投入教育、发展学习，并积极提供就业服务。其中，创新生态体系将成为竞争力的重要推动因素，这取决于特定的机构能否充分利用技术革命所带来的机会。高等职业教育的办学多元化，有政府、企业和其他社会力量，实施对象有学生、职工、农民等，在解决诸多社会问题中发挥重要作用。职业教育与区域经济结合最为紧密，对于高等职业院校而言，要秉承“以主动，换互动”“以真心，换真情”的指导思想，主动作为，主动对接，主动发现机会。一方面，所开设专业需要适应当地经济发展以及产业结构情况；另一方面，培养的人才也要有利于推进区域经济的发展和产业结构的优化升级。制造业服务化的有效发展、供给侧结构性改革的实现均要求有相应的技术技能型人才作为保障。在经济转型升级的过程中，由于缺乏应用技术必要的生产、营销、服务技能，因此要大力培训现有的劳动力和下一代劳动力，只有有了人力资源的保障，国家关于经济结构的调整、优化才能有效实现。只有通过创新产教之间合作模式，形成新的伙伴关系，才能为我国经济社会发展提供新的可能，进一步提升效率，鼓励创业，从而创造经济发展与社会进步的条件，以满足产业变革需求，实现经济社会发展。

3. 终身性

杜威的学生、实用主义哲学家胡克在其著作《现代人的教育》中指出，教育与就业准备以及外在需求结合起来的“相关性”，不过是应付困境的借口，且“这种相关性的原则只有在一个未来可以完全预测的稳定世界中才是有效的”。职业教育是为公民个性化生存与发展服务的，尽可能让每个人平等地接受职业教育，掌握知识和技能，必须创新人才培养模式，完善人才多样化成长渠道，覆盖受教育者的全生命周期，以满足不同层次人群的需要。未来的社会将涌现出许多新的岗位和职业，这不仅是因为技术原因，还因为诸多的非技术因素，例如人口与环境压力、社会和文化规范等等，人力资源作为经济发展的最重要因素将发挥更大的作用。从传统意义上而言，技能的积累需要通过高等教育或者专业教育来完成，以便生成在某个领域或专业或职业方面相应的能力组合。鉴于技术变革和商业模式创新的速度越来越快，未来的社会将更重视并要求员工具有在不同环境下不断自我调整以及学习新技能与新方法的能力，这也就是职业教育作为终身教育重要载体的原因。高素质技术技能型人才是高等职业教育的培养目标，这种类型教育的一切活动均围绕培养职业人才展开，具体的知识、技能、素质是其重要的培养内容。产教融合主体联合确定人才培养方案,并将其在课时安排、场地分布、招生录用等具体方案中体现出来。面对新的生源和新的教育消费者,高职院校需要转换培养思路,打破教育时空界限,构建与终身教育相适应的人才培养模式,以进一步提升人才培养质量,缓和变革对个人造成的不利影响,才能更好地满足社会经济发展需要。

(二)类型特色视域下的高职院校产教融合供求分析

一百多年前,黄炎培先生曾提出:"以我八九年的经验,很想武断地提出三句话,就是:(1)只从职业学校做功夫,不能发达职业教育;(2)只从教育界做功夫,不能发达职业教育;(3)只从农工商业界做功夫,不能发达职业教育。"[6]这种观点就是在产业与教育的双重论域中审视职业院校办学的。产业和教育,本身有着千丝万缕的联系,产业是孕育教育的温床,教育是促进产业的动力。为此,我们通过分析产教融合的需求与供给结构,发现有效、深层次的需求和供给,为构建产业链与教育链互通对接的高职院校产教融合体系奠定理论基础。

1. 产业链与教育链对产教融合的需求分析

产业是居于微观经济与宏观经济之间的"集合",从产业的角度来看,建设现代化经济体系必须依靠产业转型升级来实现。当前,包括我国在内的许多国家正在积极致力于加大投资,以促进经济发展与社会治理的数字转型,旨在吸引和鼓励创新性企业的创业者和投资者,同时能够确保现有的企业加快进行结构调整,以把握第四次工业革命所带来的机会。在这个发生重大技术变革的过程中,人力资本是推动产业转型升级的重要支撑,这种人力资本需求主要体现为大量的高素质技术技能人才。从教育角度来看,产业对教育与培训的诉求主要是技术技能教育与培训的有效供给,主要包括产业群体在高等职业教育领域开展职前培养、职中技术技能状态维持与增强。这种需求与教育形成一致性与互补性，从而对个体形成赋权，即个体因技术变革的红利而获得了更多的权利，因为他们获取咨询、开展沟通、组织活动等各方面将变得更便捷与通畅，从而丰富了其参与经济社会发展的途径与方法。对处于变革中的高职院校而言，必须开展的一项关键任务就是如何采集更多、更准确的人才培养需求数据，逐渐对产教融合的必要性和行动的目的性具有更深入的理解，以把握社会经济发展对人才培养带来的机会和面临的挑战，才能更好地使现代职业教育体系与服务现代产业发展相适应，实现高职院校对经济发展和产业升级的贡献度显著增强。而要更好地服务现代产业体系，必须更加关注产教融合，并以产教供需双向对接为抓手，塑造职业教育及职业学校。

2. 产业链与教育链对产教融合的供给分析

从产业的角度来看，随着中国制造 2025 行动的开展，智能制造成为重构我国产业体系的重要平台，而由之带来的人工智能增强也在催生着就业群体的技能迭代，这些就业群体的技术技能要求必须围绕人工智能时代背景下的新兴产业展开。而世界越朝着数字化、智能化方向发展，人类越需要由亲密关系以及社交联系所维系的人与人之间的接触。新兴产业发展对人才的创新性、实践性需求日渐渗透融入人才培养各个环节，所有的新技术或新商业模式都是由人创造并为人服务的，这就迫切要求学校开门办学，创新教育培养模式、组织形态和服务供给，将教育内容向社会延伸，加快校企协同育人，使创新和技术都以人类以及服务公共利益为中心，从而使产教融合能够沿着可持续发展的道路向前推进。从教育角度来看，高等职业教育弹性应表现为学历教育方面升学通道的通畅、社会培训方面产教融合、校企合作的深入，为高等职业教育受教育者在职业选择、人生规划方面赋予更多的可能性。简而言之，这就是赋能与赋权，即每一个被赋能者和被赋权者都能认识到，他们属于一个共同的系统，需要在相互交往沟通中加强协作，也就是要加强教学中教师与学生、学生与学生、教师与社会、学生与社会之间的互动。在教学中融入新型的团队合作技能、更完整的项目设计方法、更深入的多专业合作方式。为了达到这些目标，教师必须在教学和研究中与产业保持密切联系，因为最终激发学生学习兴趣的是教师的灵感、见识与经验，这样的教学才可能在未来的社会中取得成功。

三、类型特色视域下高职院校产教融合体系构建

产教融合是产业转型升级的必由之路，这也是建设现代化经济体系的核心要义。现如今，我国的产业结构与改革开放初期的产业结构有着天壤之别。因此，类型教育视域下高职院校产教融合体系构建势在必行。这主要体现在纵、横两个维度——在纵向维度上，构建一个层次分明的高等职业教育产教融合系统；在横向维度上，构建正式学习与非正式学习之间的学分转换机制，实现高等职业教育培训与产业企业发展需求的有机衔接。作为一项重大事务，产教融合是高等职业教育的生命线，为此产教各方要形成伙伴关系意识，建构新型伙伴关系并达成共识，从而有可能形成协同，而这需要在以下几方面持续发力，通过逐渐扩大与企业对话与合作的广度和深度来实现。

（一）提升高职教育专业服务能力

在2011—2012年，教育部、财政部重点支持了全国1000个左右高等职业教育专业进行专业服务产业能力建设，培养输送大批优秀高端技能型专门人才，取得了较好成效。2017年，国务院办公厅发布的《关于深化产教融合的若干意见》提出了产业链、人才链、教育链、创新链“四链联动”的战略格局，提出要构建政府、企业、学校、社会组织四位一体的协同体系，为高等职业院校专业（群）建设指明了方向。产教融合

中的专业与产业既是共生的，也是冲突的。因此，在进一步深化产教融合的背景下，高职院校要以区域产业发展对人才的需求为依据，基于产业支撑型、人才紧缺型、特色引领型、国际合作型等专业发展定位，坚持专业建设、人才培养与产业发展相适应，主动面向区域支柱产业、重点产业和特色产业，深化工学结合、校企合作、顶岗实习的人才培养模式改革，系统设计、统筹规划课程开发和教学资源建设，建立“校中厂”“厂中校”等形式的实践教学基地，推行任务驱动、项目导向等学做一体的教学模式。构建以专业群为基点跨学院教学组织，集产教融合与协同创新和职业培训为一体，使之成为技术技能人才培养高地和技术技能创新服务平台，使其成为落实产教融合的重要抓手。在这个过程中，通过校企合作，建设专兼结合专业教学团队，建立有效的团队合作教学机制，推进校企之间技术研讨和经验交流的制度化建设，提升专业服务产业能力，成为区域经济社会发展的人力资源支撑，彰显高职教育专业建设的品牌效应。

（二）构建高效率技术技能积累体系

技术技能积累，既是教育面向产业的内生性需求，也是实现产教融合的重要路径。对于高职教育而言，其人才培养是一种广义的技术技能积累，而社会服务则是一种狭义的技术技能积累。高效率的技术技能积累体系包括技术知识积累、技术标准积累、技术操作积累等等，其整体目标应是整合政府、学校、社会各方面资源优势，支持校企合作开展应用技术协同研发、智库建设，鼓励软件著作权、专利技术等应用技术成果转化，打造有利于技术知识、标准、操作等大数据的构建、共建、共享体系，使技术积累不只限于规模企业或科研部门的内部信息，而成为整个国家和社会技术积累的全民行为，为技术使用、技术扩散、技术创新提供坚实的资源保障。新技术、新业态、新模式对学校教学与研究产生了深远的影响，产业界的这些变化使高职院校承担了双重责任。高职院校对于产业创新具有独特的重要性，而要更好地发挥这种功能，一方面，我们必须在教育教学方面进行改革；另一方面，大学在技术技能积累和创新方面承担更大的责任。可能有人会说，这两种责任是不相容的，然而，如果我们能扬长避短，这两种责任就都能更好地得到履行。为此，倡导作为类型教育的职业教育树立创新导向的理念，将技术创新作为首要驱动力，充分发挥"大众创业、万众创新"的巨大活力，支持相关部门、二级学院联合企业、科研院所围绕产业发展需求开展协同创新，共建共创共享依托产教融合平台，在技术创新中找寻类型教育的独特价值，彰显职业教育这个类型教育在利用知识、创造知识、创造产品、创新理念等方面的巨大潜力，推动成果转化，有效服务于创新型国家建设。

（三）以"1+X"证书制度为试点开展高质量培训

高等职业教育是国民教育体系与人力资源开发的重要组成部分，这就要求高职院校必须超越单一的学校教育功能，通过开展高质量的培训来进一步深化产教融合。《国家职业教育改革实施方案》提出启动"1+X"证书制度试点工作，借鉴国际职业教育培训普遍做法，深化复合型技术技能人才培养培训模式改革。这方面，发达国家通过产教融合开展培训的机制各具特色，澳大利亚的TAFE模式以产业为主导，美国的社区学院以学校为主导，德国的"双元制"则学校和产业并重。在广泛借鉴这些先进经验，结合传统做法、文化因素和环境条件后，我国探索出以企业或雇主提供培训岗位为基石，以企业为参与主体的现代学徒制。对于学校而言，构建与产业链相对接的专业链，建设校企紧密型产教合作基地，为开展产业职工培训提供了可能；对产业而言，委托职业学校进行职工培训，是一项性价比相对较高的服务外包事项，因此在实践中取得较好的成效。随着"1+X"证书制度试点的不断推广，合作院校和企业将招生与招工、教育与培训、岗位与设施等方面相结合，在这个过程中，建立职业培训、继续教育和终身教育之间相互沟通和衔接的基本标准及制度体系。企业为参与培训教育的学生提供一定的经费，同时对参加培训的企业人员也给以一定的生活补贴，从而确保高质量培训得以可持续发展。同时，校企共建创业孵化基地和众创空间，通过孵化式产教融合协同助力反哺技术技能型和创新创业型英才培养，提升学生创新创业素养，培育创业团队、孵化创新创业项目，打造创新创业服务体系。

（四）牵头培育组建高水平产教融合联盟

《国家职业教育改革实施方案》提出，推动建设 300 个具有辐射引领作用的高水平专业化产教融合实训基地。这种实训基地在实践中通常是以产教融合作为学校、企业、科研机构等各方主体之间的纽带，在行业组织的具体指导下开展实体化运作。开展实质性运作的重要前提和基础是搭建政产学研结合、职称结构合理、学科结构互补、年龄梯队合理的专兼职研究团队。有了这个基础，才能更好地发挥其对学校人才培养、专业（群）建设、师资队伍建设、实训基地建设和技术研发等方面的积极作用，努力形成适应产业链、专业特色明显的专业（群），为支持优势产业群和龙头骨干企业提供智力支持和研发基础。同时，"高等职业教育对师资投入的要求更高，更高层次的职业教育需要与现代产业集聚地更紧密的联系"[7]。因此，在深入开展产教融合的过程中，行业组织通过履行预测行业技术技能人才需求，发布行业就业状况、行业岗位职业能力标准等职能而参与到深化产教融合工作中，这些方面都将极大地推动学校专业建设以及"双师型"教师培养。在此基础上，进一步对职业教育集团的运作机制进行完善，建立以专业为支撑、以行业为纽带、以技术研发共享为驱动的紧密型职业教育集团。这种高水平产教融合联盟包括智库咨询与技术服务团队，分别由跨专业教师、行业企业专家、行业组织专业人员和学生组成，其运作是以激励考核为驱动、以研究成果为导向，建设以校内教师为主，以校内柔性引进领衔专家为支撑的技术研发团队，将产教融合过程中形成的优秀成果对接进入合作单位，推动成果落地转化。

（五）打造产教融合校企合作命运共同体

黄炎培先生指出："办职业学校的，须同时和一切教育界、职业界努力沟通联络。"[8]发展职业教育需要沟通联络教育、经济、劳动等各个有关部门，并由大家同心协力一起来办，这是发展职业教育自身所要求的。产教融合校企合作命运共同体是产教融合与校企合作发展到一定阶段的产物，一种以培养知识型、技能型、创新型劳动者为目标，以共同利益、共同情感、共同文化为基础，共同建设、共担责任、共享成果的组织，它是校企利益共同体、情感共同体、文化共同体和责任共同体的集合和兼容。深化产教融合，就是要加快教育治理模式转变，引入企业等主体参与办学，积极发挥行业协会和社会第三方作用，在深化办学体制改革、推进高职教育治理体系与治理能力现代化中提高教育质量。当然，合作是否成功取决于双方彼此信任、尊重及对各自文化与工作的理解。因此，双方都希望从合作中获得重要的智力成果和物质利益，"事实上，一种为有效的资源配置提供刺激的所有权结构——即一组使创新、人力资源投资等的个人收益率接近社会收益率的产权——才是实质性的"[9]。其中，最关键的是双方都要认识到，培养高素质技术技能人才是双方合作的最重要目标，要谨慎面对利益冲突以及不适当的义务，并坚持教育的根本使命和价值观。为此，要畅通产教供需对接渠道，健全需求导向的人才培养结构调整机制，充分调动企业参与产教融合的积极性和主动性，强化政策引导，鼓励先行先试，促进供需对接和流程再造，构建产教融合长效机制。在此过程中，产教双方坚持正确义利观，建设制度保障、政策激励的校企利益共同体，坚持对话协商，打造平等参与、情理交融的校企情感共同体，坚持求同存异，构建和而不同、开放包容的校企文化共同体，强化责任担当，构建优势互补、共建共享的校企责任共同体。[10]

四、结　语

当前，我国经济正在由高速增长向高质量发展阶段转向，新技术已大大改变了所有行业和职业的工作性质；与此同时，生产效率是经济长期增长和公众生活水平提高的决定因素。人们期望技术与创新的大幅度发展能够进一步提升生产效率，但如何才能调和这两者之间的矛盾，产教融合是一个重要的途径，这在我国经济社会发展的过程中已被证实。因为，与过去的低成本战略相比，当前通过产教融合平台以创新方式提供教育产品和服务的战略已经产生了更好的效果，在未来，“互联网＋”“人工智能＋”等技术因素和平台经济、共享经济等系统因素共同发挥作用，将在更大程度上推动高等职业教育变革产教融合的理念与策略，以最大限度扩展教育消费者对教学产品和服务的需求，进而催生出更多的新的教学资源和教学手段来满足这些需求。在未来五到十年这个关键的转型期，深化产教融合、校企合作将是高等职业教育高质量发展的最基本路径，而产教双方需牢牢抓住这一战略机遇期，共同致力于培养具有解决复杂问题的能力以及掌握系统性技能的人才，使其能在不确定的社会经济过程中把握未来工作机会，从而推动实现人与社会经济的和谐发展。

参考文献

[1] PHILIP J. FOSTER. The Vocational School Fallacy in Development Planning[M]// Andson, Bowman. Education and economic development. Chicago: University of Chicago Press, 1965:143—166.

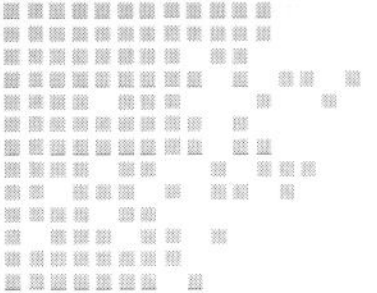

[2] 布尔迪厄,华康德.反思社会学导引[M].李猛,李康,译.北京:商务印书馆,2015:82.

[3] 约翰·杜威.民主与教育[M].薛绚,译.南京:译林出版社,2014:278.

[4] 亚伯拉罕·弗莱克斯纳.现代大学论——美英德大学[M].徐辉,陈晓菲,译.杭州:浙江教育出版社,2002:156.

[5] 欧内斯特·博耶.关于美国教育改革的演讲[M].涂艳国,方彤,译.北京:教育科学出版社,2002:74—77.

[6][8] 田正平.黄炎培教育论著选[M].北京:人民教育出版社,2018:146,172.

[7] 陈钊,冯净冰.应该在哪里接受职业教育:来自教育回报空间差异的证据[J].世界经济,2015(8):132—149.

[9] 道格拉斯·诺思.经济史中的结构与变迁[M].陈郁,罗华平,译.上海:上海人民出版社,1994:35.

[10] 周建松,陈正江.高职院校产教科教双融合机制的构建与实践——基于学校发展系统的视角[J].中国高校科技,2019(1/2):89—93.

(本文刊载于《黑龙江高教研究》2020年第9期)

教育生态学视角下高职院校教学管理的思考

摘　要:教育教学管理是高职院校管理的核心,过往研究大多从高职院校的人才培养标准、教学计划、教学大纲等静态局部的角度出发。本文选取教育生态学的视角,从教育生态学的基本原理出发,围绕教学管理生态性及各影响生态因子对高职院校教学管理进行动态分析与全面审视,并在此基础上提出促进高职院校教学管理的建议,为高职院校优化教学管理提供借鉴。

关键词:教育生态学;高职院校;教学管理;限制因子

目前,高职院校正面临从规模建设到内涵发展的战略转型期,如何实现可持续发展,已成为高职教育的热点话题。高职教育的可持续发展,植根于综合利用教育资源,改善教育发展质量。教学管理是高职院校管理工作的核心,是做强高职教育、全面提升教学质量的支撑。

近些年,教育界对高职院校教学管理的内涵、特征及实现路径等诸多问题进行了相当多的探讨,取得了丰硕的实践和理论成果。研究者们除了从教育学角度出发,还尝试从社会学、经济学、管理学等更多学科出发对其进行深入研究。其中,教育生态学视野的研究是一种新理念、新方式,为高职院校教学管理的实验和理论研究提供了新的视角、思路、方法和途径,对优化高职院校教学管理生态环境,实现可持续发展具有开拓性意义。

一、教育生态学的基本原理

教育生态学是将教育及其生态环境相联系,并以其相互关系及其机理为研究对象的一门新兴学科。学科名称是由美国哥伦比亚师范学院院长 Cremin Lawrence 于 1976 年在《公共教育》(*Public Education*)一书中首次提出,距今只有 40 多年时间。

生态教育是一种以生态学为依据,通过生态知识和生态文化的传播,提高学生生态意识、培养学生生态素养和塑造校园生态文明的教育。生态教育是以教育为中心,对教育的过程起指导和调节作用的多元环境体系。生态教育大致分三个层次:一是以教育为中心,综合外部各种环境组成的复杂的教育生态系统;二是以学校为中心,反映学校生态内部教育体系的相互关系;三是以学生为中心,研究外部因素彼此间的相互作用。

二、教学管理生态性及各影响生态因子

教育生态学研究有不同的层次。研究高职院校教学管理时,教学管理与学校生态环境密不可分。高职院校教学管理是一个完整的生态系统,系统中各个生态因子协同发展,各生态要素存在物质、信息和能量的转换,并力求达到彼此之间的平衡。从生态系统进化的全局观点分析,平衡是相对的,学校生态系统内部各个因素处于动态平衡中,一个生态因子的变化会导致其他生态因子的变动和重组。这是运动与平衡的统一。分析影响高职院校教学管理的诸多生态因子,我们可以将它们分成三类,即教学管理特征因子、学校外部特征因子、学校内部特征因子。这三方面生态因子构成了高职院校教学管理的三个层次环状生态圈,对高职院校教学管理都起着基础性和决定性的作用。

教学管理特征因子的基本内容包括教学计划管理、教学运行管理、教学质量管理、教学设备管理、教学管理理论的研究、人才培养标准、教育教学规划、教学计划、专业教育标准、教学大纲以及课程、教材、实验室、实践教学基地和师资管理、教学管理制度等教学基本建设管

理。这方面的生态因子，在高职院校教学管理建设中起着核心因子的作用，是高职院校教学管理水平的具体体现，是人才培养工作的重要保障。

学校外部特征因子，是指以教育为中心，对教育的产生、存在和发展起着制约和调控作用的多元的环境系统。一方面，主要包括高职教育发展的区域社会经济、产业行业要素、企业职业需求、地方教育政策等，实质上是地方政府和社会经济为高职教育发展构建的外部环境。对于完善高职院校教学管理而言，宏观环境或保障体系至关重要。目前，高职教育在高等教育中占据了"半壁江山"，由规模扩张到提升内涵转变，这是社会发展对高职教育提出的机遇也是挑战。另一方面，是指包括学校环境、家庭环境、院落环境、城市环境等在内的生态环境。学校外部特征因子的生态环境，往往是自然因素和社会因素交织、物质因素与精神因素结合融通的系统。

学校内部特征因子，一方面包括由学校的办学特色和理念、校园价值观、各项规章制度、校园组织结构、教学运行机制、校容校貌、教风学风等构成的校园文化。高职院校改善教学管理，提升人才培养质量内涵，目的是通过提升办学质量和特色，使教学服务区域经济发展，适应社会需求、引领社会科技前沿，这些都需要校园文化的潜在引导。校园文化广泛渗透在高职院校教学管理的各个环节，影响和支配着教学管理的执行特色和建设成果。在教学管理建设中，校园文化具有多方面的功能，主要包括主流价值观的导向功能，凝聚力量的激励功能，基于普遍文化认同而自觉遵守规章制度的规范功能，对教师思维、行为习惯和专业素养的熏陶功能。另一方面包括人才培养模式、专业开发和建设、课程开发和建设、教学环节等教学全过程。不同高职院校的培养方式和定位，也是制约教学管理的限制因子。

三、促进高职院校教学管理的建议

高职院校教学管理作为一种生态现象，必须着眼于学院的可持续发展，努力遵循教育协调发展的规律与要求，解决好教学管理与校内、校外环境的矛盾，保持教学管理过程中的生态平衡，避免在教学管理过程中出现内部生态链危机和系统整体效力减退等问题。

依据教育生态学原理，对高职院校教学管理提出以下几点建议。

（一）利用“限制因子”定律，创设促进高职院校教学管理有效改善的生态环境

1840 年，J. 李比希通过对比谷类作物的产量，发现农作物通常不受它所需要的大量营养元素的限制，反而受那些只是微量需要的原料的限制。只要稍微加入所缺的微量元素，产量马上就会明显地提高，他由此说明这些微量元素是作物增产的“限制因子”，并以此为基础提出生态学中著名的“限制因子”定律。

今天，“限制因子”定律已经从自然因素扩充到社会因素和精神因素。对高职院校教学管理生态系统而言，同样也存在着“限制因子”，这些因素共同构成了高职院校教学管理的生态困境，制约着教学管理健康发展。

因此，良好状态的教学管理，需要摆脱其生态环境中各“限制因子”的束缚，通过各生态因子的和谐共生来维持其生态环境平衡，最终实现教学管理内涵提升。摆脱“限制因子”束缚，促进高职院校教学管理，这是一个生态进化过程，是高职教育发展史的必然，也是高职院校专业发展的内在要求。对高职院校而言，需要从教育生态平衡理论出发，找出教学管理生态系统存在的“限制因子”，对其整合优化，努力构建一个稳定、平衡、有效的模式。

(二)加强生态调控,形成促进高职院校教学管理良性发展的生态循环

在教育生态学中,教育生态系统是最复杂的层次。家庭的社会环境和规范环境对教育的关系反映出明显的个体生态特征,有利的小生态环境可以促成个体的超常发挥,不利的小生态环境可能造成相反的结果。一所高职院校可视为一个教育生态群落。影响教育群体的生态因素有很多,教育群体之间有竞争、合作、中性等多种与生物系统不全相同的相互作用表现,教育者运用群体动力学来推进群体及群体中个人的发展,这对教育者的素质提出了一定的要求。循此思路,在建立教学管理模式时,学校不仅要结合学院内外部实际制定制度或措施,而且要定期检查教学管理制度或措施在执行过程中存在的问题,并针对存在的问题进行及时适当的处理。

(三)教育生态学理念下生态式教学管理制度优化

生态式教学管理具有以下特点:强调整体性、平等性,打破封闭性,注重相互作用,注重发展的可持续性、“可创生性”,强调学生个体的自我生长性。具体到教学管理制度安排上,就是要建立一种激励性的制度架构。要给师生更大的自主空间,同时还可以通过网络性的沟通机制,实现群体间的互动生成。(1)人本主义管理模式。教学管理制度规则不能太多太细,要保留师生自觉选择行为的余地。(2)提倡教师个人绩效开发方案,或者考核制度的制定要体现民主参与的原则。(3)开放式教学管理制度规范。规范必须具有自我改进、自我完善、多向传递、有效转换的开放性。随着教学系统与各种外部环境的信息交换,教学管理制度也要做相应的调整和变更,这样才能有助于实现畅通的信息渠道,才能使制度的刚性减少。(4)多样的立体组织系统。通过构成网络式沟通关系的组织体系,更多的可能性将得以涌现,师生将获得更

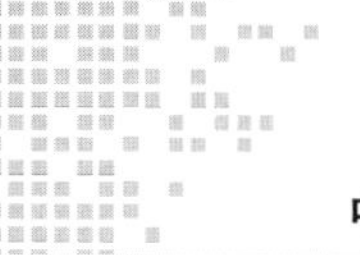

多样的成长空间。

(四)错位发展,选准“生态位”的教学管理制度

错位发展就是错开恶性竞争的生态位,减少与其他学校发生生态位重叠的概率,凸显自身的特色与优势。高职教育作为培养技能型、应用型人才的新兴教育类型,必须要选准自己的“生态位”,实施错位发展战略。错位发展不仅要求高职院校要与普通高等教育相区别,即便同类的高职院校各自也要拉开距离、错开空间。

因而高职院校的教学管理也要动态调整教育与市场的生态链接,以社会需求为导向,学校实际为基础,生源条件为依据,用错位发展的理念找准定位、明确目标。

首先,要求高职院校推进灵活的教学管理制度。增强市场意识,引导学生自主创业;积极进行高等职业教育学制改革,加快高技能紧缺人才的培养;以就业为导向,推动高职院校健康发展。其次,强化服务意识。引入市场竞争机制,教学管理在注重培养人才综合素质的同时,也要将自身作为一种服务。要从市场需求和学生的利益出发,努力提供质量优良、素质综合的高层次人才。

高职院校如何加强教学管理,提升内涵,既是现实问题,又是理论问题。用生态学原理来分析和研究教学管理问题是一种新的思维方式和研究方法。教育生态化是以生态学的生态观念为价值取向的一种教育新理念,是区域经济发展对教育的必然要求,也是高职院校自身发展的需要。从教育生态学出发,将高职院校教学管理置于更加广阔的视角之下,不只关注教学管理自身,也关注与其相关的生态环境与生态因子,倡导符合生态学要求的教学管理制度。我们希望,在高职院校教学管理实践中,能够真正运用生态理念,最终推动其内涵发展超越单纯管理层面而进入文化的、组织的、制度的层面,达到更高的境界。

参考文献

[1] 邵庆祥.高职和谐职业人的培养基于教育生态学的视角[J].中国高教研究,2011(4):75—77.

[2] 邱吉.谈教育生态学视角下的高职院校科研管理工作[J].湖州职业技术学院学报,2011,9(3):35—38.

[本文刊载于《高等职业教育(天津职业大学学报)》2012年第1期]

高职教育教学文化：意涵、建构与实践

摘　要：教学是教育的载体，其中蕴含着丰富的文化意涵。教学是高职教育最重要的职能和高职院校内涵建设的基础性工作，教育性、职业性、应用性、多样性是其教学文化的基本特征，建基于高职教育特色的教学文化，对于技术技能人才培养、教师专业成长和高职院校发展具有重要价值。高职教育教学文化的价值取向是产教融合、校企合作、工学结合、知行合一、教学相长，实践中高职教育教学文化呈现出专业、课程、课堂、活动和教师等多种文化样态。

关键词：高职教育；教学文化；特征；价值；样态；文化自觉

教育是文化传递的过程与方式，教育中蕴含着丰富的文化意义，教学是教育的载体，其自身存在的合理性取决于文化认知和文化模式，教育教学发展到一定阶段都会面临着文化的选择。有学者提出，教育文化学是大科学时代的教育科学。[1]教学文化主要探讨教学的文化意义。法国社会学家涂尔干指出，教育理论的任务，就是要推动这种新信息以及由此而来的一种新生活的滋长，因为一种教育的信念，正相当于使从事教学的身体充满活力的那个灵魂。[2]2016 年教育部部长陈宝生提出教育的“四个回归”，即回归常识、回归本分、回归初心和回归梦想，而回归教育的根本就是要回归教学。

一、高职教育教学文化的意涵

人们通常是从教学论、教学法入手研究教学文化，如果说教学论和教学法是分别从理论和实践两方面探讨教育学科层次上的教学问题，那么，教学文化则径直超越了“教师教、学生学”的思维定势，是在教学论和教学法基础上对教学研究的深化和升华。教学是高职教育最重要的职能和高职院校内涵建设的基础性工作。高职教育教学文化是从根本上揭示人才培养的理性思维，是高职教育理念、办学特色和文化体系的重要组成部分，高职教育教学文化具有独特性，其内涵主要体现在特征和价值两方面。

（一）高职教育教学文化的基本特征

1. 教育性

德国职业教育研究专家帕尔将“职业（领域）教学论看作职业（领域）科学的一部分而对两者进行共同研究”。[3]作为一种教育层次，高职教育主要培养服务区域发展的技术技能人才；作为一种教育类型，高职教育具有产教融合、校企合作“跨界”教育的特征。因此，高职院校要紧紧扭住教学这个“牛鼻子”，培养具有创新意识、实践能力和社会责任感的技术技能人才。

2. 职业性

高职教育教学文化是教育和文化的辩证统一，其核心是职业，我们不妨记住凯伦的这句话——“职业是文化之根，文化乃职业之果。”[4]与普通高等教育相比，高职教育教师与学生的行动有更复杂的互动性，因为其专业和相应的知识有双重的“理论与实践”的关系，其工作同时涉及专业理论和专业工作，以及学校实践、工作实践和职业实践。

3. 应用性

教学文化是统一的，但不是单一同质的。教学文化既存在于教育过程内部，也与教育过程外部发生着密切的联系。高职院校因其开放合作办学，故在教学中更是倾向于依赖外在文化模式。而每一所高职院校都有其独特的教学文化，其目的在于“为年轻人在知识经济中更好地工作做好准备，为他们在强大的市民社会中更好地生活打下基础”[5]。

(二)高职教育教学文化的主要价值

1. 促进对高职教育教学的整体性思考

教学文化研究通过整合教与学两方面的内容，把握了课堂教学总体的发展走向，从而能更好地挖掘教学活动双方的实质和意义。同时，它能够让过去表面外显和预设性的课堂教学逐步走向内在本质和创生性的课堂教学。以“学”为基石的单向度教学研究向以“教学”为本的全局性研究的成功转型，最大限度地保证了课堂教学是“教”和“学”在本质意义上的统一体。

2. 启迪对高职人才培养本质的理解

随着高职人才培养改革的推进，我国众多高职院校的教学在一定程度上都发生了较大的变化，但也暴露了许多问题。大部分教师在教学实践中更多的是简单执行，而不是创新。特别是在“互联网＋教育”的背景下，从文化的角度研究课堂教学，可以更好地引发我们对“复合型高素质高技能型人才”培养的思考和探求。通过对互联网背景下高职教学文化创新的探索，将更有利于高职教育人才培养适应时代的要求。

3. 促进师生关系走向和谐融洽

以往传统的课堂教学文化偏重对课本知识的教授，夸大了教师的绝对权威，忽视了学生的情感道德、健全人格以及理想信念，不顾师生现实生活能力和实践动手能力的培养。由此导致了师生关系的紧张和对立，学生的学习是在压制下带着极不情愿的感情中完成的，毫无兴趣和动力致使学习效果不佳。但在“互联网＋教育”的背景下，教学日益成为师生之间交流对话与互动合作的文化传承活动。

二、高职教育新型教学文化的建构

在40年的探索实践中，高职教育教学形成了其特有的文化模式，为构建高职院校新型教学文化积淀了基础，高职院校新型教学文化呈现出多样性的统一。笔者从价值取向和现实样态两方面予以整体观照。

（一）高职院校新型教学文化的价值取向

培养技术技能人才是高职院校新型教学文化的目标，而产教融合、校企合作、工学结合、知行合一、教学相长是高职院校新型教学文化应遵循的价值取向。

1. 产教融合

在当前推进人力资源供给侧结构性改革的背景下，迫切要求深化产教融合。产教融合是高职教育的基本办学制度，对于全面提高高职教育教学质量、扩大就业创业具有重要意义。因此，要贯彻《国务院办公厅关于深化产教融合的若干意见》精神，开展人才需求预测，加快人才培养结构调整，创新教育组织形态，并充分发挥行业、企业的作用，推动教育和产业联动发展。

2. 校企合作

党的十九大报告明确提出，完善职业教育和培训体系，深化产教融合、校企合作，这为职业教育发展指出了方向。2018年，教育部等六部门印发《职业学校校企合作促进办法》，在以创新驱动为特征的产业升级进程中，技术技能人才培养必须充分借助和利用企业在技术知识、设施设备和资本管理等方面的优势，形成校企合作长效机制。

3. 工学结合

与普通高等教育相比，高职教育专业建设更具开放性与互动性。经过多年的探索与实践，工学结合作为高职教育的基本办学模式已被人们认可。实施工学一体化教学，必须坚持“专业设置与产业需求对接，课程内容与职业标准对接，教学过程与生产过程对接，毕业证书与职业资格证书对接，职业教育与终身学习对接”，并借鉴国内外学徒制的先进经验，构建现代学徒制，并明晰相关利益主体在跟岗实习、顶岗实习和学徒培养过程中的权利义务关系和权益保障制度。

4. 知行合一

知行合一是我国明代思想家王阳明提出的一个重要哲学命题，主要是讲人的道德修养与行为要保持一致。高职教育是解决知行合一难题的一把钥匙，然而现行高等职业教育模式更多地建基于实用主义目的之上，侧重“人力”的培养而忽视了“人”的培育。要建基于专业建设，充分发挥知行合一在人才培养和教师发展中的双重功用，使其与专业性人才培养和专业化教师发展有机结合，培养高素质技术技能人才。

5. 教学相长

“教”与“学”是意义和关系的建构。教学完成，师生一起分享课业成果，既是教学的乐趣，也是师生共同体形成的一个环节。在这个过程中，教学相长的文化会逐步形成。高职院校教师的角色定位是集教师、培训师、咨询师等多元角色于一身，其角色目标是成为教学名师、实践能师和育人高师。在教学和育人过程中，突出实战和应用，并坚持在实践中反思、在反思中实践，实现理论教学能力和技能教学能力双向提高。

（二）高职院校新型教学文化的现实样态

在实践中，高职教育教学文化主要呈现为专业、课程、课堂、活动和教师等多种文化样态。

1. 专业文化:高职院校教学文化之核

专业是高职教育人才培养最基本的单元,专业建设是高职院校最重要的内涵。专业建设是一项同时涉及专业理论、教育理论和专业实践、教育实践双重任务的工作。作为教学文化的核心,专业文化强调专门特有知识技术技能的学习,而这要经历长期的系统培训才能习得,从长远来看,所形成的一种专业文化品质关系到高职院校服务于经济建设和社会发展的方向性和有效性问题。

2. 课程文化:高职院校教学文化之基

课程文化居于教学文化的核心层,这是因为学校教学功能的发挥是基于课程的,课程特色体现高职院校的办学特色,反映了一个专业在人才培养方面独特个性和明显优势。在这个意义上,教学文化的主题是由课程文化所决定。高职教育课程不同于本科教育的学科课程,具有鲜明的、显著的职业性,其专业课和专业基础课经课程改革后都趋向项目课程,而这些包含着活动课程模块的教学计划,在学生专业能力培养上有着独特的教育效果,是培养学生实践能力的重要载体。

3. 课堂文化:高职院校教学文化之体

课堂文化是由课堂教学中的规范、价值、信仰和表意象征符号所构成的复合体。课堂文化在构成上,体现出多元聚合的特征,包含了教学文化、教师文化、学生文化、课程文化、制度文化等各种文化。在现实的课堂情境中,我们观察到高职院校学生参与课堂教学积极性不高,课后学习动力不足,有的学生甚至出现“选修课必逃、必修课选逃”的不良现象。因此,有效的课堂管理和良好的课堂文化是影响学生学习的重要因素,教师在课堂管理中起主导作用;此外,从教育教学方法上看,在课堂上既安排知识传授,也设计互动式教学、体验式教学等板块,有助于形成良好的课堂文化。

4. 活动文化:高职院校教学文化之用

活动的基本特点是强调学生的自主性和主动性,强调通过学生自己的实践活动获得直接经验,强调训练学生的综合能力及个性养成。2007年9月7日,温家宝同志在考察大连轻工业学校时讲道:"教、学、做不是三件事,而是一件事,在做中学才是真学,在做中教才是真教。"在高职院校中,活动文化的内涵则更为丰富。依托活动理论,开发活动课程或活动项目,这既包括以小组、班级为单位组织的小型自主活动,也包括以学生社团、学生会、团委组织的大型综合实践活动,正是在开展这些活动的过程中,渗透德、智、体、美、劳的教育理念和思想。

5. 教师文化:高职院校教学文化之要

教师是教育发展的第一资源。教师职业的社会功能,是关系到教师真正发挥其教育功能的条件。教师文化基于教师的信念,而这体现在教师的教学活动之中。传统的教师文化过分强调专业对于教师发展的专属性,高职院校教师在教学经验、实践经历以及对高职教育的认识和理解上存在着较大差异。在新的时代,学习技术和开放教育资源革新成为教师发展的新机遇。在这种情况下,更要处理好教师与学生的关系,致力于提升教学质量。由此可见,教师文化最重要的功能是赋予教学文化的优质精华。

三、教学文化:浙江金融职业学院的探索与实践

(一)先进理念指引——构建教师、学生、校友发展共同体

在我国高等教育进入大众化乃至普及化背景下,教师、学生和校友这三种相对独立又密切相连的行动者在高校中的地位、作用及其复杂性越来越凸显出来。共同体的建立是一个学校转型的重要标志,共

同体的研究已经成为当今教育研究的热点之一。基于教师是学校最为基本的建设力量、学生是学校最为重要的服务对象、校友是学校最为宝贵的支持力量，学校提出教师、学生、校友发展共同体，将其作为一种战略上升到办学治校基本理念上，并通过“三千”工程，即教师千万培养工程、学生千日成长工程、校友千花盛开工程加以落实和推进，以此增进教师、学生、校友对教学文化重要性的认识和实践。通过三类主体的身体力行，才有可能让这个理念化作富有生机的实践，以先进理念指引，探寻高职教育教学之道，从而展现教师之美、学生之美、校友之美、教学之美、教学文化之美。

（二）优质平台支撑——专业、课程、课堂

建构高职院校新型教学文化，从根本上要求建立教学文化的实践载体，这需要专业、课程、课堂等平台的支撑。与此同时，教学文化也在搭建这些平台的过程中孕育而成。因此，我们要善于发掘教师在专业建设、课程开发、课堂教学、活动设计中所蕴含的智慧和文化要素。事实上，教学文化不是通过填表格评比出来的，而是通过一个个优势特色专业、一门门精品课程、一堂堂课实实在在积累和沉淀下来的。在学校目前开设的 21 个专业中，金融管理、会计、国际贸易实务、保险、投资与理财、市场营销、商务英语为浙江省优势专业，计算机信息管理、国际金融、国际商务、农村金融、财务管理、文秘为浙江省特色专业，主持金融、国际贸易、互联网金融等专业为国家教学资源库项目；建设省级以上精品课程 32 门，其中国家级精品课程 8 门，国家级精品资源共享课 8 门，国家级精品在线开放课程 1 门，省级精品在线开放课程 15 门；连续五年开展以课堂为中心、以学生的获得与成长为着眼点的“金院好课堂”竞赛，强调全员参与、鼓励自主创新；从课程组、教研室全员参与的初赛，到二级学院的决赛，再到总决赛，促进了有效课堂生成，营造了教学研讨氛围，夯实了高质量课堂教学的基础。

(三)完善制度保障——内部质量保证体系、教学诊断与改进、教师教学发展中心

为了改进学生的学习和创建更好的方法来评价高职教育的结果,人们对教学的评价和对教师教学的效果表现出更大的兴趣。内部质量保证体系、教学诊断与改进、教师教学发展中心成为高职院校提升教学的三种主要制度保障。学校作为浙江高职院校内部质量体系诊断专委会召集人单位,高度重视内部质量保证体系、教学诊断与改进工作,以"五纵五横"为基本框架,构建学校、专业、课程、教师、学生五个层面的质量保证体系,真正提高教学工作水平。俗话说:台上一分钟,台下十年功。教学文化的内涵体现为教学文化的主体意识和教学文化的反思意识。教学反思是构建教学文化的关键,同时也是教学文化生成的结果。教师教学发展中心旨在通过引导教师教学反思以生成优质教学文化,正如陈浩先生所言,通过他们的教学实践和反思,他们理解了教学的文化含义。[6]在这个意义上,教师教学发展中心具有凝聚和融合功能,将教师的主体意识与反思意识有机结合起来。

四、结　语

教学文化既是悟道之学,更是践履之术。理论是灰色的,生命之树常青。借用我国著名社会学家费孝通先生提出的"文化自觉"概念,[7]教学文化自觉体现着师生发展的能动认识与选择,是深化教学改革、提升教学质量的保障。高职院校新型教学文化要建基于教学的文化自觉上,一方面,加快发展现代职业教育对高职院校新型教学文化重建形成挑战;另一方面,创新发展高职教育给高职院校新型教学文化重建带来机遇。德国教育家包尔生指出,教学的发展趋向是沿着实用—教条到理论—学术的路径。[8]在本土化的语境下,我们需要将高职

院校的教学活动与工作过程中定向职业科学相结合，对其二者关系开展深入研究，在这种生成性的教育过程之中培育高职教育新型教学文化，而其实践路向包括从中国传统教学文化之中汲取，从国外优秀教学文化之中借鉴，努力推动形成适应高职教育特点的教学文化。

参考文献

[1] 刁培萼. 教育文化学：第 2 版[M]. 南京：江苏教育出版社，1998：1.

[2] 埃米尔·涂尔干. 教育思想的演进[M]. 李康，译. 渠敬东，校. 北京：商务印书馆，2016：18.

[3] 姜大源. 当代德国职业教育主流教学思想研究[M]. 北京：清华大学出版社，2007：259.

[4] 杨东平. 大学二十讲[M]. 天津：天津人民出版社，2009：271.

[5] 安迪·哈格里夫斯. 知识社会中的教学[M]. 熊建辉，陈德云，赵立芹，译. 上海：华东师范大学出版社，2007：2.

[6] 陈浩. 大学之大与大学之道[N]. 光明日报，2015-08-06(16).

[7] 费孝通. 对文化的历史性和社会性的思考[M]//费孝通. 当代社会人类学发展. 北京：北京大学出版社，2013：33.

[8] 包尔生. 德国大学与大学学习[M]. 张弛，郗海霞，耿益群，译. 北京：人民教育出版社，2009：64.

（本文刊载于《中国大学教学》2018 年第 11 期）

基于高等教育普及化的高职教育教学文化构建[①]

摘　要:我国高等教育从大众化进入普及化阶段，这对高职教育教学产生了重要影响。教学是高职教育的重要活动，教学文化是一种从根本上揭示人才培养的理性思维，教学文化构建是高职教育提升人才培养质量的一项基础性工作。基于高等教育普及化对高职教育教学的影响生成教学文化理念，并以重建师生对话、激活教学形式、创新文化理念为策略，构建高职教育新型教学文化，为推进高职教育高质量发展奠定基础。

关键词:高等教育；普及化；高职教育；教学文化；理念

一、高等教育大众化与普及化及对高职教育教学的影响

高等教育是历史的产物，其发展与经济社会发展相适应。改革开放以来，我国经济社会发展呈现出勃勃生机，高等教育在近 20 年实现了快速的大规模发展。尤其进入 21 世纪后，我国高等教育毛入学率逐步提升，2018 年我国高等教育毛入学率达到 48.1%，即将由高等教育大众化阶段迈入普及化阶段。高等教育成为我国经济社会转型发展的动力源。

① 本文系作者主持的浙江省教育科学规划 2019 年度高校研究课题“高等教育强省战略视阈下高水平高职院校建设研究”(项目编号:2019SCG266)的阶段性研究成果。

(一)高等教育大众化与普及化

大众化(Massification)是一个高等教育系统招收大量学生、适龄青年入学率达到一个较高比例并且学生就读于多样化的高等院校的过程。[1]美国学者马丁·特罗在20世纪70年代提出了高等教育发展阶段理论,他以高等教育毛入学率作为衡量高等教育发展阶段的关键标准,将世界上的高等教育系统分为三种类型——精英型、大众型和普及型。他认为,就数量而言,高等教育毛入学率(即适龄青年接受中学后教育的比例)低于15%,并且他认为高等教育必然走向普及化入学阶段。[2]高等教育大众化为国家经济社会发展积聚了巨大的人力资本,为全面建成小康社会提供了人才保障。与精英型高等教育不同,大众化的高等教育在社会功能与个体功能方面具有全新的内涵,需要有与其相适应的教育结构来实现这些内涵与功能。

普及化高等教育具有个人与社会两方面的功能,多样化院校系统有着使命、结构和资助模式各不相同的院校机构。[3]据统计,截至2018年底,全国共有普通高等学校2663所,其中,本科院校1245所(包含独立学院265所),高职(专科)院校1418所,各种形式的高等教育在学总规模为3833万人。我国高等教育大众化已经进入中后期,预计在2018—2022年间,我国高等教育毛入学率将突破50%,进入普及化时代。在普及化阶段,高等教育更倾向于公民的一种义务,其主要目的是通过更加多样化的高等教育机构和教育形式,提高人们对社会的适应能力,注重终身学习以及教育机会均等的理念。

(二)高等教育普及化对高职教育教学的影响

随着普及化高等教育的发展,高等教育系统内部将更富有弹性,内部组成部分之间的相互联系、协同互动办学将得到加强,尤其是不同类型、不同形式、不同地区以及不同性质、不同隶属关系高校的教育将更具包容性、辐射性和融通性。随着大众化与普及化高等教育的发展，高等职业教育的招生总数将进一步增加，以满足受教育者个人职业发展的需要，高等职业院校成为承载高等教育大众化与普及化的主体机构。高等职业教育就是这样一种新的结构类型，它是“高等教育”与“职业教育”两个概念的复合，其中就包括中职学校与高职教育、高职教育与本科学校之间的联系与融通。在我国，更多的地市级城市都建立了高等教育体系，其中大多是高等职业院校。这种新的结构和特征对高职教育已经产生并且将不断产生新的影响，它要求高职教育要不断强化高职教育理念与特色，注重提高教育教学水平和质量。

教学是高等职业院校内部最微观的行为，这种微观行为的有效性在高等教育普及化阶段更发挥着显著影响。在国家加快发展现代职业教育的背景下，高职教育的教学问题被置于更加重要的地位。高等职业教育兼具高教性和职教性，从高教性出发，高职教育必须认真履行大学的四大职能，认真把握好人才培养、科学研究和社会服务、文化传承以及创新的关系，形成高职教育治理的基本框架；从职教性出发，产教融合是高职教育办学的基本特征，校企合作是高职教育人才培养模式的重要特点。我国发展普及化高等教育，承载主体大多是高等职业院校，非传统生源将成为主要增长点。相应地，高职教育在办学模式、人才培养模式、教学模式等方面都发生着深刻而又重要的变化，这种趋向突出表现在教学上，即教学的价值取向从单一走向多元，教学结构从教师中心或学生中心到构建师生教学共同体，教学法的重点从教法到学法，教学组织从班级授课制向班级授课、分组学习及个体自主学习相结合转变，教学互动从师生互动转变为师生、生生以及与环境、信息的多重互动，教学评价从标准化到多样化。通过研究高职教育教学文化以提升教学水平，进而提升高职教育的吸引力，这在整个高职教育界得到了广泛接受和高度认同。

二、基于高等教育普及化的高职教育教学文化理念

教学是高职教育的重要活动，教学本身不是学习的内容，只是学习得以发生的条件和更多学习汇聚的平台。教学活动一定是在特定的社会文化环境中进行的，任何教学活动都必然受到社会文化环境的影响和制约。学者刘庆昌提出“教学文化是教学生活过程及与之有机融为一体的教学生态环境的整体”[4]。根据实用主义的观点，高职教育教学的发展趋向是从实用到理论再到实践。在高等教育普及化的时代，教学文化深刻地影响着高职教育教学质量，这就要求我们要主动承担起认识高职教育教学文化的任务，探究教学文化与教学过程的关系，将“教”与“学”融汇于文化过程之中。

（一）以教学文化为引领的教育理念

高职教育教学文化的构建，是一种从根本上揭示人才培养的理性思维，是高职教育提升人才培养质量的一项基础性工作。如果说教学论和教学法是分别从理论和实践两方面探讨教育学科层次上的教学问题，那么，教学文化则径直超越了“教师教、学生学”的思维定势，在教学论和教学法二者基础上对教学研究的深化和升华。在这种意义上，教学文化具有元教育理论研究的意涵，同时具有教育哲学的某种功能，是用来启迪教师教学智慧和激发学生学习动力。

教学文化研究不仅应关注教育学的问题，参照对教学论和教学法的分析成果，还应关注和借鉴心理学、文化学、社会学、人类学等多学科的思想方法。这种复杂性决定了开展教学文化研究需要多学科的支持，从而将教学问题置于广泛的社会文化背景、教育的历史传统等情境中，并据此提出教学文化的分析框架，即在研究高职教育教学论和教学法的基础上，通过关注和研究高职教育教学文化，改变高职教育

教学文化研究空白的局面，以期全面而深刻地理解和把握教学的本质，实现教学从静态走向动态，实现高职教育教学文化研究的系统性、体系化，通过教师和学生持续的教学实践和反思，促进高职教育从文化自觉到文化自信再到文化自立的跨越。

（二）以受教育者为中心的培养模式

培养什么人？怎样培养人？要发挥高职教育教学文化的功能，就必须紧紧扭住人才培养这个“牛鼻子”，推动具有创新意识、实践能力和社会责任感的技术技能人才培养。与普通高校以学科门类划分为依据的学校发展与人才培养模式不同，高职教育的发展定位、人才培养、课程设置与教学质量评价等均与产业经济、行业发展密切相关，并直接体现着市场提出的最根本现实教育需求，即培养出具有中高级技术技能的高素质职业人才，以达到既能适应和配合产业结构的调整与升级，又能主动引导社会经济未来发展方向的培养目的。教学是高职教育最重要的一项职能，高职教育教学文化要与人才培养相适应而不能脱节，教学改革应不断探索普适性、体现真价值。教学不是简单地传递和灌输，教学过程不是单一的知识接受过程，而是一个知识建构、情感交流、道德发展、人格完善的过程，学生不是被动的接受者，而是积极的建构者。倡导建构性学习，鼓励学生通过探究的方式、体验的方式、合作的方式积极主动地学习。而“90 后”“00 后”的学生不只活在别人的评价里，更要活在自己的想法里，这就需要打破“形式主义盛行”的教学改革困境，在教学改革中充分调动师生参与的积极性。

让学生学什么？怎样学？教师如何使学生置于课程的中心？建立“学习者中心模式”，开展“课堂之外的学习”，调动学生学习积极性，相信学生，尊重学生，动员年轻人参与对话，参与有积极意义的活动。要搭建学习者共同体，让学生产生自己的问题，评价自己所了解的一切，参与到同伴评价和学习中，在完成共同任务时，每个学生要确认自己所做出的贡献，关注每一个学生的进步。呆板的课程，虽在学生面前呈现了很多内容，学生却一无所获；鲜活的课程，会让学生在探究某个问题时，偶然学会许多新东西。教什么？怎么教？教学过程贯彻合作学习理论，采用自由活动与半结构化的方法，努力实现公共知识与个体知识以及不同门类知识的富于个性的整合。

（三）以课堂为载体的教学改革创新

传统课程和课堂教学局限在特定的空间与时间内，在更为古老的古希腊的学园和中国的书院，都曾采用这种传统的教学方式。在中世纪，所有学院的教学方法都无外乎两种，即讲授和辩论，两者互为补充。[5]从学习是知识的获得到学习是实践的参与，学习科学的研究包括学校、工作场合、网络、俱乐部以及家庭中的学习。杜威指出，所有的学习都应来自一个大的共同世界中的关系，教育即生活。陶行知也提出，教育要将生活作为指南针，朝着实际生活走，才不至于迷路。教学文化应避免空洞的说教，而应从生活中发现，从道德层面倡导，并从制度上予以保证，这就需要突破“形式主义盛行”的教学困境。多尔采用 Currere（跑的过程）定义课程教学，强调人的能动的过程，以及个体在学习过程中，在转变与被转变过程中的体验，它既包含了内容又包含了过程，内容体现在过程中，并成为过程的一部分。后现代主义课程观认为，应强调张扬学生的主体意识和促进学生个性发展，课程目标定位适应社会发展与变革。

学习更多地体现为一群个体在共同探究有关课程过程中相互影响，教师要创造性地引领教学过程，使教学成为一个动态的、多方交流的发现和发展知识的过程，教师是课程的开发者和研究者，选择和开发教学资源，设计开展教学活动。事实上，在实施有差异的教育中，课程要素并未发生变化，而是使教学活动成为质疑问难、知识相遇、思想碰撞的教学活动场域，形成开放的课程发展系统，从而激发学生对学习的自觉性和责任感，实现学生对各种知识的整合和能力的迁移。为此，要改善学习环境，更多场合，密切联系，亲密接触，实现有效沟通与互动，形成育人的“能量场”。1962 年，美国学者格拉泽提出“教学系统”概念并对教学系统进行设计，强调物质环境对促进学生有效学习发挥直接作用。环境的改变也会改变正式学习的过程，正如美国学者布莱德利在对传统课堂之外的一系列活动的效果进行总结时，所指出的摆脱课堂的局限性，进入更广阔的社区，这改变了师生对学习内容的态度，师生之间的界限也模糊成一个中间地带，所有人都可以自然地进入这一地带，这将促进师生对课堂有更深刻的理解和演绎。

三、基于高等教育普及化的高职教育教学文化构建策略

随着高等职业院校教学改革的深化，课程体系发生了较大变化，需要在原有课程基础上突出综合实践课程的开发和运用。这种教学文化更加强调教学和课程知识的多样性、非系统性、文化性、开放性、动态性和过程性。高职教育新型教学文化的整合和重构需要一种整体观予以观照，即高职教育新型教学文化应呈现出一种多样性的统一，需要更新教学理念，厘定教学目标，更新教学内容与教学方法，调整课程结构，优化教学过程，变革教学组织形式，转换师生关系，整合教学资源，打破传统课堂的常规教学，教学时间、空间安排皆围绕学生学习而定。我们应围绕这项基础性的工作展开紧迫而明晰的讨论，为高职教育创新发展开辟一条有效的途径，使我们能够从实践上发挥教学在高职教育办学中的基础作用，最终实现高职教育教学文化的更充分的重建。

(一)重建师生对话

重建师生对话是教学文化的灵魂。美国社会学家露丝·本尼迪

克特在《文化模式》一书中指出，我们必须把个体理解为生活于他的文化中的个体；把文化理解为由个体赋予其生命的文化。[6]根据实用主义的观点，高职教育教学的发展趋向是从实用到理论再到实践。高职教育新型教学文化与本科院校、中职学校和中小学校都不同，有其鲜明的特点。因为学生不是知识的容器，而教师提供“脚手架”给学生，进行辅助、支持和示范，从而把学生思想的火把点燃。学生借此可发展他们独立完成活动的能力，这一原则的前提条件是活动能够使学生的水平和高度更上一层。教师和学生均感到满意的活动，所开启的学习领域很可能超越教师和学生的知识。这种文化认为学生不是教学的被动接受者，而是积极的建构者，倡导建构性学习，寓课程学习于师生对话活动之中，不断提高学生学习的积极性和实效性。

教学不是简单地传递和灌输，教学过程不是单一的知识接受过程，而是一个知识建构、情感交流、道德发展、人格完善的过程。教师转变自己角色和定位，鼓励学生自由地通过作用而发展自己的课程。为使课程内容具有非常丰富的多样性和启发性，教师需要创造一种促进探索的课堂氛围，与学生进行广泛的对话。同时，在变革过程中认真关注部分关键的细节，能够带来成功的体验、新的任务以及完成重要事情的喜悦和满意。更为基础的是，减少失败的次数和实现新的成功，能够带来教与学的再生，而这种教与学的再生在教师和学生日常生活中是极为迫切需要的。[7]

（二）激活教学形式

激活教学形式是教学文化的核心。在传统的课程教学组织中，课堂是知识传递的场所，更多地强调知识的传授和能力的培养，而更具生活意义和生命价值的主题常常被排除在外。学生作为一个成长中的群体，他们有不同的兴趣爱好，有着不同的个性和不同的学习方式，难以用统一的标准来衡量他们的学习质量。面对有差异的学生，实施有差异的教育。[8]在新型教学文化下的课堂,更多地赋予课程以灵活性、多样性和选择性,学生对待知识的态度从确定性的符号化、文本化的课程到情景性、生活化、体验性的课程转化。

100年多前,著名教育家黄炎培先生在创办中华职业教育社时,提出“双手万能,手脑并用”的职业教育理念。当前,高职教育大力推行的以校企合作、工学结合为核心的人才培养模式改革是对这一理念的传承与创新。学习者单靠个人很难达到最佳的学习效果,而在共同目的的基础上构建学习共同体,通过伙伴间的协作来完成知识建构则不失为一种很好的解决办法。2000年,在第11届国际教与学研讨会上,美国学者韦斯利·贝克提出“教室翻转运动”——教师是学生旁边的指导者,而非讲台上的贤能者。这种翻转课堂体现了新的教学理念,而个性化学习的教学理念需要探索个性教育和包容教育的教学文化和模式,构建以学生自主学习为中心的弹性教学模式,并在实践运作中不断融入教学研究成果,完善教学管理与保障制度,使普适化的教学文化融入院校,逐渐形成基于校本文化的教学文化。

(三)创新文化理念

创新文化理念是教学文化的根本。文化是具有生成性的,教育教学改革发展到一定阶段都会面临着文化的选择。对于职业教育而言,在国家层面上,大力发展职业教育和加快发展现代职业教育已形成政策共识并付诸实施,但在社会文化中“高职教育是本科高校的‘压缩饼干’”“职业教育是二流教育”“职业教育是失败者的收容所”等谬论依然存在,使得包括高职教育在内的职业教育得不到全社会的广泛接受和心理认同。究其原因,高职教育教学方面的问题是一个重要因素,而这也要归咎于对高职教学及高职教学文化研究上的欠缺。为此,必须认真思考高职教育的教学文化。

与此同时,文化是自然和历史演进的,高等职业教育的培养定位是培养学生理解实用的理论，掌握精湛的技能，拥有创新的思维，培育良好的人格，锻炼健康的体魄。在这个过程中，关注学生的所说、所做、所想、所感，培养他们的抗压能力、沟通能力、团队精神。建构主义包括学习的情景理论和学习的活动理论。我国学者胡适从杜威那里所学到的就是从具体的情境去求取那一点一滴的进步，而浙江金融职业学院的“基于需的学”和“基于需的教”也正是在创新师生关系的指导下和情境中建构起来的。[9]一方面，现代职业教育视阈下，加快发展现代职业教育对高职教育新型教学文化重建形成挑战；另一方面，高职教育创新发展背景中，创新发展高职教育给高职教育新型教学文化重建带来机遇。

四、结　语

在高等职业教育的教学过程中，各种教育价值之间存在着对立与冲突，常常使得高职教育教学文化的本质被遮掩，这不仅不利于我们在量上扩充高职教育教学研究的内容和结构，而且也不利于我们在质上丰富高职教育教学研究的理论与基础。事实上，产教融合、校企合作、工学结合、知行合一和教学相长的理念及与此相对应的专业教学文化、课程教学文化、课堂教学文化、活动教学文化和教师教学文化，形成了五组既对立又统一的高职教育新型教学文化关系类型和行为模式，这些都是我们在下一步的研究中必须面对和解决的问题。这更激发我们开展更为丰富的理论探索和实证研究，通过经验资料的收集和解释，以培育对这个持久而紧迫的教育议题的深切关注和敏感度；通过认真思考高职教育的教学文化，进而促进高职教育教学的文化自觉、文化自信与文化自立。

参考文献

[1][2][3]菲利普·G.阿特巴赫.比较高等教育:知识、大学与发展[M].人民教育出版社教育室,译.北京:人民教育出版社,2001:3,3,73.

[4] 刘庆昌.教学文化的内涵与构成[J].教育研究,2008(4):48.

[5] 包尔生.德国大学与大学学习[M].张弛,郗海霞,耿益群,译.北京:人民教育出版社,2009:24.

[6] 露丝·本尼迪克特.文化模式[M].王炜,译.北京:社会科学文献出版社,2009:2.

[7] 迈克尔·富兰.教育变革新意义:第3版[M].赵中建,陈霞,李敏,译.北京:教育科学出版社,2005:8.

[8] 国家教委国家教育发展研究中心,中国教科文组织,全委会秘书处.未来教育面临的困惑与挑战:面向21世纪教育国际研讨会论文集[M].北京:人民教育出版社,1990:2.

[9] 王琦,陈正江.高职教育教学文化研究[M].杭州:浙江工商大学出版社,2016:68.

(本文刊载于《职教论坛》2020年第3期)

第二章

高等职业教育创新发展研究

积极推进职业教育的社会多元办学

摘　要：教育是社会公益事业，职业教育更是社会公益事业。社会事业社会办，这是推进职业教育现代化的逻辑起点与必由之路。

关键词：职业教育；社会资本；多元办学

《国家职业教育改革实施方案》（以下简称“职教20条”）提出，“经过5—10年时间，职业教育基本完成由政府举办为主向政府统筹管理、社会多元办学的格局转变”“鼓励和支持社会各界特别是企业积极支持职业教育”；《中华人民共和国职业教育法修订草案（征求意见稿）》也提出，“国家鼓励发展多层次的职业教育，推进多元办学，发挥企业重要办学主体作用，支持社会各种主体广泛参与职业教育”。这些政策的出台将塑造一个千亿级规模的职业教育市场，并推动职业教育由目前的

政府办学为主向社会多元办学转变。

一、社会性是职业教育的本质属性

100多年前，我国职教先驱黄炎培先生就指出："（职业教育）从其本质来说，就是社会性；从其作用来说，就是社会化。"徐国庆教授在《职业教育原理》中提出，"与普通教育相比，职业教育具有下列特征：(1)定向性；(2)适应性；(3)昂贵性；(4)实践性；(5)社会性；(6)大众性"。他进而指出："从工作角度理解职业教育本质，需要把握以下两个方面。一是工作过程首先是一个社会过程；二是工作过程遵循任务逻辑。"由此可见，职业教育真正生长的土壤在社会，其宗旨是面向社会、服务社会。实施职业教育应当根据经济和社会的需要，特别在我国全面建成小康社会的发展进程中，通过实施职业教育和开展职业培训，让弱势群体能够得到公平而有质量的技能提升机会，享受到包容性发展的成果，这是以人为本发展理念、以人民为中心的发展思想在教育领域的具体体现。

多年以来，我国职业教育一直是在政府主导的模式下发展，使得职业教育成为政府的职业教育，而不是社会的职业教育，职业教育的发展缺乏牢固的社会之根。要使职业教育真正成为社会力量关注和参与的对象，就必须从政府主导的办学模式向社会多元办学的模式转变，并深刻认识到社会对职业教育发展的决定性意义。可以说，随着"职教20条"的颁布实施，这一内生性的转变正在发生，我国职业教育改革发展将进入一个新的历史时期。

二、充分发挥社会资本举办职业教育的"鲶鱼效应"

有了产教融合型企业等一系列政策的引导和支持，社会资本进入职业教育领域的积极性被大大调动起来，会引发一系列“鲶鱼效应”。

首先，社会资本的参与突破了职业教育主要依靠学校教育的局限。社会资本来自市场，能更清晰地表达市场的需求，使得推动校企合作、工学结合不再仅仅是学校的单方面活动，职业教育发展有了更加厚实的社会基础，从而不断迈向现代化。

其次，社会资本的参与激活了职业教育内生发展模式。不管是北大青鸟，还是蓝翔技校，这些民办教育虽然一开始困难重重，但却逐渐依靠实打实的办学实绩赢得了口碑，打响了品牌。随着职业教育以各种形式引入社会资本，这个杠杆将会撬动职业院校原本固化的办学模式，其办学活力必将得到进一步的激发。

再次，从校企合作到多元办学，对职业教育的改革步伐有了新的要求。“职教 20 条”同时要求职业教育由追求规模扩张向提高质量转变，由参照普通教育办学模式向企业社会参与、专业特色鲜明的类型教育转变。这是职业教育实现高质量发展的重要内容，也是职业院校改革的方向和办学的指针。

三、积极推进职业教育主要由政府举办向社会多元办学转变

“没有职业教育现代化，就没有教育现代化”，这一论断是建立在深刻认识职业教育对教育发展重要意义的基础之上的。积极推进职业教育从主要由政府办学向社会多元办学的制度性转变，是职业教育走向现代化的必由之路，需要从以下三个层面持续发力。

一是政府层面，要把职业教育行政管理的着眼点和切入点转向社会多元办学这个目标，如国家建立产教融合型企业认定制度就是一种制度创新。在这个过程中，政府主要履行其对职业教育发展规划和宏观管理的重要职能，并在建立健全适应经济社会发展需要的现代职业教育

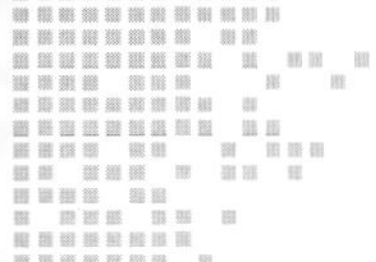

体系方面发挥重要作用。一方面,依法支持社会力量、民间资金参与举办股份制、混合所有制职业学校、职业培训机构;另一方面,投入建设公共实训平台,通过委托合同购买社会资本提供的教育服务产品,组织开展第三方评价等,确保财政资源的集约利用和教育绩效的稳步提升。

二是社会资本层面,要将教育作为社会公益事业来办。产业和教育有着千丝万缕的联系,产业是孕育教育的母体,教育是促进产业的动力。无论是社会力量参与职业教育,还是社会资本投入职业教育,都不能背离职业教育的公益属性,尤其不能背离职业教育面向社会、面向人人、面向就业的办学宗旨。社会资本要与职业教育办学机构达成共识并建构新型伙伴关系,通过逐渐扩大相互之间对话与合作的广度和深度,来实现不同所有制主体的协同办学制度。

三是职业院校层面,以“三教”改革实现社会资本介入办学后的效率变革,进而推动质量变革。“三教”是教学基本建设的重要内容,职业院校把“三教”改革作为强化内涵建设的切入点和推进高质量发展的突破口,确立符合类型教育规律的培养目标,以教法改革引领学法改革,努力实现普职融通、产教融通、校企融通、学历教育与培训融通、师资融通、职业技能培养与职业精神养成融通,进一步夯实职业教育改革发展的微观基础。

(本文刊载于《江苏教育》2020 年第 68 期)

高职院校创新创业教育适切性研究与实践

摘　要：高等职业教育与创新创业具有天然联系，而这种联系内在地体现为创新创业对象范畴、价值指向和实现途径的适切性。基于产教融合、校企合作的高职教育特征，解决教育理念滞后以及与专业教育结合不紧、师资能力欠缺等问题，以推动高职院校适切性创新创业教育的开展。结合浙江金融职业学院探索与实践，提出搭建一个运行平台、开发一体系列课程、打造一支导师队伍、建好一个实践场所、创设一系列实践项目、探索一种培养体系、完善一套保障制度、营造一种文化氛围等"八个一"的创新创业教育适切性增强策略。

关键词：高职院校；创新创业教育；适切性；浙江金融职业学院

一、问题的提出

2014 年，习近平总书记在对职业教育重要指示中强调，职业教育肩负着培养多样化人才，传承技术技能、促进就业创业的重要职责。李克强总理在 2013 年国务院第一次全体会议上提出要大力推动创业创新，在 2015 年的《政府工作报告》中更是把"大众创业、万众创新"（以下简称"双创"）提升到国家经济发展新引擎的战略高度。"双创"战略契合建设创新创业型社会的发展趋势，当前，我国创业创新的热潮正在蓬勃兴起，"双创"作为动力之源、富民之道、强国之举、公平之计的效应正逐渐显现。

在建设创新型国家和推动"双创"实施过程中，我国各级政府对高校创新创业教育工作高度重视并加大了投入和支持力度。作为建设创新型国家的基础和培养创新创业人才的基地，高等学校正不断探索开展创新创业教育，特别是2015年5月国务院办公厅《关于深化高等学校创新创业教育改革的实施意见》（以下简称《意见》）印发后，创新创业教育逐渐成为推动高等学校人才培养模式创新和教学改革的重要抓手。高等职业教育与创新创业具有天然联系，作为高素质技术技能人才培养的重要机构，高职院校不断加强创新创业教育，并以此助推教育教学质量提高，促进学生全面发展。近年来，高职院校在探索创新创业教育方面取得了积极进展，为区域经济转型升级提供了有力的人才支撑。当前，我国经济发展进入新常态，高职院校如何有效探索和深化创新创业教育，使其更加契合区域经济社会发展的需要，迫切需要我们全面把握高职院校创新创业教育的对象范畴、价值指向和实现途径，为构建中国特色高职院校创新创业教育提供理论与实践支撑。

二、高职院校创新创业教育适切性分析

（一）高等职业教育适切性

"适切"即适应和切合。适切性是指某事物与其所处环境中诸多因素的相关程度，通常表现为适当、恰当或适合需要等方面的特征。美国教育家布鲁贝克在其《高等教育哲学》一书中提出高等教育适切性的命题，他从高等教育与社会经济发展目标和个人需求关系的角度进行了详细的阐述。[1]高等教育发展是对社会和个人教育需求的适应、满足以及适切性增强的过程，适切性是高等教育发展的永恒追求。联合国教科文组织也在竭力推动高等教育与社会发展和人的全面发展目标的实现，其在1995年发布的《关于高等教育变革与发展的政策性文件》中提出了高等教育的三大理念，即适切性、质量观与国际化。[2]适切性的另一个含义是提出的目标要切合当前的教育教学实际，如果不切实

际也就失去其作为教育的价值。作为一种教育层次，高等职业教育以培养高素质技术技能人才为己任，具有高教性和职教性双重属性。[3]作为高等学校重要组成部分的高职院校，通常由地方政府或行业举办，主要面向区域经济社会发展培养职业技能型人才，其就业导向和服务发展的特色非常鲜明。在高职院校的办学中超越了传统学校的界域，产教融合、校企合作和工学结合实现了产业与教育、学校与企业和学习与工作的跨界。

（二）高职院校创新创业教育适切性方面存在的不足

尽管全社会对创新创业教育形成了一定共识，创新创业教育也俨然成为一门“显学”，但正如联合国教科文组织在《学会生存》报告中指出的那样，教育既有培养创造精神的力量，也有压抑创造精神的力量。[4]21世纪以来，在“钱学森之问”的刺激下，我国高等教育启动了“拔尖创新人才培养计划”等一系列的创新教育教学改革，旨在培养学生的创新创业精神和能力。[5]与此同时，我国劳动力市场上出现的“技工荒”现象是高职院校人才培养适切性失调的形象体现，这种现象倒逼高职院校面向产业转型升级开展创新创业教育教学改革。高职院校创新创业教育适切性方面存在的不足主要有以下三方面。

(1)创新创业教育理念滞后。创新创业教育的核心理念，即培养学生在未来社会中生存和发展的创新意识与创业能力。但在现实中，不少高职院校视创新创业教育为就业指导的一项内容，主要安排在第二课堂和第三课堂开展，关注点也多放在少数学生的“创新竞赛”和“创业活动”上，而忽视了多数学生的创新创业意识培养、能力提升和环境营造。多数学生仅仅将创新教育的目标定位于参加各种竞赛获得更多奖项，将创业教育目标定位于赚钱或者是解决就业上。

(2)创新创业教育与专业教育结合不紧，与实践脱节。一方面，在很多高职院校中均开设了诸如创业指导等创新创业教育课程，但这些课程通常被安排在人才培养过程的末端，与专业教育中的其他课程缺少逻辑联结和系统设计，导致创新创业教育与专业教育结合不紧。另一方面，创新创业教育课程的开发缺少行业的参与，脱离实际，而课程教学仅限于课堂讲授和创业计划设计，一些高职院校以参加创新创业竞赛代替系统的创新创业教育，容易流于纸上谈兵。

(3)教师开展创新创业教育的意识和能力欠缺，教学方式方法单一，针对性、实效性不强。一些教师认为创新创业教育是学校某一特定部门的职责和任务，创新创业人才培养与已无关。由于创新创业教育教学要求实践性强，课程开发难度大，教师开展创新创业教育的动力不足，并且创新创业实践平台较少，指导帮扶不到位，创新创业教育体系亟待健全和完善。

三、高职院校创新创业教育适切性增强策略

基于对高职院校开展创新创业教育适切性不足的分析，对照《意见》提出的完善人才培养质量、创新人才培养机制、健全创新创业教育课程体系、改善教学方法和考核方式、强化创新创业实践、改革教学和学籍管理制度、加强教师创新创业教育教学能力建设、改进学生创业指导服务、完善创新创业资金支持和政策保障体系等九项主要任务和措施，提出增强高职院校创新创业教育适切性的主要策略。

(一)需求导向

约瑟夫・熊彼特在《经济发展理论》一书中，将创新定义为“新的或重新组合的或再次发现的知识被引入经济系统过程”。[6]高职院校创新创业教育的适切性对外指高职院校是否适应、切合社会发展的需要；对内指是否与高职院校使命相一致，是否与教师的要求和利益相矛盾，是否适应、切合学生的身心发展需要。[7]事实上，创新创业与高等职

业教育具有天然的联系。在高职院校的办学中,为深化职业教育人才培养模式改革,也在不断探索专业与产业、职业岗位对接,专业课程内容与职业标准对接,教学过程与生产过程对接,学历证书与职业资格证书对接,职业教育与终身学习对接。通过内部与外部需求调研,发现创新创业教育的内部学生需求和外部市场需求,并提供相应的人才培养方案和教学安排来加以满足。

(二)问题驱动

问题驱动就是以解决问题为动力,只有将问题融入创新创业教育教学过程中才会收到实效。美国管理学家彼得·德鲁克在《创新与企业家精神》中指出,成功的创新者不是“专注于冒险”,而是“专注于机遇”。这里所说的“机遇”只有坚持以问题为导向才能捕捉到。[8]而对高职院校创新创业教育的讨论并不只是一种单纯的学术探索。实际上,对高职院校创新创业教育适切性的最佳观察来自实践,提升高职院校创新创业教育适切性的最佳经验同样来自实践。具体而言,就是根据产业发展和岗位需求动态调整专业设置,将职业标准融入课程标准、课程内容的设计和实施中,加强实习、实训环节,培养符合产业标准和行业实战的人才。

(三)专业融合

专业教育,也称“专门教育”,是指学生在普通教育的基础上,通过专业培养从而具备从业必备的素质与能力。在我国,高职院校是实施专业教育的重要机构,专业教育是高职院校学生的立身立业之本。过去,教师和学生很少把创新创业教育与专业教育关联起来,或者说很少把它看成存在于学生职业生涯规划的一个必需部分。但在加强创新创业教育的背景下,必须将创新创业教育融入专业教育。专业融合是解决这一问题的有效方式,即基于学生的学习背景,通过修订各专

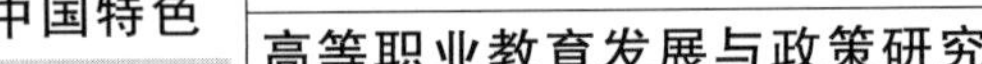

业人才培养方案,将创新创业教育与其所学专业的办学条件、课程设计、教学过程等要素相融合,在人才培养目标和学生毕业要求中体现创新创业能力只有这样,创新创业教育质量才能达到既定的标准和要求。[9]

四、增强高职院校创新创业教育适切性:浙江金融职业学院的探索与实践

浙江金融职业学院根据自身的实际,在长期实践中探索形成"行业、校友、集团共生态"办学模式,并将创新创业教育融入其中,突出创新精神、创业意识和创新创业能力的培育和培养,并将其作为推进人才培养模式改革的重要抓手,以此撬动教育教学改革。在具体的探索实践中,提出并践行"八个一"机制,丰富拓展高职创新创业教育的具体内涵,不断增强高职院校创新创业教育适切性。

(一)搭建一个运行平台

2006 年,学校成立了笃行创业教育学院;2012 年,更名为笃行创新创业教育学院;2016 年,又进一步丰富充实了创新创业教育学院的内容,并优化了运行机制。主要经验有:一是学校成立了由校长担任组长,教务处、招生就业处、学生处以及各二级学院主要负责人为成员的创新创业教育领导小组,顶层设计学院的创新创业教育,全面履行学院创新创业试点工作领导职能。二是成立创新创业教育学院,全面负责学校创新创业教育工作的开展,牵头二级学院和专业落实创新创业教育的相关工作。三是创设"产、学、研、创"合作创新创业教育联盟与发展理事会,设立创新创业奖学金和发展基金,努力把笃行创新创业学院建成创新创业教育的教学基地、实践基地、改革基地和孵化基地。

(二)开发一体系列课程

结合学校以财经商贸大类专业为主的特点,面向全校学生开设培养创新创业基本素养的校本课程“创新创业导论”,重点在于激发在校学生的创新创业热情,培育创新创业意识,形成基本的创新创业理念。在专业课程中,细化原有课程创新创业项目,围绕创业财务、创业法务等开发创新创业教育课程模块,如创业计划、创业财务、创业法务等;为有创业意愿的学生提供更多创新创业素养提升课程,增加学习选择空间。同时,辅以创新创业仿真综合实验教学平台、ERP 创新创业实训基地等实践场所的建设,进行系统化、专题式教育和培养,重点培养在校学生创新创业的素质和能力,为后续创业奠定专业基础。建立在线开放课程学习认证和学分认定制度,实现创新创业课程全覆盖、分层次和差异化的教学目标。

(三)打造一支导师队伍

依托学校牵头的金融行业职业教育集团,自 2006 年开始,学校在原行业、企业、用人单位、学校、校友会共同组成的专业建设委员会中增加就业创业导师,组建了一支由校内优秀教师与校外行业专家打造的双导师团队。通过创新创业导师培训,让相关教师既有创新创业理论素养,又兼具行业实践能力;让校内教师到企业挂职锻炼,对接校内创业学生,进行创业指导;选聘具有较高理论水平和丰富实践经验的企事业单位知名专家、创业成功者、企业家、风险投资人等到学校兼职,尤其是聘请校友企业家作为兼职创业导师,承担创新创业课程授课,并适时引进第三方创新创业培训机构。同时,完善教师激励约束和发展机制,明确全体教师创新创业教育责任,完善专业技术职务评聘和绩效考核标准,建设既具备扎实专业理论知识又拥有参与创业或者担任企业高管经历的师资队伍,制定兼职教师聘用标准和管理规范,建立

教学效果评价指标体系。将创新创业意识和能力作为岗聘条件、岗前培训、课程轮训、骨干研修的重要内容。

(四)建好一个实践场所

学校推进以培养能力为导向的创新创业实践教育体系建设,加大实践教学环节比重。教学过程中加强教学管理,保证实践环节的实施。增加综合性、创新性实践训练环节,突出实践能力与创新创业能力培养。建设学校大学生创业园,让学生进行模拟企业的注册、运行和管理。激发学生创新创业意识,积极培育学生进行创业项目策划,并在大学生创业园中进行模拟实践。在项目模拟实践的基础上,进行项目孵化。为推动对创新创业项目的准入和资金支持,建设若干个校外大学生创新创业实践基地,打造校企合作共生体,联合建立相应的校外实践教育基地、创业示范基地、电商创业孵化基地等,作为创业园区的校外延伸,帮助学生进行创新创业项目的成果转化。

(五)创设一系列实践项目

依托创新创业协会等社团组织,推进学赛结合的创业项目建设。学校积极组织学生参加浙江省高职高专院校“挑战杯”创新创业竞赛及其他创业大赛,提高学生的创新创业能力。结合互联网产业迅猛发展的时代浪潮,紧贴杭州互联网金融等新业态的崛起,在整合与优化全校各类创新创业资源的同时,通过由校友捐助的创业奖学金和浙江金融教育基金会,筹措扶持基金支持创新创业项目。在双导师团队指导下,学生在各类大赛中荣获佳绩。同样在这支团队教师的引领和帮扶下,涌现出品忆琴行、网易印象派、我的花店等一大批学生创业新星。顺应互联网的时代浪潮,学校以“互联网+”思维优化专业结构,设置竞赛与实战项目,取得较好成效。而在创业园区内则为学生及时提供国家政策、区域经济社会发展规划、市场动向等信息,为创业和有创业意向的学生提供创业项目评估、融资咨询、申办企业手续、项目运行管理、创业项目对接、知识产权交易等多方位、多形式的服务。

(六)探索一种培养体系

与学校在学生就业指导方面的职业生涯规划“135791”相对应的是自2014年开始,笃行创新创业学院从全校学生中选拔具有创新创业潜质和意向的学生,组建“才俊”创新拔尖人才实验班(以下简称“才俊班”)。“才俊班”组建若干创新创业专题(兴趣)班,参照订单培养形式进行集中学习培养,形成创新创业预备和实践团队。开发创业实践项目、互联网创业、浙商创业案例等课程模块,增加创新创业实习和创业实践,为学生在校内创业园项目孵化和走出校门进行实际创业活动提供指导和服务,完善创新创业师资培训体系,强化激励措施并积极尝试多元化的教师评价标准,为学生自主创业奠定基础和提供保障,探索一条批量培养大学生创业者的有效途径。

(七)完善一套保障制度

一是制定学分转换制度。逐步将学生开展的与专业相关的创新实验、发表论文、课题研究、科技成果、相关竞赛、职业证书、获得专利以及自主创业等情况折算为学分,为有意愿有潜质的学生制定创新创业能力培养计划,建立创新创业档案和成绩单,客观记录并量化评价学生开展创新创业活动情况。二是完善专业和课程建设管理办法。全面落实创新创业教育在专业和课程实施过程中的相关事项,把创新创业教育变为专业和课程建设内容中的重要组成部分。细化实践教学与管理相关制度,明确创新创业实践在各实践教学环节中的管理内容和要求,修订其他相关教学管理制度。三是制定鼓励教师自身创新创业活动的政策,鼓励教师将申请专利与产业应用相结合。

(八)营造一种文化氛围

通过举办校友创业论坛,将创新创业教育融入素质教育,并与专业教育相融合,激发学生创新创业热情。自2009年以来,笃行创新创业学院已经连续举办了八届校友创业论坛,每届论坛均有独特的主题,并邀请创业成功的校友分享创业经历和心得体会,为有志创业的同学答疑解惑。由于校友与母校、与在校学生的天然情感,校友的创业历程、理念更能获得在校学生的认同感,已成为深受师生欢迎的创新创业教育"金名片",不仅进一步丰富"行业、校友、集团共生态办学模式"的核心内容,而且更加浓厚了学校的创新创业文化氛围。

五、结　语

本文从高等职业院校创新创业教育现实状态入手,在分析适切性不足的基础上提出增强高职院校创新创业教育适切性的主要策略,并结合浙江金融职业学院的探索与实践进行阐述。今后一个阶段,根据教育部新修订的《普通高等学校学生管理规定》的要求,如何将创新创业教育纳入素质教育,创新创业教育如何更好地与专业教育相融合,以及以互联网思维引领创新创业教育等问题,都值得进一步深入探讨和研究。当然,高职院校创新创业教育究竟以多大程度和多快速度影响着高职院校教学改革和人才培养模式创新,还需要我们综合运用调查、访谈、案例分析等手段开展更为深入的经验研究,科学把握高职院校创新创业教育的对象范畴、价值指向和实现途径,全面总结高职院校创新创业教育实践中的经验和教训,为构建中国特色高职院校创新创业教育提供理论支撑与实践参照。

参考文献

[1] 约翰·S.布鲁贝克.高等教育哲学[M].王承绪,徐辉,郑继伟,等,译.杭州:浙江教育出版社,2002:103.

[2] 赵中建.教育的使命:面向二十一世纪的教育宣言和行动纲领[M].北京:教育科学出版社,1996:199.

[3] 周建松.提高质量:高职院校师资队伍建设的着力点[J].教育研究,2012(1):138—140.

[4] 联合国教科文组织,国际教育发展委员会.关于高等教育变革与发展的政策性文件[M].北京:教育科学出版社,1995:4.

[5] 马望星,马近远.钱学森创新教育思想解读[M].北京:高等教育出版社,2014:16.

[6] 约瑟夫·熊彼特.经济发展理论[M].孔伟艳,朱攀峰,娄季芳,编译.北京:北京出版社,2008:1.

[7] 周光礼.论高等教育的适切性[J].高等工程教育研究,2015(2):62—69.

[8] 彼得·德鲁克.创新与企业家精神[M].蔡文燕,译.北京:机械工业出版社,2009:125.

[9] 路飞.小国大教育——瑞士、奥地利、卢森堡创新教育研究[M].杭州:浙江工商大学版社,2014:3.

(本文刊载于《现代教育管理》2018年第1期)

基于共同体理念的高职院校治理机制构建与实践

摘　要:作为一种集体行动,治理的要义是多元主体参与,基础是共同体理念,目标是共同治理。内部治理与外部治理是高职院校治理机制的两个部分,前者主要体现为教师、学生、校友与学校的互动,后者主要体现为学校与外部的产教融合与校企合作。基于共同体理念,浙江金融职业学院构建了教师、学生、校友发展共同体和基于产教科教双融合的发展系统,既优化了内部主体权责关系,也解决了社会参与院校治理动力不足问题,极大地提升了院校治理能力。

关键词:共同体;共同治理;高职院校;内部治理机制;外部治理机制;浙江金融职业学院

一、问题的提出

1995年,全球治理委员会发表题为《我们的全球伙伴关系》报告,将治理定义为是各种公共或私人的机构和个人管理其共同事务的诸多方式的总和。[1]此后,治理越来越受到人们的重视,并成为公共政策研究领域的热门主题。2013年,《中共中央关于全面深化改革若干重大问题的决定》提出,全面深化改革的总目标是完善和发展中国特色社会主义制度,推进国家治理体系和治理能力现代化。[2]由此带动了包括教育领域在内的关于治理问题研究的进一步升温,教育治理和院校治理成为实践者、研究者和政策制定者的重要话语。院校治理是研究教育治理的重要观察切面,尤其是在高校这样一种"有组织的无政府状态"的机构里。[3]而对于高职院校而言,多元主体参与是其治理过程的基本特征，这些主体既包括学校内部的师生，也包括学校外部的企业，基于共同体理念构建高职院校内外部治理机制是提升办学质量和效益的必由之路。

二、共同体

早在120年前，法国社会学家涂尔干就提出机械团结和社会团结概念。[4]而德国社会学家斐迪南·滕尼斯最早将共同体概念引入社会学研究中，他在《共同体与社会》一书中指出“共同体是一种持久的和真正的共同生活”，并强调“共同体是个体生命与集体生命的结合”。[5]在这里，共同体具有以下三重含义。

（一）共同体以共同的理念为基础

作为有目的的协作与行动实体，大学的精义，就是人们在行动上既协调一致又自由自在，在生活上既多姿多彩又被整体性的理念所鼓舞，同时各门学科之间既相互合作又各自独立。[6]杜威指出：“因为他们有共同目标，每个成员的活动也因为知道其他成员在做什么而受影响，所以构成了社群。”[7]共同体理念的形成使群体能够理解其他群体的思想，这成为他们开展对话和共同行动的第一步。如果没有这种集体意识，仅仅依靠自发秩序，学校容易出现结构混乱和功能失调。

（二）共同体以共同的制度为支撑

涂尔干指出：“理念必须由那些担负着实现理念职责的人去理解、去珍视、去追求。”[8]英国学者雷蒙·威廉斯更加直截了当地提出，积极的相互责任观念是共同体的另一说法。[9]学校“不仅为其成员提供知识，还要为他们提供控制尤其是自我控制标准所必需的完整的理性”[10]。这种“必需的完整的理性”即制度，其规范着主体的行为，在交

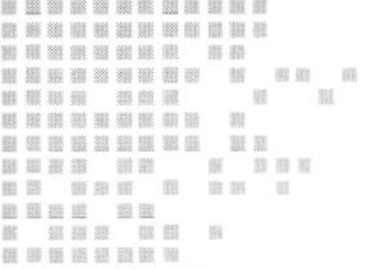

互协同运作网络中采取共同行动，实现共同目标。

（三）共同体以共同的文化为指导

学校是基于或者围绕文化而形成的教育机构。按照组织类型划分，帕森斯将学校归为“模式维持组织”类型，这类组织具有文化、教育和揭示的功能。[11]关于学校的这种功能，萨特有一个恰当的说法，即“我们的目的是要达到一个真正的选定的机构，在那里每个人（person）都将成为人（man），其中所有集合体（collectivities）都同样富于人性”[12]。

三、基于共同体理念的高职院校内部治理机制构建

关于共同体的研究并不单单以利益出发，它所关注的是能够将个体维系起来的社会纽带，即涂尔干所说的具有道德特性的集体意识或共同意识。[13]这种集体意识或共同意识在教师、学生、校友主体身上集中体现出来。

（一）教师是最主要的依靠主体

美国教育家、加州大学前总校长克拉克·克尔在《大学之用》一书开篇写道：“大学开始时是一个单一的共同体——老师和学生的共同体。甚至可以说，它具有灵魂，即某种生机勃勃的核心原则。”[14]百年大计、教育为本，教书育人、教师为基，教师是高职院校建设发展中最为基础和基本的力量，既是办学的基本要素条件之一，也是决定学校教书育人水平和办学治校高度的重要力量。没有一支师德高尚、数量适当、素质精良的教师队伍，就很难担当起提高学校办学治校水平的责任和使命。

(二)学生是最重要的服务对象

学校是一个人才培养的组织,因学生的存在所产生其他各种需求,学生规模、层次对校舍、教学条件、教师队伍的要求,没有学生就不需要学校,这也是学校区别于其他组织的重要特征。因此,把学生比作学校存在和发展之本并不为过,而学生又是川流不息的活生生的主体,学生的成才成长决定着学校的品牌;学生的感情认可决定着学校的力量;学生能否得到个性化的指示和帮助,体现了学校办学水平;学生主观能动性的培养和发挥,彰显了学校教育教学的水准。

(三)校友是最宝贵的支持力量

校友与母校之间一脉相承的文化渊源有着千丝万缕的联系,使母校精神在校友身上得以传承、延续,同时通过返校联谊和学术交流等多种形式的互动,不断地创新和发展着母校精神和文化。校友在社会上所取得的成就和获得的社会认同,直接影响着母校的形象。校友群体已形成学校凝聚资源、传承文脉、扩大交流、促进发展的重要力量。校友是一种资源,要加以关注和开发,以此来推进学校的可持续发展。一批批走出校门跨入社会的校友,在不同时期、不同行业、不同地区,以不同方式,对社会产生影响,与母校和社会发生着或隐或显、或多或少、或直接或间接的联系。

四、基于共同体理念的高职院校外部治理机制构建

法国学者让-皮埃尔·戈丹在《何谓治理》一书中指出,治理是一种联邦制度的辅助性和企业文化的亲密结合,促进了机构、企业和协会之间谈判式合作的多样化。[15]这种关系要求我们运用开放合作的思维构建产教科教双融合发展系统。

(一)产教融合发展系统

早在100多年前,黄炎培先生就提出:“设什么科,要看职业界的需要;定什么课程,用什么教材,要问问职业界的意见;就是训练学生,也要体察职业界的习惯;有时聘请教员,还要利用职业界的人才。”[16]作为培养高素质技术技能人才的机构,高职院校连接着教育世界与职业世界,从而使其与行业企业有着共同的利益和诉求,使基于共同体理念构建外部治理机制成为可能。高职院校在开展产教融合方面具有独特的优势,基于共同面向市场的要求,培养人才适应外部需求,在这个过程中既实现包括人的全面发展,也助推区域经济社会发展。通过与地方政府和企业进行广泛沟通与交流,充分了解产业政策、产业布局、发展规划,并对区域内的人才市场和企业需求持续跟踪,深入了解区域人才需求状况,分析论证应当优先发展的专业,建设政府主导、校企互动、社会参与、市场运作的产教融合平台。

(二)科教融合发展系统

高职院校科教融合发展系统,其内涵是提供技术应用型和高技能型人才培养与培训,提供技术创新、推广和服务,实施先进文化的传播和辐射。社会服务能力是高职院校办学实力的重要标志,在全面深化改革和高职创新发展的大背景下,科教融合发展系统在高职院校治理体系和治理能力现代化中扮演着重要角色。科教融合要求高职院校找准自己的定位,将其优质丰富的科学研究资源转化为人才培养优势,建立自己的核心竞争力。高职院校的科学技术服务通过人才培养过程得以实现,培养的学生满足社会需求,提高青年在社会上的就业能力,应是学校追求和努力的方向。也只有通过服务社会,高职院校才可能寻找具有真实意义的科研课题,才可能了解社会对人才培养的基本需求,也才可能培养适应社会需求的人才。

五、浙江金融职业学院的探索与实践

刘献君教授指出，院校研究要“强烈面向问题、强烈面向实践、强烈面向应用”。[17]这可由个案研究来实现，我们通过浙江金融职业学院（以下简称学校）这个更为细节性的个案来观察与分析共同体理念应用于高职院校内部治理机制的实践。

（一）基于教师、学生、校友发展共同体的内部治理机制

在我国高等教育进入大众化乃至普及化背景下，教师、学生和校友这三种相对独立又密切相连的行动者在高校中的地位、作用及其复杂性越来越凸显出来。高职院校的发展更多地依靠主体间的相互作用，构建教师、学生、校友发展共同体，并以此塑造内部治理机制。

1. 以教师为基

约翰·杜威曾指出：“教育科学来源于教育工作者们的心脑和手中的可靠知识。这些知识的应用使教育比以往更明智、更人道和更带有真正的教育性。”[18]教师为基的理念是全心全意依靠全体教师办学，充分发挥教师在发展共同体中的主体作用、基础作用和基本作用，尊重教师个性，倚重教师德才，注重教师发展。在这个过程中，学校对教师的要求是融入一个团队、开好一门课程、带好一个班级、形成一项教学成果、开展一项科研和社会服务、做出一项特别贡献。

2. 以学生为本

现代学校效能研究的中心已经转向学校教育的成果，即学生进步上，以此来回应社会对学校教育的批评，希望他们能适应未来的生活。学生为本的理念是关爱学生进步、关注学生困难、关心学生就业，这就要充分发挥学生在发展共同体中的主动作用、互动作用和参与作用。

与此同时，发展共同体对学生的要求是健康、乐学、上进。在这个过程中，学校秉持“一切为了学生、为了学生的一切、为了一切学生”的方针，并通过“爱生节”等载体践行以学生为本。

3. 以校友为宗

校友是学校一笔宝贵的财富，他们传承学校精神、扩大学校影响、增强学校合力，是促进学校发展的重要支持力量。结合学校办学实践，培育形成一个“以行业为依托，以校友为纽带，以职教集团为载体”的共生态办学模式。自2007年起，学校广泛开展以“千名学生访校友，千名校友回课堂，百名校友上讲坛，百名校友话人生，百名教师进企业”为主题的“2300”校友文化育人活动，推动母校与校友良性互动发展，提升校友文化育人内涵。

（二）基于产教科教双融合发展系统的外部治理机制

学校办学44年来，特别是升格举办高职后，一直秉持开放办学思路，不断整合优化内外部资源，着力打造产教科教双融合的发展系统。学校独资的杭州资信评估公司和控股的浙江众诚资信评估有限公司及浙江金苑培训中心是产教科教双融合的主要载体。

1. 产教融合发展系统

对接区域产业发展，以专业为纽带，牵头建立浙江金融职业教育集团，担任全国金融职业教育行业指导委员会副主任委员，实现了学校教学过程与企业生产过程、学校科研与企业技术研发、学生的专业能力与岗位职业能力的全面对接。深化育人模式改革，稳步推进职普融通试点工作，探索建立中职、高职、应用型本科相衔接的职业教育一体化人才成长通道，加快培养紧缺的技术技能人才。具体到实际操作层面，即以学校发展理事会助推产教融合，以专业建设指导委员会助推校企合作。

2. 科教融合发展系统

学校完善了“一二三三”办学功能定位，开展了构建多层次、立体化社会服务体系的创新实践，即以优质的全日制高等职业教育为主体，形成招生广受欢迎、出口比较顺畅、学生素质精良的高职教育体系；以多层次、立体化的职业（岗位）培训为一翼，以高效益、全方位的企业信用等级评估为另一翼；打造服务金融行业的三个中心——金融职业人才培训中心、技能人才考证考级资格认证中心、金融学术信息交流中心；建设成为中国高等职业教育的三个重要基地——金融类职业教育的资源建设基地、财经类职业教育的师资培训基地、高等职业教育理论与政策研究基地，不断提高学校科教融合发展能力，引领高职教育改革创新。

六、结　语

正如美国教育家伯顿·克拉克指出的那样，寻找大学如何改变它们运作方式的最好办法，是从底层到上层和从内部到外部进行研究。[19]本文采用个案研究方法，通过界定治理实践过程中真正起作用的因素，来帮助这些实践者战胜治理过程中遇到的挑战，基于共同体形成了共同治理的理念、体系和机制，发挥协商民主作用，获得最大公约数，画出最大同心圆，提供最佳实践（best practices）范例。事实上，对于学校而言，在这个人们倾注大部分心力的较小世界中，基于共同体理念构建高职院校治理机制将是一个长期的过程，对意义和团结感的探索还在继续。我们需要了解学校内部的生活和外部的环境，而这些并没有在表面上清晰地展现出来。随着研究的进一步深化，我们所关注的问题即复杂的组织、变化的环境、多元的价值将逐渐浮现。为此，我们需要从以下两个方面着手解决：一是基于共同体理念治理的创新性与制度化，其中存在着整体设计与逐步推进的问题，主要解决在发展共同体构建中的顶层设计与基层创新之间如何保持平衡；二是基于共同体理念治理的统一性与多样化，其中涉及组织忠诚与个体卓越的问题，主要解决在发展共同体构建中鼓励个体卓越与维护群体共识之间如何保持张力。

参考文献

[1] 俞可平.治理与善治[M].北京：社会科学文献出版社，2000:23.

[2] 中共中央关于全面深化改革若干重大问题的决定[EB/OL].(2021-2-05)[2013-11-15]. http://cpc.people.com.cn/n/2013/1115/c64094-23559163.html.

[3] [15] 让-皮埃尔·戈丹.何谓治理[M].钟震宇，译.北京：社会科学文献出版社，2010:15，97.

[4] [13] 埃米尔·涂尔干.社会分工论[M].渠东，译.北京：生活·读书·新知三联书店，2000:6，2.

[5] 斐迪南·滕尼斯.共同体与社会[M].林荣远，译.北京：商务印书馆，1999:3.

[6] 卡尔·雅斯贝尔斯.大学之理念[M].邱立波，译.上海：上海人民出版社，2007:127.

[7] 约翰·杜威.民主主义与教育[M].王承绪，译.北京：人民教育出版社，2006:20.

[8] 埃米尔·涂尔干.教育思想的演进[M].李康，译.渠东，校.北京：商务印书馆，2016:17.

[9] 雷蒙·威廉斯.文化与社会[M].高晓阳，译.北京：商务印书馆，2018:463.

[10] 杨东平.大学二十讲[M].天津：天津人民出版社，2009:266.

[11] 威勃特·E.摩尔.组织个性[M]//赖特·米尔斯,塔尔科特·帕森斯,等.社会学与社会组织.何维凌,黄晓京,译.杭州:浙江人民出版社,1986:38.

[12] 让-保罗·萨特.存在主义是一种人道主义[M].周煦良,汤永宽,译.上海:上海译文出版社,2012:2.

[14] 克拉克·克尔.大学之用:第5版[M].高铦,高戈,汐汐,译.北京:北京大学出版社,2008:1.

[16] 黄炎培.提出大职业教育主义征求同志意见[J].职业与教育,1926(1):1—4.

[17] 刘献君.院校研究[M].北京:高等教育出版社,2008:3.

[18] 约翰·杜威.民主主义与教育[M].王承绪,译.北京:人民教育出版社,2006:20.

[19] 伯顿·克拉克.大学的持续变革——创业型大学新案例和新概念[M].王承绪,译.北京:人民教育出版社,2008:3.

(本文与周建松教授合作,刊载于《高等工程教育研究》2019年第5期)

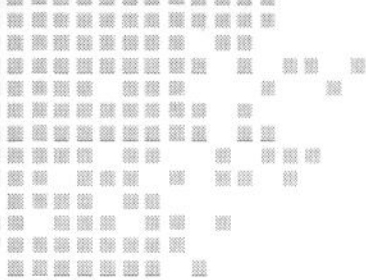

高职教育创建“以生为本”榜样学校的探索与实践

——基于浙江金融职业学院的案例研究

摘　要:创建“以生为本”榜样学校是贯彻以人民为中心发展思想和落实办好人民满意教育的根本要求,深刻揭示出对“为什么办学”这一问题的价值判断。基于学生成长诉求以及高职教育规律,浙江金融职业学院提出创建“以生为本”榜样学校,以学生“千日成长工程”为主线,构建发展服务型学生工作体系,经过十年的持续探索与实践,取得了较好的育人成效,为高等职业院校人才培养提供了启示与借鉴。

关键词:以生为本;浙江金融职业学院;学生千日成长工程;发展服务型学生工作体系

一、引　言

1998年10月,联合国教科文组织发表的《21世纪的高等教育:展望和行动世界宣言》指出:“国家和高等学校的管理者应把学生及其需要作为关心的重点,并应将它们视为高等教育改革的主要的和复杂的参与者。”[1]教育的本质就是使人成为人的过程,康德曾讲到“人只有通过教育才能成其为人”。“以生为本”就是指在教育教学过程中,依据学生身心发展的规律和学生的知识基础、兴趣爱好、能力水平设计教育目标、选择教学内容,采取灵活多样的教育教学方式,使其得到全面发展。“以生为本”是以学生作为教育的出发点,即把学生看作自身发展的主体,把发展的主动权交给学生,体现出目标与手段、结果与过程的统一。[2]高等职业教育需要不断地适应形势而改变和提出更加理想的培养模式，在新的历史阶段应该更加注重人才培养的精细化，创建“以生为本”榜样学校基于学生成长诉求以及高职教育规律，深刻揭示出对“为什么办学”这一问题的价值判断。在这个意义上，创建“以生为本”榜样学校是一项突破常规管理模式的创举。

二、创建“以生为本”榜样学校的现实背景

国际21世纪教育委员会在《教育——财富蕴藏其中》报告中强调，把“人”作为发展中心，“人既是发展的第一主角，又是发展的终极目标”，“应该使每个人都能发展、发挥和加强自己的创造潜力，也应有助于挖掘出隐藏在我们每个人身上的财富”[3]。高等职业教育价值取向中，“以生为本”就是培养多层次、多规格、创造性、个性化、全面发展、身心健康的学生，以适应社会的需求。教育的目的是使受教育者的个性得到全面、充分、自由的发展，从而使每一个受教育者都具有自主性、创造性和实践精神。正如雅克·德洛尔任主席的国际21世纪教育委员会向联合国教科文组织提交的报告中，坚决地重申了一个基本原则：教育应当促进每个人的全面发展，即身心、智力、敏感性、审美意识、个人责任感、精神价值等方面的发展。[4]传统的学生管理所主张的以服从、整齐划一、效益优先为特征的管理价值取向产生于物质生产领域，与教育的本质相矛盾。而“以人为本”的学生管理强调学生的主体地位，强调学生的自我管理，强调学生的全面发展，与教育的本质是一致的。这是从现实教育的基本诉求出发，更是培养和引导学生走向成功的关键点。

（一）贯彻以人民为中心发展思想的根本要求

党的十九大提出贯彻以人民为中心的发展思想，使人民获得感显著增强。以人民为中心的发展思想是对马克思主义理论的最新发展和集中概括，深刻揭示新形势下对经济社会的新要求，而具体到高职

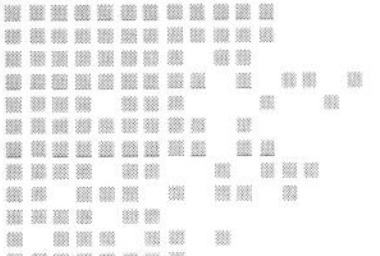

教育的学生工作中就是要坚持“以生为本”的理念，这也是对马克思关于人的全面发展理论的继承与发展。坚持“以生为本”的学生工作理念，把满足学生的诉求放在首位，尊重学生的成长成才规律，坚持以学生为主体的教育和管理理念，只有深入贯彻“以生为本”的理念，高职院校才能深化人才培养改革机制与健全人才培养观，也才能更好地贯彻落实以人民为中心的发展思想。

（二）办好人民满意教育的基本遵循

《国家中长期教育改革与发展规划纲要（2010—2020）》提出了“树立人人成才观念，面向全体学生，促进学生成长成才。树立多样化人才观念，尊重个人选择，鼓励个性发展”的要求。习近平总书记在全国教育大会上强调，在党的坚强领导下，全面贯彻党的教育方针，坚持马克思主义指导地位，坚持中国特色社会主义教育发展道路，坚持社会主义办学方向，立足基本国情，遵循教育规律，坚持改革创新，以凝聚人心、完善人格、开发人力、培育人才、造福人民为工作目标，培养德智体美劳全面发展的社会主义建设者和接班人，加快推进教育现代化、建设教育强国、办好人民满意的教育。

（三）基于高职教育人才培养的现实需要

高等职业教育作为高等教育发展中的一个类型，肩负着培养面向生产、建设、服务和管理第一线需要的高技能人才的使命，在我国加快推进社会主义现代化建设进程中具有不可替代的作用。随着高等职业教育进入内涵发展阶段，育人工作职责更加明确，高等职业院校要坚持育人为本、德育为先、把立德树人作为根本任务。针对高等职业院校学生的特点，培养学生的社会适应性，教育学生树立终身学习理念，提高学习能力，学会交流沟通和团队协作，提高学生的实践能力、创造能力、就业能力和创业能力，培养高素质的技术技能人才。

三、创建“以生为本”榜样学校的基点：高职院校学生特点分析

高职院校学生特点分析是创建“以生为本”榜样学校的基础性工作。目前高职院校学生主体由“95后”逐渐向“00后”转变，学生管理与教育工作的对象是学生，“以生为本”榜样学校的创建与深化也是基于学生的生源特点、情感特点、行为特点、人际交往而采取的行动。作为教育管理服务者必须了解管理服务的对象，这样才能做到有的放矢，紧紧围绕学生的身心特点开展工作。

（一）生源特点分析

高职院校生源类型多样化，其中生源类型包括自主招生学生、单考单招的“三校生”、普高生、退伍士兵学生。同时在校学生群体的特点是女生多、分数高、农村生源多、非独生子女多。学生喜欢宅、有点静，喜欢说、有点闲，喜欢跟、有点慢，喜欢简单、有点懒，从众的多、独立思考的少，被安排的多、独自组织活动的少，道理懂得多、转化为实际行动的少……但学生又非常具有可塑性，从这些学生的成长经历看，与升入普通本科尤其是一本的学生相比，他们入学前被关注的相对较少，一旦得到激励、认可，大部分学生都会有不俗的表现。

（二）情感特点分析

大学中的不同年龄阶段学生的显著特点是清晰的，特别是体现在情感方面，“80后”的一代比较含蓄、内敛，个性不张扬，做事情很低调；而“95后”的情感强烈，外显而又张扬，但深度不够，具有情绪心境化、隐蔽性差的特点。社会环境的现实情况造成了“90后”大学生情感上躁动不安、荣誉感强、虚荣心强。“90后”大学生在对喜爱的对象表示

热衷，对信服的人表露出钦佩和羡慕，对取得成就欢欣鼓舞，对不平之事表示愤慨等方面表现的程度比90年代前的大学生更为强烈，处于“疾风怒涛”的情感时期。“90后”大学生价值观取向还未完全成熟，受到网络上各种信息的冲击，他们的价值观变得多元，既有传统的价值观，又有西方的价值观，由于缺乏甄别能力，网络上一些消极、负面信息使他们对社会的认识较为片面，思想比较偏激。改革开放的深入使得人们的社会竞争压力增强，虽然“90后”的家庭环境相比之前有了很大的提高，但是社会的竞争压力使他们在规划人生目标时更加注重现实。社会上“宁在宝马车里哭，不在自行车后笑”的拜金主义、“我爸是李刚”的权势主义对他们产生了较为负面的影响，有的学生把担任学生干部、入党等作为个人发展的垫脚石，忽视了提高个人素质、追求更高理想的价值取向，大学期间的一切行为都围绕着毕业后获得一份收入可观的工作，人生的追求目标趋向物质化。

(三)行为特点分析

“95后”大学生在行为上表现出很高的自主性，他们渴望独立，也表现得过早成熟，但实际是他们依赖心理强，抗挫能力差，假性成熟。“95后”是在备受呵护和禁锢的环境中成长起来的一代，在“6＋1”家庭结构(父母、祖父母、外祖父母)中，私密空间太小，只能通过网络来向同龄人倾诉。因此，他们渴望独立，具有较强的叛逆意识，缺乏独立生存的能力，无法摆脱对家庭和他人的依赖。“95后”大学生基本都是独生子女，衣食无忧，自我意识很强，不太考虑别人的感受，他们特立独行、张扬个性，缺乏团队忠诚感。“95后”乐于接受新鲜事物，行为表现成熟，心理脆弱，因为他们表现出的心理成熟与社会实际的要求相差甚远。

(四)人际沟通特点分析

不同的时代人与人之间的沟通方式是不同的，沟通方式也体现出与年龄阶段相符合的性格特点和情感表露。在当今的信息时代，手机、网络成为“95后”大学生生活中不可或缺的部分，微信、飞信、QQ、米聊、微博等已经取代了传统的通讯方式。由于网络及通信技术的发展，“95后”大学生足不出户便可知晓天下信息。通讯方式的多元化和获取信息的方便化，使“95后”大学生之间的沟通减少，人际关系淡漠。另外，“95后”的自我意识很强，与人交往时不能站在对方角度考虑问题，这往往导致人际关系不和谐。还有部分学生由于在现实中体验不到成就感或性格孤僻而沉迷于网络世界，不能很好地与他人交往，而导致人际关系淡漠。沟通方式的不同也造就出不同的行为表现。

四、“以生为本”榜样学校理念生成与内涵阐释

学生的鲜明特点决定了创建“以生为本”榜样学校的各项方针政策的出台，都要紧紧围绕学生的成长、成才设计。

(一)“以生为本”榜样学校理念生成

“以生为本”教育理念的产生不是偶然的。就思想渊源而言，以学生为本的教育观源于古希腊的自由教育，其核心是充分尊重学生在个性、兴趣、爱好、能力、特长等方面的差异，因人施教。就其历史发展渊源来看，它是对传统人本主义教育理念的继承。文艺复兴时期，崇尚个人、解放个性的思想成为人文主义教育家改革教育的思想动力。19世纪，德国柏林大学校长洪堡认为，“大学必须尊重学生的自身发展，坚持自由教育”。随着现代社会知识的更新与科技成果转化周期的缩短，职业更替与社会流动加快，“以生为本”、尊重学生的教育则显得尤其重要。1998年10月，联合国教科文组织明确提出“以学生为中心”的理念，指出高等教育应建立“以学生为中心”的新视角和新模式，国家和高等院校的决策者、管理者应把学生及其需要作为关心的重点，并将他

们视为高等教育改革的主要参与者。

从教育的自身发展来看，国际高等教育走过了一个由英才教育到大众教育，进而向普及教育发展的过程，对大学教育本身提出了新的课题、新的要求。20 世纪 70 年代，美国高等学校实现了注重学生消费的办学思想转变，强调“学生消费者第一”，这即是“以学生为本”的教育理念雏形。国际 21 世纪教育委员会在向联合国教科文组织提交的报告《教育——财富蕴藏其中》一文中，提出了“教育的各个组成部分均有助于人的发展”的观点，并强调“发展的目的是使人作为人的而不是作为生产手段得到充分的发展”，凸显了“以生为本”的人文思想。以往的大学教育是以传授知识为主要内容的，到了 20 世纪下半叶，高等教育在人的培养上强调能力，进而提出了大学生的素质教育。从传授知识到培养能力，再到提高素质，这标志着教育思想的一次次飞跃，它影响着人才培养的规格和培养教育的全过程，也是坚持“以生为本”理念的充分体现。

（二）“以生为本”榜样学校内涵分析

以“以人为本”的科学内涵为指导，在教育工作中坚持“以人为本”的基本要求，就是把培养社会所要求的、具有全面综合素质的“人”放在一切教育活动的中心。所以，“以人为本”的教育工作中既是一种价值观，也是一种方法论。它有以下几层意思：其一，教育发展不仅是社会发展的需要，也是人自身发展的需要，“社会”和“人”都是需要教育的主体。其二，教育工作的最终目的是推动人类社会的不断延续和发展，但教育推动人类社会的不断延续和发展是通过增减社会所要求的“人”来实现的。因此，培养社会所要求的“人”，是一切教育活动的中心。其三，培养社会所要求的人，必须全面提高人的综合素质，把学生培养成为富有主体精神和创造力的人。

“以生为本”是指“我们的教育要从学生的实际出发，注重发挥教师的主导作用，重视教育的社会功能，着眼于学生的发展，使学生获得全面、主动、有个性的可持续发展”[5]。“以生为本”理念的核心是充分尊重学生在个性、兴趣、爱好、能力、特长等方面的差异，因人施教。这种理念就是一种教育观。“以生为本”的基本内涵在于高职院校应从学生实际出发，把解决学生实际问题，保障学生利益，全面为学生服务作为学校各项工作的出发点和落脚点，重视教育的社会功能，将促进学生的全面、主动、有个性的可持续发展作为根本目的，关爱学生进步、关注学生困难、关心学生就业，把学生的利益摆在学院各项工作的首位。

高等职业教育是我国高等教育的重要组成部分和职业教育的较高层次，担负着培养高素质技术技能型专业人才的使命，推进职业化、提高适应性，努力做好“行业操守好，岗位适应快，动手能力强”。现实情形迫使我们要从行业和社会需求出发，努力把职业素质和职业技能相结合，有针对性地进行探索和实践。当前，高职院校所培养的学生是面向生产、建设、管理、服务等领域的技术技能型人才，学校培养的人才要满足地方经济发展的要求，要满足行业的需求，是满足学生特点的“以生为本”的高职教育。学生是学校教育的主体，并且是学校的“主人”，是教育的对象，其中包括高等职业教育的教育制度设计、教育管理、教学改革等各个教育相关环节，都紧紧围绕提高学生综合素质、保障学生各项权益、尊重学生独立人格、包容学生的个性，培养学生能力展开。因此，学校的教育者是为学生的成长成才服务的，突破传统意义上的管教者身份，更加关注学生成长。

五、创建“以生为本”榜样学校的探索——以浙江金融职业学院学生“千日成长工程”为例

浙江金融职业学院牢固树立“四个意识”，进一步深化“以生为本”办学理念，不断健全“三全育人”工作机制，通过理论武装、思想引导、文

化引领、典型带动、行为激励、成长导航，引导学生树立正确的世界观、人生观、价值观和崇高的职业理想；遵循学生成长规律、教育规律、社会需求、职业教育特点和金院特色，以“品德优化、专业深化、能力强化、形象美化”为内容，切实加强学生的身心素质和人文素质，不断提升学生的职业素养，塑造学生健全的职业人格，使其成为“行业操守好、岗位适应快、动手能力强”的浙金院高品质学子。

（一）学生“千日成长工程”概述

浙江金融职业学院是全国金融教育领域的一所名校，办学40多年来，学校一直践行和坚持“以生为本”的办学理念，不断探索和创新育人机制体制建设，取得了明显的成效。2002年升格办学以来，学校强调确立“一切为了学生、为了学生的一切、为了一切学生”的指导思想，积极构建以“关爱学生进步、关注学生困难、关心学生就业”为主旨的“三关”工作体系，并大力倡导在全校范围内“奉献十颗心、真心待学生”活动。同时，浙金院在国家示范项目建设期间，学校坚持和倡导示范建设必须让学生受益的观点，通过设立“爱生节”等途径，进一步推进“以生为本”的办学理念，并在会计系探索试点学生“千日成长”活动。2009年，学校以优秀成绩通过教育部、财政部国家示范性高职院校项目建设，随后学校着力巩固深化、推进内涵之道。这时候，一个更具“以生为本”理念、更体现发展性的爱生概念在学校进一步形成认识，这就是学生“千日成长工程”。

2010年，学院颁发了《关于全面实施“千日成长工程”，切实提升人才培养质量的若干意见》《学生“千日成长工程”实施方案》和《学生“千日成长工程”课外教育实施方案》，深入实施了学生“千日成长工程”，积极探索了立体化育人体系，培育了更多更好的综合素质高、职业能力强的基层复合型人才。同时在2012年，该工程入选全省高校教书育人典型案例、获得学院第五届教学成果特别荣誉奖。2013年，学院作为唯一高职院校代表，在第22次全国高校党的建设工作会议上就“千日成长工程”做了大会专题发言交流。

（二）学生“千日成长工程”的指导思想

“千日成长工程”是以科学发展观为统领，深入贯彻落实《中共中央、国务院关于进一步加强和改进大学生思想政治教育的意见》和《教育部关于全面提高高等职业教育教学质量的若干意见》文件精神，根据学院新“358”工程对人才培养质量提出的更高要求，进一步确立和深化“以生为本”育人理念，建立健全全员育人、全过程育人、全方位育人机制；通过思想引导、文化引领、典型带动、行为激励、成长导航，引导学生树立正确的世界观、人生观、价值观和崇高的职业理想；以“品德优化，专业深化，能力强化，形象美化”为内容，切实加强学生的身心素质和人文素质修养，不断提升学生的职业素质，塑造学生健全的职业人格，使其成为既能面向基层一线，又有一定可持续发展能力的基层复合型人才。

（三）学生“千日成长工程”的总体目标

实施“千日成长工程”的总体目标是：以“行业、校友、集团共生态”办学模式改革为统领，深化以工学结合、校企合作为特征的专业建设和课程建设；以师资队伍建设和管理队伍建设为保障，确立科学观念，强化质量意识；注重教师主导性，激发育人积极性；尊重学生主体性，调动学生能动性；加强育人研究，提高育人效能；通过实施“千日成长工程”，不断创新机制和载体，使专业建设与学生教育管理和服务工作进一步协调，使学院在育人实力、育人质量、育人效益和育人辐射能力方面进一步提高，最终实现每一个学生在校三年（约1000日）能够健康成长、协调发展、优质成长，进而能优质就业，着力为社会输送具有较高职业素质的基层复合型人才。

(四)学生“千日成长工程”的具体要求

“千日成长工程”是一个把全员育人、全面育人等要素结合到学生在校约1000天时间的全程育人工程。该工程是学院贯彻“以生为本”理念的重要载体,该工程的主要任务是动员老师、家庭、校友和社会各方面的力量,形成齐抓共管的机制,将学生党建、团学组织、学生骨干队伍建设和社团、订单培养等环节融入其中,真正形成立体化育人体系。浙江金融职业学院在2010年,学院下发了《关于全面实施“千日成长工程”,切实提升人才培养质量的若干意见》《学生“千日成长工程”实施方案》和《学生“千日成长工程”课外教育实施方案》,深入实施学生“千日成长工程”,积极探索了立体化育人体系,培育了更多更好的综合素质高、职业能力强的基层复合型人才。

同时,各系(部)是学校教育教学工作的主体和具体实施部门,是人才培养核心活动的实施者,在“千日成长工程”的实施中不断总结经验,不断完善工作中的不足。在完善千日成长指南、千日成长记录、千日成长评估的基础上,各系(部)整合有效资源、科学设计载体、创新工作举措、抓好工作落实,积极开展实践育人工作,进一步推进教育教学工作深度融合,进一步完善“千日成长工程”的系统性。

(五)学生“千日成长工程”的实施策略

坚持“以生为本”理念,努力培养德才兼备的人才。“千日成长工程”立足于培养德才兼备和可持续发展的中国特色社会主义事业合格建设者和可靠接班人,强调以德为先,坚持德才兼备,着力培养学生懂做人、精专业、会做事,尤其是强调要培养学生践行社会主义核心价值观,具有坚定的中国特色社会主义的信仰,对改革开放和社会主义现代化充满信心,对中国共产党和人民政府充满信任,并在日常生活中具有积极向上的心态和健康乐观的精神状态。学院要进一步加大对人才培养工程的深入研究，不断突破常规，努力培养德才兼备的高级技能型人才，既是对深入践行社会主义核心价值观的重要体现，也是深化人才培养工程。

加强研究，系统规划“千日成长工程”。“千日成长工程”实质上更是一个教书育人工程，与学校的总体规划、氛围营造和党政引领非常相关，更与全体教师的认同支持、广泛参与和主导作用紧密相连。学院必须有计划、有步骤地加以仔细研究和扎实推动，要把启发学生的自觉和引导、教师的参与紧密联在一起，落实在人才培养方案中，具体到课程课堂中，更体现在社团和课外活动上，要把校内校外、课内课外一体化。从某种意义上说，“千日成长工程”实际上就是一个人才培养方案，也就是一张总课表，老师不仅要当好导演，还要成为重要角色。

“千日成长工程”要真正取得成效和实效，必须具有科学性、可行性和合理性。为此，要进一步加强学情调查和理论研究，要研究普高、研究中职、研究大学、研究企业行业和社会；当然，更要研究高等职业教育自身的规律。在调查研究的基础上进行科学设计和有效实施，又在实施反馈中改进设计，以不断优化方案，指导和推动更好实践。在理论研究过程中，我们需要结合一届一届学生的实践，进行跟踪调研、发现典型案例、研究分析面上情况，形成调研分析报告、跟踪反馈报告、实践指导报告，成为可以复制和推广的千日成长指导方案和教书育人及人才培养方案。立足当前、兼顾长远、百年树人。

“千日成长工程”是一项天天成长的工程，人人成长的工程，全面成长的工程，快乐成长的工程，要注重全面育人、全程育人，更要面向全体育人。学校要营造一个健康和谐温馨的学习和生活环境，让全体学生能够在浙金院这个幸福的大家庭健康快乐地学习和生活，真正做到千日成长、幸福成长、快乐成长。通过在浙江金融职业学院三年的学习和生活，学生在世界观、人生观、价值观正式形成和逐步成熟阶段被赋予正面有效的教育、科学有味的启迪并结合家庭和社会的良好环境，学生的“三观”更加正确准确，形成良好的观察世界、认识社会的科学思维，掌握学习知识、提高能力的科学方法，提高辨别是非、适应社会的聪明睿智。

六、深化“以生为本”榜样学校的对策建议

新形势下，高职院校如何进一步做好“以生为本”榜样学校建设工作意义重大，影响深远。当前，高等职业教育进入内涵发展阶段，育人工作职责更加明确，任务更为艰巨，科学发展、提高质量已成为我国高等职业教育发展的重大战略。近年来，学校学生录取分数线持续保持在同批次录取学校的首位，给学生和家长递交一份满意的试卷是办“特色鲜明、人民满意、师生幸福”学校的必然要求。学院需要以高度的责任感和使命感，以坚决的行动和扎实举措，创新工作理念和载体，巩固深化学生“千日成长工程”，完善立体化育人体系，做好人才培养工作。

（一）顶层设计与统筹规划

牢固树立“以生为本”的理念。建院初，学院提出并构建了以“关爱学生进步、关注学生困难、关心学生就业”为主要内容的“三关”服务体系；2008 年，学院将 5 月 23 日确定为“爱生节”，谐音为“吾爱生”；2010 年，学院提出并将“有利于学生健康成长，有利于学生素质提升，有利于学生就业创业，有利于学生可持续发展”作为检验育人工作得失成败的衡量标准，促进了人才培养质量的提高；2011 年，该校将 11 月 23 日确定为深化“爱生节”活动日，寓意为“爱生为本”，爱生为办学的第一理念。每年“爱生节”学院均举办订单班招聘会，每年深化“爱生节”活动日，学校均举办毕业生供需见面洽谈会，并且在 5 月 23 日、11 月 23 日开展由全体领导、教师分系、分年级参加的与全体学生的“零距离交流”

活动。建立了学院素质教育实施机制，实现了“全员育人”，学生“千日成长工程”打破了传统素质教育实施和管理中条块分割的瓶颈，强化了系部主体、职能部门统筹的实施机制，将教学管理和学生管理有机结合，将学院平台建设和学生自主发展有机结合，凝聚了学院育人的资源和力量。

融入专业人才培养方案进行整体设计，实现了“全程育人”。学院将“千日成长工程”与思政课程、财经类基础课程、实训课程、实习环节紧密结合，涵盖从始业教育到毕业教育，使千日成长成为贯穿各个重要人才培养环节的主线，切实将学生发展作为学校教育的逻辑起点和归宿。促进学生专业核心能力和综合素质的协调发展，实现了“全方位育人”。强化第一课堂和第二课堂的内在联系，将课堂教学、校园文化育人、实践育人有机结合，既注重提升学生面向职业岗位的竞争力，又强调拓展学生应对社会发展和职业变迁的综合素质，既关注学校教育，又融入社会课堂，更好地整合了学校和社会的教育要素和资源。

(二)坚持学生主体地位

坚持创建“以生为本”榜样学校，努力促进高等职业教育又好又快发展，就要牢固树立“以生为本”榜样学校的理念，不仅体现在学生工作管理中，而且在教育教学中也要坚持育人的核心理念，以高职院校学生的全面成长成才作为高职教育育人工作的核心价值取向，发挥学生的主动性、创造性，调动学生参与课程学习以及学院建设的积极性，努力形成学生课堂上主动求知，生活中主动积极向上、热爱生活，关心班集体、学院的建设工作，就要在教学过程中继续深化“基于学的教”的教育探索。浙金院国际商务系开展的“基于学的教”的教育探索，通过多种途径了解学生实际，了解社会对学生的素质要求，了解行业、企业、岗位对学生的相应要求来制定人才培养计划，真正做到因材施教、因需施教，把学生放在教学的首位。

坚持创建“以生为本”榜样学校，要努力建设校园文化，彰显学生个性。让高职院校学生自由个性的可持续发展的重要途径是营造积极向上的校园文化，浙江金融职业学院的“三维文化”育人体系逐渐发挥功效，其中“三维文化”指诚信文化、金融文化、校友文化。诚信是学生安身立民之本，诚信文化也被定格为学院的文化之一，这既是一种对优秀传统文化的继承与弘扬，也是结合学院专业特色定位学院的发展原动力，学院大力弘扬诚信文化，同时在学生中营造浓厚的诚信文化。金融文化更是学院的一张明信片，它代表着一种精神的传承，它标注着学院清晰的发展思路，金融是学院强身健体之策，学院不仅仅重视精神层面的文化教育，同时也注重文化的载体建设。例如：学院更新的金融文化长廊建设工作，凸显出金融文化的重要标示，学院的金融货币博览馆既是很好的教育载体，也是对金融文化的保护。“以生为本”榜样学校更体现在学院将每年 11 月的第一个星期六设为“校友返校日”，每一年的这一天学院全体师生共同庆祝节日，老校友的返校讲座，感受母校的飞速发展，在校学生通过实际形式体验校友文化。

(三)着力构建高水平育人体系

继续深化“123456”系列课外育人活动。学院坚持“以生为本”的理念下，继续深化人才培养质量提升工程。“1”即一条主线：以学生职业素质提升为主线，继续实施以“品德优化、专业深化、能力强化、仪表美化”为内容的学生职业素质提升工程。“2”即两个抓手：学生党建和校园文化活动。“3”即三维文化：坚持并创新了“诚信文化、金融文化、校友文化”为内容的三维文化育人体系建设。“4”即四类竞赛：举办文艺体育类竞赛、专业学科类竞赛、职业技能类竞赛、创新创业类竞赛。“5”即五百个榜样。“6”即六个千万活动。同时要继续深化以培养学生骨干为培养对象的“银雁”计划和以学生精英为主要培养对象的“金鹰”班级建设计划。

努力构建“三全育人”体系。在原有基础上继续深化学生的千日成长离不开学院的系统规划，从学院的办学目标、教育传统和培养特色出发努力将“三全育人”理念渗透到学生的千日成长中，一年级要结合明理学院工作安排，突出学生学业生涯规划，开展明理教育活动，培育金院学子；二年级要结合所在系部的专业教育，体现育人的职业性和开放性，突出学生的职业能力和学生职业生涯设计，培养系部校友；三年级要结合“银领学院”工作安排，注重学生实践能力、创业意识的培养，培育行业学徒；同时要注重非订单班学生的分类培养引导，突出育人的普遍性。针对学院女生较多的特点，全体女生要结合淑女学院工作安排，注重培育女生的内在修养、气质形象、才情才干，培养职业淑女。

牢固树立“以生为本”的理念，坚持文化育人、实践育人、服务育人、环境育人，把全员育人、全过程育人、全方位育人相结合。全体教职工自觉承担对学生进行思想政治教育的工作任务，努力将学生的思想政治教育渗透到知识传播、行政管理、生活服务等各项工作中，继续做好教书育人、管理育人、服务育人工作，促进“三全育人”工作制度化、经常化、规范化和科学化，不断完善“三全育人”工作体系，不断提高思想政治教育工作的科学化水平。努力培养敬业精神好、综合素质高、动手能力强、上岗适应快、发展潜力足的高品质学子。

(四)完善发展服务型学生工作体系

高职院校发展服务型学生工作体系，是指在科学发展观指导下，坚持“以生为本”的理念，不断完善“三全育人”体系和学生素质教育体系，经过长期实践而定型的促进学生全面发展的学生工作体系。可以用“教育—管理—服务—发展”方式表述发展服务型学生工作体系。在这一体系中，教育、管理和服务都只是一个过程和手段，学生的发展才是最终的目标和归属。这一体系将教育者的学习、成长和发展也考虑在其中，不仅要促进受教育者的全面进步和发展，同时还要促进教育者自身的进步和发展。该体系包含"以生为本"的学生工作理念，系统性学生成长环境，学生素质教育体系，学习型学生工作队伍和研究式学生工作方法等五个方面内容。构建发展服务型学生工作体系应坚持"以生为本"的理念，坚持"三全育人"和统筹兼顾的原则，坚持发展性原则，坚持求真务实、敢于创新的原则，坚持活动教育与制度引领相结合的原则。构建完善发展服务型学生工作体系，应主要做好以下三个方面。

1. 进一步完善学生素质教育体系

《国家中长期教育改革与发展规划纲要(2010—2020)》明确提出："坚持以人为本、全面实施素质教育是教育改革发展的战略主题，是贯彻党的教育方针的时代要求，其核心是解决好培养什么人、怎样培养人的重大问题，重点是面向全体学生、促进学生全面发展。"在高等职业学校实施素质教育，合理使用高职学生在校三年约1000天的时间，促进学生健康成长、顺利毕业，进而能优质就业、可持续发展，这既是贯彻规划纲要的要求，也是高职院校办学的重要任务。高职院校应该将学生在校1000天时间作为系统工程科学设计，统筹规划，构建全程育人机制，不断完善学生素质教育体系。

2. 进一步加强学习型工作队伍建设

打造满足社会发展、教育发展和学生主体性发展的学习型工作组织，是构建发展服务型学生工作体系的重要保障，也是发展服务型学生工作体系的一项重要内容。进一步加强学习型工作队伍建设，首先，要加强学生工作队伍建设。积极开展基于工作的考察、调查、培训、讨论、研究活动，不断提升学生工作队伍的能力和素质。深入实施辅导员素质提升工程，探索辅导员发展模块式培训方式，不断加强高水平职业化辅导员队伍建设；制定完善班主任考核办法，进一步加大班主任过程考核和结果考核的力度，提升班主任工作水平。其次，要加强学生骨干队伍建设。继续完善和加强学生骨干培养，加大大学生优秀典型的培养和宣传力度，积极开展朋辈示范教育，发挥先进集体和骨干分子的带头示范作用。

3. 进一步完善研究式学生工作方法

由于学生情况的变化、教育环境的变化、网络信息的影响以及高等教育大众化学生管理模式的变化，积极开展基于工作的研究是做好学生工作的必要方法。坚持学生工作委员会例会、学工部例会、各系（院）学生工作例会等会议制度，坚持定期研究学生工作，鼓励全体学生工作者积极申报各级各类大学生思政专项课题，鼓励各级学生工作组织积极开展基于工作的研究与实践，加强学习型组织建设，组织征集优秀学生管理案例，开展优秀“生情”微博评选活动等，构建满足社会发展、教育发展和学生主体性发展的研究式学生工作方法，切实提升学生工作队伍的专业化水平。

六、结　语

高职院校培养人才的理念需要改革和创新。学生是学校引以为傲的资本，学生是学校安身立命之本，这关系到培养什么人和如何培养的核心理念。创建“以生为本”榜样学校的理论与实践都是基于高职院校教育的探索。“以生为本”是浙江金融职业学院办学的核心理念，它体现了教育的本质就是使人成为人的过程，康德曾讲到“人只有通过教育才能成其为人”。创建“以生为本”榜样学校是贯彻高职院校教育理念的执行，更是以生为本思想的集中体现，高职教育的培养对象是学生，学生是教育教学和管理服务的受众体，学生是学校的主人，也是学校的一笔宝贵财富。浙江金融职业学院建校 44 年来，累计为我国金融和经济战线培养了 50000 余名职业化专业人才，成为浙江乃至中国社会主义现代化建设的中流砥柱和重要力量。据统计，学校大约培养了 5000 余名各级支行长。因此，浙江金融职业学院被誉为全国著名的行业领军人物摇篮和金融界黄埔军校。特别是近年来，以易会满等为代表的一大批杰出校友的涌现，极大地丰富了学校的品牌和内涵，为推动学校新时期高质量发展奠定了坚实的基础。

参考文献

[1] 眭依凡. 大学的使命与责任[M]. 北京：教育科学出版社，2007：182.

[2] 杨寅平. 现代大学理念构建[M]. 北京：中央编译局出版社，2005：109.

[3] 国际 21 世纪教育委员会. 教育——财富蕴藏其中[M]. 联合国教科文组织总部中文科，译. 北京：教育科学出版社，2001：16.

[4] 范向前. 高校校本学生管理政策制定理念[J]. 中国高教研究，2003(12)：64.

[5] 邵晓枫，廖其发. “以学生为本”教育理念内涵的解读[J]. 中国教育学刊，2006(3)：3—5.

[6] 蔡昉. 中国人口与劳动问题报告 No. 10——提升人力资本的教育改革[M]. 北京：社会科学文献出版社，2009：55，228.

（本文与胡烨丹副研究员合作，刊载于
《职教发展研究》2019 年第 3 期）

高职教育创建“和谐建设典范学校”的探索与实践

——基于浙江金融职业学院的案例研究

摘 要:创建“和谐建设典范学校”是贯彻以人民为中心的发展思想、落实办好人民满意的教育、推进学校治理体系和治理能力现代化的根本要求。浙江金融职业学院基于高职教育办学规律,提出创建“和谐建设典范学校”,深刻揭示出对“为谁办学”这一根本问题的价值判断,通过构建“和谐建设典范学校”标准体系,并经过多年的持续探索与实践,取得了较好的办学成效,为高等职业教育高质量发展提供了启示与借鉴。

关键词:高职教育;和谐;标准;浙江金融职业学院

关于“和”“谐”二字的表述最早见于《左传》:“如乐之和,无所不谐。”[1]从哲学角度说,和谐是真善美的统一,是事物存在的最佳表现形态,是一切美好事物的共同特点和反映。和谐社会是人类社会发展规律的内在要求和人们千百年来孜孜追求的理想目标。历代思想家、政治家、教育家等先哲对此都有不同的论述,归结起来都向往天地人之大和,如在人与自然的关系上主张“天人合一”,在人与社会的关系上崇尚“合群集众”,在人与人的关系上向往“和睦相处”。随着社会的不断进步,具有深厚中国思想文化的“和合”精神也越来越被重视。

2004年,中国共产党首次提出“构建社会主义和谐社会”,并将其列为党全面提高执政能力的五大任务之一。2006年,中国共产党第十六届六中全会通过了《中共中央关于构建社会主义和谐社会若干重大问题的决定》,明确提出了构建社会主义和谐社会的指导思想、目标任务、工作原则。“百年大计,教育为本”,教育的和谐发展是构建社会主义和谐社会的重要支柱。学校既是社会进步的产物，也是推动社会进步的重要组成部分。正是由于教育的作用，才使和谐社会成为人们的共同认识和追求，并推动人们构建和谐社会的自觉行动。

一、创建“和谐建设典范学校”的现实背景

学校是由学生、教师、管理人员等组成，并按照一定规范相联系的一种特殊的社会组织。和谐学校是指学校的各要素处于一种相互依存、相互协调和相互促进的高效优质运行状态。[2]创建“和谐建设典范学校”是贯彻以人民为中心的发展思想、落实办好人民满意的教育、推进学校治理体系和治理能力现代化的根本要求。

（一）贯彻以人民为中心发展思想的根本要求

党的十九大提出，贯彻以人民为中心的发展思想，坚持人民主体地位，使人民获得感显著增强。以人民为中心的发展思想是对马克思主义理论的最新发展和集中概括，深刻揭示出新形势下对经济社会的新要求。高职教育提倡建设和谐学校，是以共同的理念把全体师生以及其他学校的利益相关者凝聚起来，在尊重差异的基础上扩大对学校的认同，在包容多样性中达成共识，形成众志成城、共建和谐学校的强大力量，促使学校各项工作协调、均衡、全面、健康地发展，提高学校的办学绩效。创建“和谐建设典范学校”是贯彻落实以人民为中心发展思想的根本要求。

（二）办好人民满意教育的基本遵循

教育不可能回避价值问题，这是对教育研究中价值与事实关系判断的一个前设。习近平总书记在全国教育大会上强调，在党的坚强领导下，全面贯彻党的教育方针，坚持马克思主义的指导地位，坚持中国

特色社会主义教育发展道路，坚持社会主义办学方向，立足基本国情，遵循教育规律，坚持改革创新，以凝聚人心、完善人格、开发人力、培育人才、造福人民为工作目标，培养德智体美劳全面发展的社会主义建设者和接班人，加快推进教育现代化，建设教育强国，办好人民满意的教育。

（三）推进治理体系和治理能力现代化的现实需要

2019 年 10 月，党的十九届四中全会通过的《中共中央关于坚持和完善中国特色社会主义制度　推进国家治理体系和治理能力现代化若干重大问题的决定》指出，治理体系和治理能力是中国特色社会主义制度及其执行能力的集中体现，要加强系统治理、依法治理、综合治理、源头治理，健全党组织领导的自治、法治、德治相结合的城乡基层治理体系。对于高等职业院校而言，要加强和改进学校思想政治教育，建立全员、全程、全方位育人体制机制，发挥群团组织（工会、妇联、团组织）和社会组织（校友会、基金会）的作用。

二、"和谐建设典范学校"的时代意蕴与基本内涵

和谐，可以团结力量；和谐，可以凝聚人心；和谐，可以发展事业。高校是知识密集的所在，在和谐社会建设中发挥着极其重要的作用。"和谐建设典范学校"既是落实以人民为中心发展思想的需要，也是办好人民满意教育的要求，又是培育和践行社会主义核心价值观和推进治理体系和治理能力现代化的要求。因此，必须形成共识，努力将高校办成和谐社会建设中的典范组织。

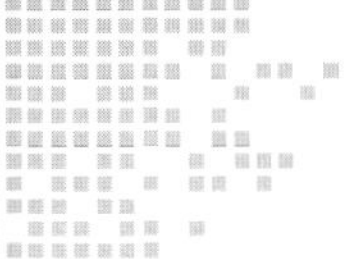

(一)高校在和谐社会建设中的作用

1. 高校在和谐社会建设的理论探索中发挥着先导作用

高校中,理论研究人才汇集,因而具有理论探索和创新的巨大优势。在和谐社会建设的理论探索中,高校也不例外,也能发挥好这一优势。“和”文化思想在中国历史悠久,但和谐社会建设除了需要构建更完整的理论体系外,还会面临现实问题。高校的理论研究工作者通过对和谐社会建设的实践观察,在解决现实问题的过程中拓展和深化理论研究,并不断破解构建和谐社会的理论难题,增强理论的现实生命力,在引领理论发展方向的同时,为和谐社会建设提供科学的理论支撑,在和谐社会建设的理论探索中发挥着先导作用并指导着社会实践。

2. 高校在和谐社会建设中对和谐人才的培养发挥着支撑作用

教育的本质是以文化人,不同的教育方式造就出具有不同思维和行为方式的人。因此,教育不可能回避人们对价值的判断和甄选,也不可能不产生在以文化人过程中人们对价值观的凝练和塑造。高校教育可以在人才培育中通过对和谐思想、和谐社会建设等主题的强化教育,使培养的人才对和谐社会建设有更强的自觉意识和现实行动。一批又一批具有和谐理念和行为的人从高校走向社会,有利于带动未经过高校培养的群体,能使和谐社会建设成为更多人的思想认识和自觉行动。

3. 高校在和谐社会建设的整体进程中发挥着示范作用

高校是知识分子最为集中的组织,有思想最为活跃的群体,更是被文化涵养不断浸润包围的所在。在高校这样的环境中工作、学习、生活的师生个体受环境影响,其言行会更显出文明与理性。高校师生在校园生活中,对“君子和而不同”的和谐观有更深刻的理解和认识,积极追求辩证、有为的和谐观并使之持续发展。他们由此及事物、环境、宇宙，用辩证、发展、有为的和谐观服务社会建设，为人本服务，发挥着积极健康的和谐示范作用。

（二）创建“和谐建设典范学校”的时代意蕴

1. 创建“和谐建设典范学校”是落实科学发展观的要求

党的十八大将科学发展观确立为党的指导思想，科学发展观是指导当代中国发展的鲜明主题，构建和谐校园是落实科学发展观的要求。科学发展观最基本的内涵是坚持以人为本，就是要以实现人的全面发展为目标，从人民群众的根本利益出发谋发展、促发展，不断满足人民群众日益增长的物质文化需要，切实保障人民群众的经济、政治、文化权益，使发展的成果惠及全体人民。这是构建社会主义和谐社会的基本要求，也是构建和谐校园的基本要求。建设和谐学校是构建和谐社会的重要组成部分，是办好社会主义大学的本质要求，是高等学校发展的内在动力。构建和谐学校，既是贯彻落实党中央精神的具体体现，也是促进学校发展的具体措施。准确理解和谐校园的内涵，充分认识构建和谐校园的意义，深入探索构建和谐校园的实现形式，对于加快和谐校园建设步伐具有极为重要的意义。

2. 创建“和谐建设典范学校”是办好人民满意教育的要求

构建和谐校园，有利于突出现代高等教育中的人本理念。在世界高等教育理念的新发展中，关心人的需要及体现人的价值被放到了一个新的高度，高等教育的一切行动都是为了满足人的各种需要，体现人的价值。人本理念除了表达关怀人的感受外，还体现了另一层含义，即关注人的价值，为每个人的成长、施展才华提供广阔的舞台。这样才会使学校充满活力和保持稳定有序的和谐状态。师生员工是学校的主人，“和谐建设典范学校”的创建既要问计、问需于他们，又要靠他们组织实践，更要将成果共享给他们。为此，通过和谐校园的建设，可以培养和造就更多德、智、体、美、劳全面发展的社会主义事业合格建设者和可靠接班人。换言之，校园是否和谐直接影响到人的全面发展和人才培养质量的可持续性。

3. 创建“和谐建设典范学校”是培育和践行社会主义核心价值观的要求

党的十八大提出，要倡导富强、民主、文明、和谐，倡导自由、平等、公正、法治，倡导爱国、敬业、诚信、友善，积极培育和践行社会主义核心价值观。对于学校办学而言，社会主义核心价值观旨在引领学校办学方向，将“三个倡导”的社会主义核心价值观融入师生的工作、学习、生活和精神世界，坚定师生共同理想、凝聚师生力量、弘扬一流的学风、教风和校风。创建“和谐建设典范学校”的宗旨，包含发展的和谐教育、协同的和谐管理、系统的和谐推进，对于高等职业院校而言，培育和践行社会主义核心价值观要注重宣传教育、示范引领、实践养成相统一。因此，从这个意义上讲，创建“和谐建设典范学校”与培育和践行社会主义核心价值观的要求是一脉相承的。

（三）“和谐建设典范学校”的基本内涵

从社会组织结构关系看，和谐学校是学校结构、质量、效益、规律和速度等要素的和谐构架，是校园人际关系的和谐融合，是自我教育、学校教育、家庭教育和社会教育的和谐统一。从发展的主体与和谐的载体看，和谐学校应当体现为领导班子和谐、教师队伍和谐、学生群体和谐、师生关系和谐。[3]从师生个体和谐发展的内容看，和谐学校应该为师生创造良好的条件，努力让师生能够实现生活和谐、学习和谐、心理和谐。从和谐学校的特征看，学校应具有“民主平等、依法治校，公平有序、弘扬正义，诚实讲信、互助友爱，充满活力、文明求新，稳定祥和、秩序井然，宽松体恤、协调包容，才学闪光、硕果累累，人际融合、环境优美"等特征。高等学校作为集中、系统传承文化,锻炼、培养和完善人格,造就大批社会主义接班人和建设者的重要阵地,理应成为和谐社会建设的典范单位。

1. 以人为本是"和谐建设典范学校"的基本前提

追求社会、学校、个人的和谐发展成为21世纪教育理念的重要价值取向。从和谐学校的创建而言,群体的和谐建立在个体的和谐基础上,学校的和谐有赖于群体和个体的和谐去促成。人是和谐学校的主体,也是和谐学校的客体。"和谐建设典范学校"的创建是人本思想在学校的价值追求,通过人本思想的教育价值和教育理念,实现以和衷共济、内和外顺、协调发展为特点的办学模式,形成以学校为纽带的各种教育要素整体优化的育人氛围,达到学生、教师、学校协调、可持续、综合发展的目标。

2. 民主管理是"和谐建设典范学校"的基本路径

加强高校民主管理是人民民主国家制度的要求,也是中国高校管理制度的基本内涵。高校的民主管理,一方面通过党委领导下的行政力量实施,另一方面通过高校的工会和教职工代表大会来监督保障。因此,"和谐建设典范学校"必须坚持走群众路线,这是建设和谐典范学校的基本路径。校务公开是广大教职工依法行使民主管理、民主监督权力的一种有效形式,是加强学校内部民主法制建设,体现依法治教、科学治校的重要手段。通过民主管理,形成了党委统一领导、行政为实施主体、党政共同负责、工会参与运作、部门各司其职、广大教职工积极参与的工作机制和运行机制,做到"以公开促公正,以公正保公平"[4]的良性管理工作机制,从而推进学校民主管理制度的进一步深化,解决好师生关心的热点和难点问题,促进学校和谐发展。

3. 师生幸福是"和谐建设典范学校"的最终依归

一所学校的发展应该是软实力和硬实力的共同提升,软实力尤其

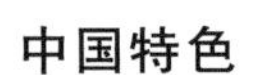

重要。学校的软实力表现为学校的吸引力、凝聚力和向心力，在这个意义上，“师生幸福”是“和谐建设典范学校”的最终依归。[5]通过积极构建科学、完整、操作性强的教学、学习、工作、生活、管理等各子系统，形成“和谐建设典范学校”运行体系，把师生共同认可的价值观内化为师生的自觉追求，外化为师生的真实行动。在这个理念指导下，学校一要进一步关注师生的人生志趣，以保持幸福的持久性；二要不断激发师生的学习和工作乐趣，以增强幸福的基础性；三要全面增添师生的健康生活情趣，以拓展幸福的感受性。这样才能真正实现师生可感受、能享受、可持续的幸福体验。

三、“和谐建设典范学校”的创建标准

“和谐建设典范学校”具有丰富的内涵，其体系至少应包含发展的和谐教育、协同的和谐管理、系统的和谐推进，三者的创建标准要追求主观与客观、软件与硬件、教师与学生、身体与精神、内部与外部、观念与行动等的“六统一”。

(一)发展的和谐教育

1. 主观与客观的统一

发展的和谐教育工作目标就是努力构建和谐的学校教育教学体系。这要从主观层面、客观层面两个角度划分为教育思想和教育环境两个子系统或两个体系。通过确立科学发展的教育思想、协调优化整合的教学体系、完善目标明确的学校管理、倡导平等互爱的师生关系、加强提升能力的实践教育和建设丰富多彩的校园文化，为培养全面、和谐、发展的人提供教育保障，使高校成为建设社会主义和谐社会的大基地、示范区和辐射源。

2. 软件与硬件的统一

发展的和谐教育需要有扎实的校园物质硬件为基础，需要有良好的文化软环境为支撑，更需要将硬条件和软环境有机融合，更好地为发展的和谐教育目标服务。校园的硬件设备能让师生有良好的学习、生活基础，而良好的文化软环境可以让师生选择更好的发展路径和方向。如在人才培养中应该将培养学生的职业精神、职业礼仪、职业技能摆到更加突出的位置，并营造良好的职业教育氛围，推进与职业岗位的融合。因此，在高职院校发展竞争中，建设和谐文化，就是在已有的硬件上提升学校软实力，进而提升学校的软硬件优质结合的核心竞争力。

（二）协同的和谐管理

1. 教师与学生的统一

高校是知识分子集中的地方，他们观念新颖、思想活跃、富有创新精神，同时他们又具有较强的自我意识和民主意识。因此，在高校落实以人为本，必须首先考虑知识分子的基本特点。在学校层面，通过政策引导、影响教师的专业化发展，帮助他们通过不断进修，逐步提高专业技能和职业修养。具体而言，要真正做到尊重人、关心人、理解人、爱护人和激励人，为师生员工的才能和潜力的发挥营造一种公平、公正、合理、有效的宽松环境和良好氛围。在教师发展的同时，还要将个体发展的重点落实在学生身上，让每个在校学生都有才智发展的愿望，都有才能展现的平台，都有个体发展的路径，从而真正实现教学相长的共荣发展。

2. 身体与精神的统一

和谐的构建是一个复杂的系统工程，这里面的客体既包括组织结构，也包括思想和行为模式，是一个情感交流、道德发展和人格完善的过程。广大师生在这个过程中不是被动的接受者，而是积极的建构者。高校人才培养体系主要由“专业知识、技能学习系统”和“人格、个性培育系统”两部分构成。“专业知识、技能学习系统”以课堂教学系统为主，以培养学生的专业素养、提高学生做事的能力为重点；“人格、个性培育系统”以课内外结合及第二课堂为主，以提高学生做人的能力为重点，以实践锻炼为重要形式来培育学生的品德。在培养学生学会做事、做人的过程中，要充分重视学生的体能和心智协调发展。

（三）系统的和谐推进

1. 内部与外部的统一

高等教育系统既有完整的内部构成，又有繁杂的外部环境。每所高校组织都有自身的运行系统，同时又和外部社会协同运行和发展。在系统的和谐推进中，学校既要重视自身内部的和谐性，又要讲究与外部系统的协调性。学校的内部系统中包括制度和人，而人的关系中包括领导班子、教师、学生等的相互关系。与学校关联的外部系统包括合作企业、用人单位、社会的其他组织等。在处理内部与外部的关系时，要注重各方面因素相互协调和相互促进，以实现共赢和多赢。“和谐建设典范学校”除了要协调好内外部关系外，还应承担起更多的社会责任，自觉通过开放办学和产学合作的内外协调，落实好教学内容和实践需要“零距离”、学生毕业和到岗履职“零过渡”，从而使学生满意，教师满意，用人单位和社会都满意。

2. 观念与行动的统一

观念是行动的先导，教育观念对教学起着指导和统率作用，一切先进的教育教学改革都是从新的教育观念中生发出来的。自从“和谐社会”提出以来，人们越来越认识到它的重要性，“和谐发展”理念、“教师主体地位”和“学习者中心模式”等逐渐成为教育界的主流价值取向。[6]随着高等教育规模和范围的变化，需要扩展边界，把认真从事教育活动的行动者和行动作为系统的组成部分。在这种理念的指导下，教师有责任激发学生，让学生将自己的经验与背景结合起来。同时，教师和学生协商引发探究，共同创造和谐的方法与行动，这既是一种过程，也是一种结果。作为一种过程，教师和学生亲身经历某件事情并获得相应的认识和情感；作为一种结果，教师和学生在这个过程中获得了一种方法。

四、“和谐建设典范学校”创建的探索与实践——以浙江金融职业学院为例

高等职业教育要坚持以服务为宗旨，以就业为导向，走产学结合发展道路，为社会主义现代化建设培养千百万高素质技能型专门人才，这揭示了高等职业教育的内涵。高职院校“和谐建设典范学校”的创建是一项复杂的系统工程和开放的工作体系，我们需要在高等职业教育视阈下，对“和谐建设典范学校”的创建进行认真审视。浙江金融职业学院是国家首批示范性高等职业院校和中国特色高水平高职学校建设单位，学校倡导并坚持“以人为本”的发展理念，其精髓是对人的价值的充分尊重和运用。2008 年 1 月，学校在第一次党代会上正式提出建设“和谐金院”；2013 年 6 月，学校在第二次党代会上提出全面建设更高品质的“幸福金院”；2019 年 1 月，学校在第三次党代会上提出坚定不移走高品质“幸福金院”之路，为打造新时代高职教育标杆学校而努力奋斗。

“和谐建设典范学校”的创建不仅是理念的创新，更是探索与实践的开展。从浙江金融职业学院“和谐建设典范学校”理念凝练、体系建构、发展路径、基本经验等方面着手开展研究，借鉴国内外教育和管理中的和谐思想，系统创新高等职业教育的理念、思路、内容、方法、手段

等，同时推进和谐学校文化建设和管理创新，创建“和谐建设典范学校”，推动高职院校内涵发展。

（一）坚持以德立校，提升和谐学校建设的凝聚作用

“百行德为首”，德是立校之本。学校对德育工作高度重视，把加强师德师风建设作为学校工作的重中之重，把提升校风学风作为学校品牌的要求来抓，常抓不懈，为和谐校园建设发挥强大的凝聚力。

1. 提升师德教风

学校在教师中大力弘扬三种精神：热爱金融教育的敬业精神、关心关爱关注学生的园丁精神、锐意进取不计得失的奉献精神。通过多渠道、分层次开展不同形式的师德教育，全面提高教师的思想政治素质、职业道德水平和教书育人能力。建立教师师德建设长效机制，制定了《浙江金融职业学院师德教风提升工程实施办法》《浙江金融职业学院教师工作规范》，规范了教师激励和约束机制，加强教学督导工作，推动教师改进教风，不断提高教学质量。实施了“十大计划”，以“教师千万培养”为载体，提升学校师资队伍水平。建立了新进教师青蓝工程制度，传承优良师德师风。通过开展“向教师送真情、加强师德建设”活动，增强教职工的凝聚力。在教师节前夕，以“问计教授”“珍爱博士”“倾听新秀”为主线，召开各类座谈会，听取教授、博士、青年教师等广大教职工以及离退休老教师的意见和建议，倾听他们的心声，切实解决教职工生活和工作中存在的困难和难题，使他们全身心地投入教书育人、管理育人、服务育人的教育教学工作中去。每年教师节表彰一批“金融教育奖”“三育人”先进集体和个人，每年三八妇女节前夕表彰一批“三八红旗手”、事业家庭兼顾型先进个人、工会先进集体和先进个人，大力宣传他们的先进事迹。自 2013 年起，在学校评选正能量先进集体和个人，颁发“正能量”奖，弘扬校园中的各种正能量。

2. 提升校风学风

以各类教育法规和学校有关规章制度为准绳，通过新生军训、明理学院、淑女学院、业余党校学习等形式，通过争先创优活动、青年志愿者活动、“千日成长工程”等活动，培养学生良好的行为习惯和积极向上的精神风貌。充分发挥宣传橱窗、校园广播、学校网站的舆论宣传功能，有效促进思想教育工作和精神文明建设。深化主题教育，利用重大节日和纪念日，如每年 11 月份第一个星期六的“校友返校育人日”、五四青年节、“一二·九”运动等，对学生进行多种形式的革命传统教育、爱国主义教育、校友文化教育，丰富校园生活。学院的金口记者团、希冀话剧社、银星合唱团、轻舞飞扬舞蹈团等 65 个学生社团活跃于校园各处，科学文化艺术节、艺术社团专场汇报演出、秋季田径运动会等活动形式个个精彩纷呈。学校以诚信、金融、校友“三维文化”为主线，努力营造和师生校园生活相协调的文化氛围。同时，物质文化建设着眼于学校建筑、设备设施、绿化美化等硬件，注重表现校园精神文化的雕塑、标语、校刊校报、橱窗、校园的一草一木等每一个细节，以名人名言、班级名片等对校园环境进行构思布局，使教学楼、实验楼、图书馆的教育功能更加明显，发挥了优良环境潜移默化的教育作用，既陶冶学生的道德情操和艺术情操，又营造健康、和谐、文明的氛围。

(二)坚持以人为本，共建共享

1. 以生为本

在举办高等职业教育初期，学校就确立“以生为本”的办学思想，倡导“一切为了学生、为了一切学生、为了学生一切”的理念并坚持至今。在这个理念的指导下，积极构建起“三关”，即“关爱学生进步、关注学生困难、关心学生就业”的发展服务型学生工作体系。这些理念和工作体系均是在缜密思考和详细论证基础上得出的科学结论，是经过多年实践检验的有效方法，在服务学生成长方面富有特色与成效。近年来，学校不断巩固和深化“以生为本”的办学思想，实施学生“千日成长工程”。一般而言，高职院校的学制通常为三年，学生在校约 1000 天。通过约 1000 天的学习生活，实施“品德优化、专业深化、技能强化、形象美化”的四化工程，努力实现学生的成长成才，这充分体现了全员育人、全过程育人和全方位育人。2010 年，学校创造性地率先在全国高校中设立“爱生节”，体现了学校“大格局育人”的办学思路，具有创新和示范意义。

2. 以师为尊

学校坚持将“帮困送温暖”工作经常化，及时把党的温暖送到教职工的心田，增进组织的凝聚力和教职工的归属感；完善和严格落实“五必访”制度，通过深入走访慰问，认真做好对病、困、孤、难教职工的“送温暖”工作。尤其在教师节、春节等重大节日前，组织看望和慰问病、困、孤、难教职工，送上节日问候和慰问金；及时探望因病住院的教职工，送去学院的关怀和温暖。举办青年教师座谈会、青年教师工作经验交流会、慰问青年教师等活动，密切党和青年的关系，促进“事业留人、感情留人、待遇留人”工程的实施。学校颁布了《青年事业发展纲要》，实施了“五星级”教师评选、“我心目中最喜爱的年轻教师”评选、杰出青年教师评选表彰机制，每年五四青年节进行表彰。每年都组织开展青年教师学术沙龙、青年发展论坛等活动，激发青年教职工创事业的激情与理想，充分发挥青年教职工在学校和谐发展中的生力军作用。成立女教授联谊会、妇女联合会，加强对妇女工作的研究和指导。每年三八国际劳动妇女节之际，都结合形势和学校的中心工作，精心组织开展主题鲜明的系列活动，如常年组织开展了以“爱祖国、爱学院、爱学生、爱家庭、爱生活”为主题的“五爱”系列活动。

(三)完善教代会制度,保障民主管理有效推进

教代会是学校管理体制的重要组成部分,也是教职工行使民主管理的有效载体。一直以来,学校重视发挥教职工参政议政的作用。为了使民主管理工作落到实处,学校从 1990 年起,凡遇学校重大事情及与教职工切身利益相关的事,都广泛听取意见,让教职工对学校一些重大举措从源头上知情、参与并提出建议,并通过教代会进行表决。经过 30 年的实践,校教代会制度已成为教职工行使民主权利,参与民主管理、民主监督的基本制度,也是校实行政务公开的基本载体和广泛听取教职工意见,促进决策科学化、民主化的重要渠道。

目前,学校已制定并通过一定程序颁布了《浙江金融职业学院教代会规定实施细则》《浙江金融职业学院教代会代表提案办理规定》《浙江金融职业学院工会经审委工作制度》《浙江金融职业学院教代会各专门委员会职责》等相关文件。这些文件的出台,为教代会各项工作的规范、稳定开展提供了坚实的制度保障,进而保证了教代会对学院各项重大决策的民主监督作用的有效发挥。每次教代会上,教职工都听取校长所做的工作报告、财务副校长所做的财务工作报告,以及学校相关的重要改革方案,在此基础上各代表团组织讨论,听取代表的意见和建议,有力地促进学校工作的顺利展开,有效地监督学校的行政工作,充分体现了教职工的主人翁精神。如学校制定的《浙江金融职业学院章程》《关于实施绩效工资的指导意见》等各种制度规定都由教代会代表通过充分讨论、修改后形成决定。

(四)维护教职工合法权益,夯实和谐学校建设的群众基础

维护教职工权益,建立和谐融洽、互利平等的劳动关系和党群关系,在和谐校园建设中有着重要意义。工会是教职工利益的代表者、维护者,学校党政领导支持工会开展工作,充分发挥其桥梁纽带作用。近

年来，学校以切实维护教职工合法权益为宗旨，以制度建设为重点，建立了教职工广泛参与的维权机制，使维权工作逐步朝着有章可循的规范化方向发展。工会制定了《浙江金融职业学院工会经费管理使用办法》《浙江金融职业学院工会财务管理制度》《浙江金融职业学院“五必访”制度》等规章制度，为教职工参与民主监督提供了制度保障，确保了教职工政治权利的有效行使，为维护教职工经济权益提供了制度保障。工会严格按照规定使用工会经费和福利费，并自觉接受工会经费审查委员会和教职工的监督，坚持每年审计、每年公开的制度，有效地维护了教职工的经济权益。在参与涉及教职工切身利益的重大事务中，工会及时、准确地反映教职工的意见和要求，使教职工的合法权益在学校各项重大决策中得以充分体现，力争使教职工的合法权益在源头上得以维护。在处理工会日常事务中，以全面维护教职工的合法权益为宗旨，开展“关爱帮扶”行动，努力把实事办好、好事办实。

（五）开展丰富多彩的活动，营造浓厚的校园文化氛围

为丰富学校教职工的文化体育生活，提高教职工身体素质，通过各种有效的活动载体，倡导开展“天天有锻炼、月月有赛事、人人有特长”的全民健身运动，推动了群众性文化体育活动的开展，营造了浓厚和谐的校园文化氛围。一是贯彻全民健身纲要，开展全民健身活动。积极倡导“每天锻炼一小时，健康工作五十年，幸福生活一辈子”的健身理念。为更好地普及健身活动，学校规范了对教职工文体俱乐部的管理，鼓励和支持文体俱乐部举办和参与校内外比赛，有力地推动了教职工文体素质的快速发展。目前学校已成立了登山俱乐部、羽毛球俱乐部、艺术生活俱乐部等十个文体俱乐部，有效地推进了教职工闲暇生活的品位建设，丰富了校园文化氛围。二是坚持全民健身理念，满足教职工的需求。坚持每个月举办一次文体竞赛活动，如“金苑杯”羽毛球赛、乒乓球赛、登山比赛、环湖跑、钓鱼比赛、“棋乐无穷”棋牌赛等，因

地制宜，不断增加活动项目，提高教职工参与的经常性、广泛性。在学院迁至下沙校区十周年之际，举办了"'缘聚十年唱响幸福'暨金院好声音比赛"等大型活动，举办了"新十心"摄影比赛和获奖作品展，联合举办了"建更高品质'幸福金院'献礼学院第二次党代会"书画摄影征文活动等，促进了教职工文化素质和身体素质的提高，使广大教职工在教学、科研繁重的工作之余，锻炼了身体，愉悦了身心，也增进了彼此间的了解和友谊，增强了团队意识和凝聚力。三是结合重要节日，组织系列庆祝活动。在重要节日期间，学校都组织安排不同形式、不同规模的庆祝活动。开展了庆祝教师节、喜迎国庆节系列活动，其中"着职业服装，留职业风采"集体和个人拍照活动深受职工喜爱。以幸福为主题连续八年举办"幸福启航""幸福航程"新春联欢会，通过自编自演的节目、自娱自乐的方式，反映了全校师生共建共享"幸福金院"的喜悦心情。通过形式多样的文体活动，既陶冶了情操、丰富了业余文化生活，也增强了教职工的归属感、团队荣誉感，提高了教职工的幸福指数。

（六）打造平安廉洁校园，为建设和谐学校提供保障

1. 建设平安校园

校园安全无小事、师生安全重于山，保持学校的安全稳定，是建设和谐学校的重要任务和基本前提。学校贯彻"安全高于一切、安全就是质量、安全就是效益"的理念，坚持"安全第一，预防为主"的方针，在健全组织机构的同时，坚持落实平安校园建设责任制，调动全校师生共建平安校园的积极性，制定并完善了《学校安全工作条例》。举办一系列如何做好各种意外防范与应对的宣传报刊，营造安全防范的校园文化氛围。大力宣传各种安全知识，经常性地梳理和排查各种安全隐患并及时整改。严格遵守食品、消防、用电、财务、锅炉、门卫、交通等安全管理制度，对全校各类设施、设备做到及时检查、维修、保养。通过这些

措施,学生能够明白珍爱生命、关怀自己的重要性,并增强了自我保护及安全防范的意识,增长了自我安全防范的知识。

2. 建设廉洁校园

学校党委十分重视党风廉政建设,在 2005 年就提出增强"五个意识"、加强"五政"建设的要求,即要求党员干部要不断增强"师生意识、创新意识、廉洁意识、大局意识、团队意识",做到"勤政、廉政、俭政、善政、优政"。从 2007 年以来,学校每年开展以"保持党风、改进政风、提升教风、引领学风、优化校风"即"五风"建设为总体要求的作风建设活动。组织全体教职工收看警示录,举办警示教育图片展,切实增强警戒力。在师生中开展廉政文化书画征集评比活动,举办廉政艺术作品展览等,切实增强熏陶力。2013 年学校成立了廉政文化研究所,形成了一支由行业专家及校内学者组成的研究队伍,不断构建"一所一馆一课堂"的廉政文化建设体系。

五、结　语

新时代"和谐建设典范学校"的创建是一项系统工程,体现出一种和谐的思想和精神,其理论基础是中国的传统文化和哲学思想,这有助于我们正确理解和谐教育价值观的理论渊源和科学内涵。与此同时,建设"和谐建设典范学校"需要全体师生员工的共同参与,努力营造一种和谐信任、和谐包容、和谐竞争、和谐发展的氛围,努力开通民主渠道,化解各种矛盾,维护教职工权益,努力构建和衷共济、内和外顺、协调发展的和谐关系,持续完善与深化"和谐建设典范学校"体系与机制,把学校真正建成广大师生生活的家园、工作学习的乐园和成长成才的摇篮。

参考文献

[1] 左丘明.左传[M].郭丹,程小青,李彬源,译注.北京:中华书局,2014:34.

[2] 刘向信.高校和谐校园建设的理论与实践[M].北京:人民出版社,2006:3.

[3] 朱世统,杨天平.和谐学校管理[M].重庆:重庆大学出版社,2010:63.

[4] 盖晓芬.思与治[M].杭州:浙江科技出版社,2011:104.

[5] 周建松.高等职业教育的逻辑[M].杭州:浙江大学出版社,2011:221.

[6] 王丽华,刘文江.构建和谐校园 提升高职院校软实力[J].中国高等教育,2012(19):56—57,63.

(本文刊载于《职教发展研究》2020年第3期)

第三章

高等职业教育高质量发展研究

长入经济　增强职业技术教育适应性

摘　要：随着我国经济由高速增长阶段转向高质量发展阶段，对多层次高质量的技术技能人才需求越来越紧迫，《中共中央关于制定国民经济和社会发展第十四个五年规划和二〇三五年远景目标的建议》提出加大人力资本投入，增强职业技术教育适应性，这是党中央从经济社会全局出发对职业技术教育发展做出的新论断。增强职业技术教育适应性，必须服务于构建新发展格局、建设现代化经济体系、建设高质量教育体系、建设高素质劳动大军等四大任务，为促进经济社会持续发展和提高国家竞争力提供人才支撑。

关键词：职业技术教育适应性；现代化经济体系；产教融合；校企合作；浙江金融职业学院

党的十九届五中全会审议通过的《中共中央关于制定国民经济和社会发展第十四个五年规划和二〇三五年远景目标的建议》(以下简称《建议》)为我国"十四五"期间乃至未来十五年的发展描绘了蓝图、指明了方向,体现出党中央立足新发展阶段、贯彻新发展理念同构建新发展格局相统一,坚持高质量发展、打造高品质生活同实现高效能治理相贯通,推进更深层次的改革、实现更高水平的开放同建设更强韧性的社会相衔接的顶层设计理念。其中特别强调"加大人力资本投入,增强职业技术教育适应性",这是党中央从经济社会全局出发对职业技术教育发展做出的新论断。

一、增强职业技术教育适应性是构建新发展格局的必然要求

《建议》要求,"十四五"时期将加快构建以国内大循环为主体,国内、国际双循环相互促进的新发展格局,这对增强职业技术教育适应性提出了需求与挑战。在畅通国内大循环、打造开放的国内国际双循环的新发展格局下,教育、研究、人力资本、制度环境等因素在经济发展过程中的重要性日益凸显。职业教育是面向人人的教育,经济社会越发展,越需要高质量的职业教育。就构建新发展格局而言,我国目前有职业院校 1 万余所,开设近千个专业和 10 万个专业点,每年向社会输送超过 1000 万名毕业生,已经建成了世界最大规模的职业教育体系,要以提高专业化人力资本的积累水平为目标,进一步释放教育创新与服务潜力,彰显职业技术教育在国家社会经济发展中的基础性作用。

二、增强职业技术教育适应性是建设现代化经济体系的基础环节

职业教育是现代大工业生产的产物，与经济社会发展紧密相关。因此增强职业技术教育适应性不仅是教育问题，也与经济工作有着直接而密切的联系，因为职业教育关系到亿万劳动力的就业，既是教育问题，也是经济问题，更是重大的民生问题。高职教育不仅要满足作为职业世界的企业的要求，还要满足受教育者作为个体发展的需要。随着我国进入新的发展阶段，产业升级和经济结构调整不断加快，各行各业对技术技能人才的需求越来越紧迫，职业教育重要地位和作用越来越凸显。但当前我国职业教育存在不足，各地各校普遍在促进产教深度融合，增强职业技术教育的适应性，完善治理结构，提升治理能力等方面还存在着不深入不到位的情况。“在‘十四五’期间，职业教育要‘长入’整个经济里去，成为经济活动的内生变量，构成产业链、产品链、供应链、资金链、信息链的‘砖瓦’和基本要素”，使职业教育成为促进我国经济高质量发展的一支重要力量。

三、增强职业技术教育适应性是建设高质量教育体系的应有之义

“职教 20 条”强调没有职业教育现代化就没有教育现代化，“十四五”期间，建设高质量教育体系必须要大幅提升职业教育现代化水平和服务能力。作为国民教育体系和人力资源开发的重要组成部分，高职教育以培养多样化人才、传承技术技能、促进就业创业为己任，以服务发展、促进就业为面向。增强职业技术教育适应性，首先要依托于产教融合。产教融合的共享价值形成行为标准，诱致相似的行动，这种持

久且稳定的融合是结构性的。其次要建基于校企合作。校企合作是高职教育办学模式和人才培养模式的重要特征，合作发展、合作育人、合作就业、合作办学是高职院校办学的重要路径。最后要服务于人才培养。作为一种教育类型，人才培养是职业教育的核心职能，它承载着崇高的教育价值。

四、增强职业技术教育适应性是建设高素质劳动大军的必由之路

1999 年，第二届世界职业教育大会的报告指出，培养合格技术员和熟练、半熟练劳动者的技术和职业教育与培训应该是所有国家发展日程的一个重要组成部分。长期以来，我国经济发展最缺乏的是技术人才和熟练工人，在向效率驱动型经济增长模式加速转变的情况下，更是如此。当前，我们面临的问题是：工业社会向信息时代转型的过程中，传统的工作形式及对工作的准备过程发生变化，这对于由体力劳动技能转向脑力劳动技能提出了新要求。在贯彻落实《建议》的过程中，高职教育要坚持以深化供给侧结构性改革为主线，在新技术革命条件下转变发展方式，实施创新驱动发展战略，提升发展质量，通过推动人才供给侧改革，促进技术技能积累，实现人力资本的最优配置。

五、浙江金融职业学院增强职业技术教育适应性的探索与实践

对增强职业技术教育适应性的讨论，并不只是一种单纯的学术讨论，对增强职业技术教育适应性的观察及经验均来自实践。浙江金融职业学院（以下简称学校）是全国首批示范性高等职业院校、浙江省重点建设高职院校和中国特色高水平高职学校建设单位，自升格高职办

学以来就积极开展增强职业技术教育适应性的探索，并取得了较好成效。

(一)贯彻“六业贯通”人才培养理念

学校坚持办“特色鲜明、人民满意、师生幸福”高职教育，将“就业立校、服务强校、合作兴校”作为办学方针，全面地把职业教育的“产业、行业、企业、职业、实践”五要素概念模型融入人才培养之中，探索形成“办好专业、强化职业、注重学业、重视就业、鼓励创业和成就事业”等“六业贯通”的人才培养理念，将学校办学和专业建设立足在根植产业、依托行业、融入企业、强化职业的关系链之中，并将实践能力的培养贯穿始终，在推进校企合作中实现协同育人。在学校办学实践中，适时将市场思维和企业管理理念引入，特别是在推进校企合作的过程中，将具体决策的权力释放给相关参与治理的群体，使其得到适当的授权和制度的激励，从而更好地保障人才培养随经济发展方式转变而“动”，跟着产业调整升级而“走”，围绕企业技能型人才需要而“转”，适应市场需求变化而“变”。

(二)打造校内生产性实训基地

学校打造了全国唯一的校中行——浙商银行总部客服中心和本校银行客服实训基地，浙商银行总部客服中心落户学校是建立新型行校合作关系，推进产教融合的创新举措，实训的课时安排、实训场地的功能分布、学生录用等具体方案都是通过产教科教双融合主体联合确定的，对创新人才培养模式具有深远意义，学校将继续加强与行业企业合作，做实、做精、做大，不断扩大学生参与度和受益面，培养优质银行客服人才。

（三）建设应用技术协同创新中心

以跨境电商综合服务应用技术协同创新中心、服务万亿金融产业产学研协同创新中心等国家级、省级和校级协同创新中心为载体，构建校、政、行、企、会合作办学和协同育人机制，积极助推产教融合工作；以服务万亿金融产业产学研协同创新中心为平台，推进浙江地方金融发展研究院建设。组织普惠金融发展与浙江乡村振兴、金融支持浙江实施“一带一路”倡议、金融发展支持高质量增长与风险防范等课题研究，建立以研究成果为指标，以激励为导向的考核制度，建设以校内教师为主，以校内柔性引进领衔专家为支撑的研究团队。以浙江省跨境电商综合服务应用技术协同创新中心为平台，推进应用技术研发团队建设，支持柔性引进或聘任研发人员进入协同创新团队。

（四）注重技术技能积累和运用

围绕浙江省产业创新服务综合体建设，进一步加强以“专业运用技术协同创新、行业企业员工培训、企业资信评估”等为核心服务的技术技能积累与应用平台建设；大力推进省级和校级协同创新中心建设，支持校企合作开展应用技术协同研发、智库建设，鼓励软件著作权、专利技术等应用技术成果转化；支持相关部门、二级学院联合企业、科研院所围绕产业发展需求开展协同创新，共建共创共享依托大金融产教融合共同体、社会服务有机体、高职金融教育综合体建设技术技能积累和社会服务的省级及以上协同创新中心、国家实验实训基地、省级实验实训基地和校外实习基地、紧密型产学合作基地，推动成果转化和服务社会。

（五）提升校办企业服务能力

发挥学校专业和人才优势，探索推广“互联网＋职业培训”线上线下结合的教学方式，建设特色化、专业化职业培训平台和移动客户端，不断提升浙江金苑培训中心对企业职工在岗教育培训、学历进修等服务水平，广泛吸引各级政府和各类行业企业向学校购买服务。推进杭州资信评估公司、浙江众诚资信评估有限公司建设，发挥学校专业优势，全面实施“企业评级服务工程”，为机构、企业提供优质评级服务。

（六）实施校友千花盛开工程

学校本着以主动换互动、以真心换真情的理念实施校友千花盛开工程，并将这种理念内化为文化，成为师生共同的实践行为。学校健全并完善以校友为主体，以“学校校友总会、金融教育基金会”为载体，充分运用校友力量推进产教融合工作，鼓励校友参与大创小镇建设，引导校友企业与学校建立紧密型产学合作关系，形成学生在学校学习、进企业实践、获校友指导的创新互动的良好生态。

六、结　语

2021 年是“十四五”规划的开局之年，也是开启我国全面建设社会主义现代化新征程的关键一年。我们要不断增强职业技术教育适应性，并继续坚定不移地沿着与“构建新发展格局”“建设现代化经济体系”“建设高质量教育体系”“建设高素质劳动大军”互动发展的路子走下去，推进高等职业教育高质量发展。

参考文献

[1] 文件起草组.《中共中央关于制定国民经济和社会发展第十四个五年规划和二〇三五年远景目标的建议》辅导读本[M]. 北京：人民出版社，2020：12.

[2] 本书编写组.党的十九届五中全会《建议》学习辅导百问[M].北京:学习出版社、党建读物出版社,2020:145.

[3] 陈宝生.建设高质量教育体系[N].光明日报,2020-11-10(13).

[4] 2020年职业教育活动周全国启动仪式暨全国职业院校技能大赛改革试点赛开幕式举行[EB/OL].(2020-11-09)[2021-02-05].http://education.news.cn/2020-11/09/c_1210879466.htm.

[5] 陈子季.用系统思维下好“职业教育一盘大棋”[N].中国教育报,2020-12-03(1).

[6] 国家教育发展研究中心.2000年中国教育绿皮书[M].北京:教育科学出版社,2000:150.

[7] 蔡昉.中国人口与劳动问题报告No.10——提升人力资本的教育改革[M].北京:社会科学文献出版社,2009:55.

[8] 周建松.生态学视阈下的高职院校开放合作办学模式构建[J].高等教育研究,2009(12):63—68.

[9] 周建松,陈正江.如何构建产业支撑高职教育新机制[J].中国高校科技,2019(8):83—87.

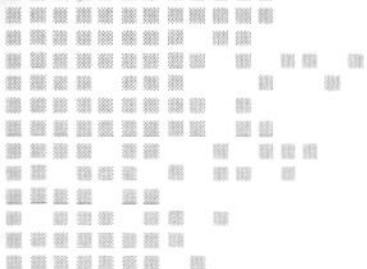

汇入生活　增强职业技术教育认同度

摘　要：《中共中央关于制定国民经济和社会发展第十四个五年规划和二〇三五年远景目标的建议》提出加大人力资本投入，增强职业技术教育适应性，这是党中央从经济社会全局出发对职业技术教育发展做出的新论断。职业教育在社会发展与人的发展中起着至为关键的作用，作为一项重要的社会事业，职业教育改革牵扯千千万万个家庭，牵一发而动全身，职业教育发展必须按照“社会事业社会办”的逻辑来进行。因此，必须汇入生活，才能增强职业技术教育认同度。

关键词：职业技术教育适应性；社会主要矛盾；浙江金融职业学院

党的十九届五中全会审议通过的《中共中央关于制定国民经济和社会发展第十四个五年规划和二〇三五年远景目标的建议》（以下简称《建议》）为我国“十四五”期间乃至未来十五年的发展描绘了蓝图、指明了方向。其中特别强调“加大人力资本投入，增强职业技术教育适应性”，这是党中央从经济社会全局出发对职业技术教育发展做出的新论断。职业教育在社会发展与人的发展中起着至为关键的作用，作为一项重要的社会事业，职业教育改革牵扯千千万万个家庭，牵一发而动全身，职业教育发展必须按照“社会事业社会办”的逻辑来进行，职业教育汇入生活是贯彻以人民为中心发展思想、落实办好人民满意教育和推进学校治理体系和治理能力现代化的根本要求。只有真正汇入生活，职业技术教育才可能增强其认同度。

一、汇入生活是增强职业技术教育适应性的必然要求

职业教育对一个社会的发展而言是刚性需求，可以说，从世界范围来看，职业教育是国家经济腾飞的基础。当前，我国正处在实施创新驱动发展战略的进程中，经济转型与产业升级更是离不开职业教育的支撑。职业教育要走进社会公众，更重要的是要通过价值回馈走进公众。职业教育发展能与国家经济转型和产业升级形成良性互动，不断使这种共识能在人们的心里扎根，受欢迎，得到人们的爱戴。法国社会学家、教育学家埃米尔·涂尔干指出，教育思想史和社会民德（mores）研究其实有着密切的关系。[1]正如中央电视台《大国工匠》栏目播出的那些故事一般，能使职业教育真正触达家庭、触动心灵，将职业教育社会心理引向美好的未来，在这个意义上，职业教育需要理想主义，这种理想主义就表现为鼓励人们追求理想生活的行动。知识虽然变化快，观念变化却是很慢的。正如麦瑞丝所指出的，任何变革“都不能被吸收，除非它的意义为大家所共享”[2]。在本土发现社会，“社会”在人们的心中渐渐生动和丰富起来，它真实、具体、琐细、平常、有效，生活在这个“社会”中的人在读者面前也变得完整起来。

二、汇入生活是增强职业技术教育适应性的重要基础

职业教育是赋予年轻人以技术和职业的事业，创造性思维和想象力是人类天性的一部分，这不仅是一项权力，更是一种能力。发挥想象力，通过给年轻人以教育选择，为他们职业甚至是事业发展打下坚实的基础。如果我们做得更多，则向社会展示了我们可以做得更好。怀有梦想和希望，做最好的自己，借助互联网＋职业教育的技术，让梦想插上翅膀，能够飞得更高更远，让技术技能人才成为受人尊敬的群体。

从职业教育的受益群体来看，一个人接受职业教育，一个家庭获得收益，这无论对于学生来说，还是对于一个家庭而言，都是汇入生活的一种表现。教育部党组书记、部长陈宝生在2016年召开的现代职业教育发展推进会上提出，职业教育要做到香、强、良、特、忙、活，这最后一个活字就是举办职业教育的落脚点，即为了汇入生活。慢慢发现那些真正主宰着人们日常行为和喜怒哀乐的事情，那些体现出他们内心的观念和选择的语言、词汇以及使用背景。汇入生活常常造成一种教育改革上的"路径依赖"，尤其重要的是，它往往在某些转型时期起着关键的作用。因为转型是条件变化和累积的结果，职业教育汇入生活的转变要满足激励相容性，尽可能让大多数学生和家长从职业教育现代转型中获益，增加其认同感和参与度。

三、汇入生活是增强职业技术教育适应性的应有之义

职业教育所引发的各种解释芜杂不清，评论彼此对立，反映矛盾不一。这些都说明社会公众对职业教育的认识是零敲碎打的，甚至是断章取义的。相互分割的解释者都显然忽视了其他解释者的关注，以致几乎没有人能够将职业教育每一领域的研究联系起来。英国历史学家陶尼曾说："历史的任务是鼓励和激起人们生存的勇气，而不是制造尸体，通过扩大人们的知识范围来增强人们的理解力，从而在我们时代面临的问题中看到新的天使。"[3] 100多年前，黄炎培怀着一颗赤子之心，从职业教育入手改造中国教育理想主义，联合众人创建中华职业教育社，这不仅是一种态度，而且是一种信念，甚至更是一种类似宗教般的执着。对于职业教育发展，我们的愿景是：教育和引导人们正确看待职业教育，解决人们对职业教育的困惑，让职业教育更有尊严，更受人尊敬。[4]打开一扇窗户，或推开一条门缝，同时，要抱有耐心，基于耐心的工作，通过小的进步和改进积蓄能量，以诸多问题的解决积

蓄进一步改革的动能，为高等职业教育创新发展奠定基础。

四、汇入生活是增强职业技术教育适应性的必由之路

职业教育汇入生活的研究在做的过程中慢慢有了起色，笔者也因此更加感到职业教育的诱人魅力恰恰在于它的文化和本土特性。本土的研究丰富了，我们对人类自身就将知之更多，我们的知识也将更多，更有效地用于生活在社会文化和历史中的人们身上。法国历史学家马克・布洛赫曾言：一个手艺人绝不会因为自己做好了一件物件就自诩自己为数学家。[5]美国教育学家爱德华・希尔斯曾指出，如果一个人掌握着关于重要问题的专门知识，他就会受到尊重，但是这种尊重并不是这位知识的拥有者所刻意追求的结果。他所要做的就是不去滥用他们对自己的尊重。[6]我们的研究虽然只是职业教育如何汇入生活，但背后可能是更宏大的、更能反映更广阔的社会过程和背景，这些稳定结构又会制约职业教育未来发展的方向和过程。美国社会学家C. 赖特・米尔斯指出，事件就是许多人做出大量决策的总和及其难以预料的结果。[7]在这个意义上，职业教育汇入生活就是发现在职业教育改革发展进程中“活”的文化和生成“活”的社会行为和事件，并对这些社会行为、社会事件和社会文化做出有说服力的解释。

汇入生活无论对于公众构建职业教育知识体系，还是推进职业教育高质量发展都有着重要价值。对这个问题的回答还需要哲学、教育学、心理学、社会学等学科知识的共同建构。在这个意义上，汇入生活既是一种世界观，即在研究中既重视具体实例，也是方法论，即注重概括的方法，通过与社群互动提出改进机制，因为它被深深地植根于那种持久存在并能够转化的结构之中，[8]而这正是求解职业教育高质量发展的关键。

参考文献

[1] 埃米尔·涂尔干.教育思想的演进[M].李康,译.渠东,校.北京:商务印书馆,2016:31.

[2] MARYS. Loss and change[M]. New York: Anchor press/Doubleday,1975:12.

[3] TAWNEY. R. H. Religion and the Rise of Capitalism[M]. Penguim Books,1966:19.

[4] 刘兰明.论职业教育的尊严[J].中国高教研究,2015(2):98—102.

[5] 马克·布洛赫.历史学家的技艺[M].张和声,译.北京:北京师范大学出版社,2014:3.

[6] 爱德华·希尔斯.教师的道与德[M].徐弢,李思凡,译.北京:北京大学出版社,2010:5.

[7] C.赖特·米尔斯.社会学的想象力[M].陈强,张永强,译.北京:生活·读书·新知三联书店,2001:201.

[8] 路飞.小国大教育——瑞士、奥地利、卢森堡创新教育研究[M].杭州:浙江工商大学版社,2014:3.

融入文化　增强职业技术教育影响力

摘　要:党的十九届五中全会审议通过的《中共中央关于制定国民经济和社会发展第十四个五年规划和二〇三五年远景目标的建议》提出要增强职业技术教育适应性。文化是一个十分抽象广泛的概念,但文化是最深沉的、具有可持续性的影响力量,在推进高职教育高质量发展的进程中,文化生成和文化融入是不可或缺的。融入文化是高职教育增强适应性的重要抓手,高职院校要坚定不移地走从文化建设到文化育人再到文化治理之路。

关键词:职业技术教育影响;文化建设;高质量发展;浙江金融职业学院

党的十九届五中全会审议通过的《中共中央关于制定国民经济和社会发展第十四个五年规划和二〇三五年远景目标的建议》(以下简称《建议》)为我国"十四五"期间乃至未来十五年的发展描绘了蓝图、指明了方向,其中特别强调要"加大人力资本投入,增强职业技术教育适应性",这是党中央从经济社会全局出发对职业技术教育发展做出的新论断。1936 年哈佛中国同学会在哈佛大学建校 300 周年的一块纪念碑文中写道:文化为国家之命脉,国家之所以兴,由于文化。[1]国家如此,大学何不如是?同理,职业技术教育只有更好地融入文化,才能增强影响力,在推进高质量发展的道路上行稳致远。

一、文化的含义、特征与分类

(一)含义

英国学者泰勒在《原始文化》中提出了狭义文化的早期定义即文化是包括知识、信仰、艺术、道德、法律、习俗和任何人作为一名社会成员而获得的能力和习惯在内的复杂整体。[2]对整个人类来说文化是人的创造物,对于特定时间和空间的人而言,文化则是主要体现为既有的生存和发展框架。文化是影响和解释人类生活方式的知识、制度和观念的复合体,是人类对真善美的追求和体现。

(二)特征

首先,文化是人类整个生活方式,主要由符号、价值、意义和社会规范等构成;其次,文化的内隐部分为价值观和意义系统,其外显形态为各种符号,这些符号主要体现为物质实体和行为方式;最后,文化随着人类群体的范围划分不同而体现出差异。

(三)分类

一是物质文化即人类的物质生产活动及其产品的总和,是可感知的、具有物质实体的文化事物。二是制度文化即由人类在社会实践中建立的各种社会规制和规范构成。三是行为文化即以民风民俗形态出现,见之于日常起居动作之中,具有鲜明的民族、地域特色。四是精神文化即由人类社会实践和意识活动中经过长期孕育而形成的价值观念、审美情趣、思维方式等构成。

二、文化建设与高职教育可持续发展

学校文化是一种通过环境的创设、营建、改造、完善以影响教育的有效手段，具有启迪、感化学生的作用，使之产生“蓬生麻中，不扶自直”“入芝兰之室，久而自芳”的教育效果。在这个意义上，学生绝非仅在课堂里或说教中成长，更重要的是在特殊的学校文化环境、文化氛围的影响中成长。联合国教科文组织在其发布的《学会生存》报告中指出：“除了正规的课程以外，学生置身于其中的环境也是一种教育要素或反教育要素。”[3]苏联教育家苏霍姆林斯基在其名著《帕夫雷什中学》中告诉人们：“我们在努力做到，使学校的墙壁也说话。”[4]美国教育学家杰罗姆·布鲁纳提出的教育文化理论是以文化、心灵、教育三个最重要的概念为基础。他强调“作为一种体制，学校是文化的工具，是将文化的宏观面传送给个体的途径之一”[5]。对高职院校而言，注重文化是大学的本分和本真。文化是一种动力，在它的作用和推动下，高职院校发生自我作用，产生教育力量。

高职文化的建设应从大学文化的具体层次及其要素着手：大学精神文化、制度文化、环境文化的建设。其中，大学精神文化是大学的核心文化，它是大学文化主体长期实践经历史的积淀、选择、凝练、发展而成的，高度成熟并为大学成员一致认同的深层次的主体文化。教育部原部长袁贵仁所谓教书育人、管理育人、服务育人、环境育人，说到底都是文化育人。高职教育文化建设主要包括以下三大来源：一是大学精神。通常认为，人文关怀、理性追求、自由独立是其基本内涵，这也是影响和引领高等教育发展的最基本的思想，高等职业教育作为高等教育的重要组成部分，大学精神对其发展应该起着引领作用。二是职教规律。无论从哪个角度看，高等职业教育又属于职教范畴，它是中国特色初、中、高等职业教育体系的较高层次，这一体系如何构建，这一规律如

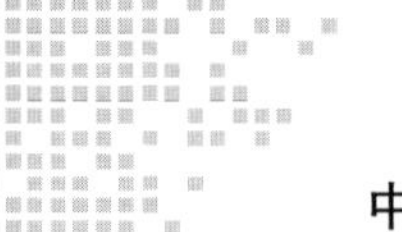

何运作，较高层次高到何级？至今仍有不少争论，但我们认为职教规律有其具体的根本的东西，这就是“职业情怀、经世济用、开放合作”，强化职业属性，强调实用主义，强推开放与合作，这应该是职业教育的本质内涵。三是市场理念。市场经济的理念究竟是什么更为众说纷纭，竞争、风险、合作、创新、创业等兼而有之，从与教育联系的观点看，笔者以为以下三个要素比较一致，这就是创业胸怀、效能至上、和谐共赢。高职教育作为经济活动的重要环节，必须按经济规律办事，引进市场经济理念进行管理。

三、文化引领高职教育高质量发展

学校原本就是文化积淀的产物，没有文化底蕴，学校就不再是真正意义上的学校。有研究者认为，人才培养有五个要素，即培养目标、知识体系、培养模式、教学制度和文化环境。人才培养的人格精神养成、理想信仰形成之目标决定了文化育人的学理性、必然性、必要性及合法性。[6]高职教育发展的生机活力及其竞争力在于多样化。高职教育如此，高职文化亦然。高职文化的趋同化突出表现在：精神文化的过于政治化，制度文化的过于刻板化，环境文化的过于世俗化，等等。此外，高职文化的另一个缺失在于：一谈大学文化似乎就是校园文化或组织几项充满形式主义的所谓重大的文化活动，而校园文化似乎又是学生社团文化，由此把高职文化的作用或目的降到丰富学生文化生活、培养学生文化兴趣、发展学生文化特长、增强学生才干的层次。在推进人文素质教育的进程中，不少高职院校仍旧停留在一般意义的校园文化改善和营建层次上，在具有文化深度和文化底蕴的人文环境的营造方面缺乏研究和有效的工作。这是高职院校人文教育缺乏恒久性、缺乏深刻性、缺乏长效性的原因。

对于高职教育而言，文化引领才是最根本和实质的。开放办学、校企合作、工学结合、育人为本就是能够引领中国高职教育发展的先进文化。[7]它是一个社会子文化，是优秀职业文化的集大成与高层次结晶，是与技能相关、与职业教育相关的文化，更是社会主义核心价值体系在我们经济活动、生产工作领域的具体表现。所谓开放办学，应该是高等职业院校办学的一个总特征，坚持育人为中心，贯彻服务为宗旨，实践就业为导向，谋求外部支持，善于整合资源，这就是高职的第一文化；所谓校企合作，是指高职教育必须坚持学校与行业、企业的双重互动，深度融合，以主动换互动，以合作谋共赢，以有为为有位，这应该是全体高职人共同的理念，更是高职的重要文化；所谓工学结合，是指高职办学过程中必须坚持工作与学习的结合，无论是教师还是学生抑或是学校管理工作者，均必须有企业工作阅历和经历。所谓育人为本，应该是前述三大文化理念的出发点和归宿点，办学模式怎样创新，人才培养模式怎样探索，师资队伍和实训基地怎样建设，最后必须回归本位，那就是更好地育人，育更好的人。如果我们能以育人为本为出发点地开放办学，把校企合作、工学结合形成文化带给全国的高职院校，高职教育高质量发展也就能够实现。[8]关于这一点，《高职院校文化建设与文化育人丛书》给了我们最好的回答，笔者将另文详述。

四、浙江金融职业学院融入文化的探索与实践

浙江金融职业学院（以下简称学校）自办学以来，从重视专业教育、素质教育到文化自觉、文化育人，从重视校园文化到建设文化校园，始终坚持以德立人、以业育人、以文化人，凝练形成了以“一训三风”为核心的校园精神、以人本思想为基石的系列发展理念、以“三维文化”——诚信文化、金融文化、校友文化为架构的文化育人体系。[9]“三维文化”中的诚信文化和金融文化先后在2007年和2008年荣获“浙江省高校校园文化品牌”；“校友文化”在2011年被教育部授予“全国高校文化建

设成果优秀奖”;同年学校的“创建三维文化,打造魅力校园,培育品质银领”入选全国高职院校校园文化品牌,荣获“魅力校园”称号。2015年,学校被列为浙江省首批文化校园建设试点单位。2016年,学校入选省首批高校文化校园和首批国家职业院校文化素质教育基地建设单位。2019年,学校入选中国特色高水平学校建设单位,“建设高品位高职文化,打造文化建设与文化育人标杆校”是其中的一项重要建设任务。

(一)核心理念

学校一直高度重视校园文化建设,在长期的办学实践中凝练形成了以“一训三风”为核心的校园精神、以人本思想为基石的系列发展理念和以“三维文化”为架构的文化育人体系,三个层面由大到小、层层递进,构成了学校核心文化理念的主要内容。

1. 以“一训三风”为核心的校园精神

“一训三风”是校训、校风、教风、学风的简称,是决定校园文化精神实质和核心内容的根本和关键所在。校训决定“三风”,“三风”相互影响、相互促进,是校训的延伸和补充。学校的校训为“披沙拣金,融会贯通”,其寓意为师生大浪淘金、烈火焠金、百年铸金的成长发展过程和触类旁通、举一反三、灵活运用的智慧与实践境界,同时“金”与“融”相连,前后呼应,紧扣学校校名。校风为“勤奋、严谨、求实、创新”,教风为“尚德、精业、爱生”,学风为“诚信、明理、笃行”。“一训三风”架构完整,全面彰显学校文化价值理念。

2. 以人本思想为基石的系列发展理念

学校把“以人为本”作为基本价值向度,提出并践行“做学生欢迎之师,创社会满意之校,育时代有用之才”的办学价值理念,“就业立校、服务强校、合作兴校”的办学方针,“共建共享幸福金院,永创永续金融黄埔"的办学愿景。针对学生提出了"关爱学生进步、关注学生困难、关心学生就业"的"三关"育人理念。针对教师提出了"倚重教师德才、尊重教师个性、注重教师发展"的"三重"理念和"青年教师金翅膀、中年教师金台阶、老年教师金降落伞"的"三金"机制。针对校友,提出了关爱每一位校友的理念,激扬高层、激发中层、激活基层,凝聚海内外校友力量,建设高品质幸福金院。与此同时,积极承担社会责任,每年发布社会责任报告,从而形成了浓厚的爱生文化、尊师重教文化和社会责任文化。

3. 以"三维文化"为架构的文化育人体系

学校在多年的办学实践中凝练了以诚信文化、金融文化、校友文化为基本架构的三维文化育人体系。诚信文化重精神塑造,是育人体系之精魄,强调"立人";金融文化重职业养成,是育人体系之主干,强调"立业";校友文化重人生发展,是育人体系之平台,强调"立世";诚信、金融、校友三维文化实现了行业特点、职业特征、学校特色的相互融合,共促育人。

(二)制度固化

建立健全"一会一所一处",扎实推进校园文化建设。学校成立以主要领导为组长的校园文化建设领导小组,系统规划和推进校园文化建设,构建立体化工作体系。学校成立了"一会——校园文化建设委员会,一所——校园文化研究所,一处——文化建设处"专门机构,扎实推进校园文化研究和实践工作。

实施"三千"项目载体,构建以人为本的长效机制。针对不同的行为主体和实际工作,学校设计和实施具体化项目载体。对于学生,构建"三关"服务体系,创造性提出并实施以"千日成长工程"为载体的育人机制,其理念是把学生在校三年约1000天的时间规划为:一年级"金院学子",二年级"院系学友",三年级"行业学徒"。确立"爱生节"、深化

“爱生节”，并在此基础上进一步完善开学典礼日、毕业典礼日等程序性文化，进一步巩固形成爱生文化。对于教师，实施以“千万培养工程”为抓手的师资队伍建设机制，建立健全“三金”机制，构建师资队伍建设长效机制。在落实国家职业教育方针政策和对接行业需求中，实施以“千花盛开工程”为依托的校企合作机制；出台《关于深入推进产学合作的若干意见》，构建校地企协同育人合作机制；开展继续教育，拓展终身教育合作机制。

搭建平台基地，助推“三维文化”落地有声。2002 年，学校专门成立诚信教育与校园文化研究所，后更名为“三维文化研究所”。先后成立“明理学院”开展诚信文化育人；成立“地方金融发展研究中心”开展金融文化育人；成立“校友会”开展校友文化育人，即通过“三维文化研究所”及其协调的“一院一会一中心”，搭建做实三维文化的平台基地。发布《建设文化校园的若干意见》，以诚信校园、精神家园、成长名园建设为导向，以“三金”工程（“金纽扣”“金丝带”“金手指”）为载体，深化“三维文化”育人体系内涵。

（三）环境外化

系统规划，顶层设计“一训三风”的校园精神。学校成立由主要领导担任组长的校园文化建设委员会，系统研究、构架和传承校园文化，着手文化建设的研究和顶层设计，并把校园文化建设规划纳入学校第一个高职发展规划系统推进。通过打造承载着“一训三风”的各类校园文化景观，共创师生的精神家园。

架构科学体系，突出以人为本的特色理念。学校在文化建设中，始终注重整体设计、研究先行和特色品牌，通过强化价值引领、共筑诚信校园，内化金院精神、共享精神家园，优化育人环境、共建成长名园，打造以人为本特色鲜明的文化校园。

凝练文化内涵，构建“三维文化”。经过多年的探索实践，学校形成了以诚信文化、金融文化和校友文化为架构，体现行业特点、职业特征和学校特色的“三维文化”育人体系，使学生的人格走向、从业素养和求学环境达到了和谐统一。[10]

（四）行为内化

弘扬“一训三风”，建设高品质文化校园。学校将“一训三风”融入文化校园建设中，全力打造以德立人、以业育人、以文化人的高职院校文化校园样本。学校秉持做好顶层设计，坚持显性与隐性相统一、阶段性与整体性相统一、理想与实效相统一的原则，建设一个让学生看得见、摸得着、感受得到的高品质文化校园。

科学谋划，层层推进，探索以人为本系列发展理念的实现路径。学生层面，创建“以生为本榜样学校”，牢固树立以生为本的理念，系统规划学生成长路径，实施学生“千日成长工程”，构建和实施全员、全方位、全过程的“三全育人”体系。教师层面，创建“尊师重教模范学校”，顶层设计引导教师职业发展的科学化，全方位开展教师素质提升计划，大力实施教师“千万培养工程”。校友和社会层面，实施校友“千花盛开工程”，创建“社会责任引领学校”，从 2007 年起连续 12 年发布高校社会责任报告，诠释学校的责任与担当。

实施“三金”工程，丰富三维文化，推进“三园”建设。2015 年，基于“三维文化”育人体系的优势，学校顺利跻身于浙江省首批文化校园试点建设单位，并发布《建设文化校园的若干意见》，以诚信校园、精神家园、成长名园建设为导向，以“三金”工程为载体，进一步深化“三维文化”育人体系内涵。

（五）成效优化

1. 提升管理水平

2006 年，学校被教育部、财政部确定为全国首批“国家示范性高等职业院校建设单位”，并于2009年以优异成绩通过验收。2017年被确定为浙江省重点建设高职院校。2019年，被教育部认定为“国家优质校”，立项为中国特色高水平高职学校建设单位，以两个第二名的优异成绩入选全国职业院校教学管理50强、学生管理50强，连续三年跻身“社会服务贡献”50强，并入选中国特色高水平高职学校和专业建设单位。学校的省优势专业、特色专业数量居全省高职院校第一，学校教学工作及业绩考核、校长教学述职名列全省同类院校前茅，领先试点开展四年制高职本科式层次人才培养，学校学风好、教风正。

2. 文化引领育人

办学40余年来，学校累计为浙江省乃至全国的金融机构输送了近6万名优秀的经济金融人才。“与5000行长同一母校”已经成为新时代金院学子的身份标志和前行动力，学校招生考分均为全省同类院校第一，学生就业率达98%以上，广大毕业生以“动手能力强，上岗适应快，实践水平高，创新创业成绩显著，廉洁自律操守规范，报恩母校情深义重”而享誉省内外金融界。毕业生对母校满意度高达97%，居全省高职院校前列。近年来，学生在各级各类竞赛中屡次获奖并逐年递增，其中2017—2019年，学生获得省级一等奖及以上荣誉分别为195、286和309人次。

3. 特色助推发展

“三维文化”育人结出累累硕果，其中，诚信文化和金融文化先后在2007年和2008年荣获“浙江省高校校园文化品牌”；“校友文化”在2011年被教育部授予“全国高校文化建设成果优秀奖”；同年学校的“创建三维文化，打造魅力校园，培育品质银领”入选全国高职院校校园文化品牌，荣获“魅力校园”称号。2015年，学校被列为浙江省首批文化校园建设试点单位。2016年，学校入选省首批高校文化校园和首批国家职业院校文化素质教育基地建设单位。

4. 社会影响广泛

2008 年，学校发起的“高职教育文化建设与可持续发展论坛”引发了高职院校的文化自觉，论坛每两年一届，至今已连续举办七届。学校文化育人成果《浙水流金——浙江金融职业学院文化育人思与行》，在 2018 年教育部人文社会科学研究规划基金项目“中国高职院校文化育人研究”成果中率先出版，引发广泛关注。“三维文化”多次在全国、全省相关会议论坛上做大会交流。每年都有近 150 所高职院校到浙江金融职业学院学习考察，其中半数为专程学习考察学院的文化建设情况。中国职业技术教育学会会长鲁昕曾多次肯定学院校园文化建设特色，《光明日报》《中国教育报》《中国青年报》等权威主流媒体对学校文化建设都给予了充分关注与报道。

参考文献

[1] 吴咏慧. 哈佛琐记[M]. 北京：中华书局，2009：178.

[2] 爱德华·泰勒. 原始文化：神话、哲学、宗教、语言、艺术和习俗发展之研究[M]. 连树声，译. 桂林：广西师范大学出版社，2005：3.

[3] 联合国教科文组织国际教育发展委员会. 学会生存：教育世界的今天和明天[M]. 华东师范大学比较教育研究所，译. 北京：教育科学出版社，1996：52.

[4] B. A. 苏霍姆林斯基. 帕夫雷什中学[M]. 赵玮，王义高，蔡兴文，等，译. 北京：教育科学出版社，1999：124.

[5] 杰罗姆·布鲁纳. 布鲁纳教育文化观[M]. 宋文里，黄小鹏，译. 北京：首都师范大学出版社，2011：5.

[6] 俞婷婕，眭依凡. 大学课程与人才培养：基于大学教学理性的思考[J]. 清华大学教育研究，2013(6)：30—38.

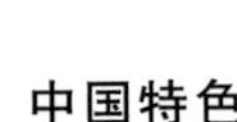

[7] 马树超,范唯.中国特色高等职业教育再认识[J].中国高等教育,2008(C2):53—55.

[8] 周建松.国家示范高职院校建设的真谛:机制创新与文化引领[J].中国高教研究,2008(9):69—71.

[9] 周建松.建设"开放合作 尚德重能"的高职教育文化[J].中国高教研究,2008(12):58—59.

[10] 周建松.高职教育的文化定位与建构路径[J].高教探索,2017(12):89—92.

渗入人心 增强职业技术教育吸引力

摘 要：改革开放40多年来，我国职业教育取得了长足的发展，但仍是我国教育中的一块短板，职业教育公众认同度不够和吸引力不足的问题依然存在，这导致职业教育在我国教育生态中处于边缘地位，这种地位反过来又对职业教育社会心理产生了不良影响，形成并强化了对职业教育发展的社会性制约。《中共中央关于制定国民经济和社会发展第十四个五年规划和二〇三五年远景目标的建议》提出增强职业技术教育适应性，因此亟待我们深入了解和把握社会公众对职业教育的精神状况和社会心理，以便有针对性地引导社会心理，推动职业教育高质量发展。

关键词：职业技术教育适应性；社会心理；吸引力

党的十九届五中全会审议通过的《中共中央关于制定国民经济和社会发展第十四个五年规划和二〇三五年远景目标的建议》（以下简称《建议》）为我国"十四五"期间乃至未来十五年的发展描绘了蓝图、指明了方向，其中特别强调"加大人力资本投入，增强职业技术教育适应性"，这是党中央从经济社会全局出发对职业技术教育发展做出的新论断。但当前社会公众对职业教育的认同度不够的问题依然存在，这导致职业教育在我国教育生态中处于边缘地位，这种地位反过来又对职业教育社会心理产生了不良影响，形成并强化了对职业教育发展的社会性制约，这在一定程度上牵制了职业教育的发展。

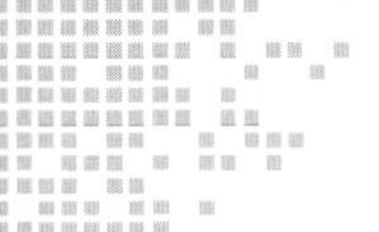

一、社会心理是反映职业教育发展的一面镜子

作为时代变迁的一种精神景观，社会心理在人的现实生活及信念体系中扮演着重要的角色。一方面，党和国家高度重视职业教育；另一方面，职业教育处于教育体系的边缘。这种悖论与困境迫切需要人们理解和阐明其中折射出的公众对职业教育认同与焦虑，探寻职业教育社会心理嬗变过程的内在机理。应该说，职业教育的现代转型可以从社会心理中找到关键性的线索和题解，社会心理研究是解答职业教育转型与发展的一把钥匙。我国著名社会学家费孝通 1992 年在香港中文大学讲演时，表示愿在有生之年为"心态研究"做一点破题和开路的工作。社会学者周晓虹认为，研究现实的社会心理及其嬗变应成为中国社会心理学家的主要任务。[1]上述社会心理过程的分析视角与方法，对于我们理清职业教育的发展思路与方向具有重要的启示意义。有研究者以我国职业教育发展的认知成本为切入点，对基于认知形成特定的职业教育社会心理进行分析，结果表明因为对生产、服务类职业的轻蔑，对低层职业的漠视和鄙薄，直到今天，我国职业教育的发展依然担负着沉重的文化包袱。[2]

二、渗入人心是提升公众对职业教育心理认同的必然要求

人们对职业教育从误解到不了解、不甚了解再到有所了解，逐步有深入的理解，这对职业教育发展既是一种沉重的压力，同时又是一种强大的动力。在加快发展现代职业教育背景下，如果我们不深化对这种社会现实的认识，提高职业教育吸引力和改进职业教育质量便无捷径可走。问题并不是我们对职业教育的研究太少，而是通常与职业

教育发展相关的基础研究太少，尤其是社会心理变迁研究，而这种变迁深深扎根在历史逻辑之中。就教育论教育不可能解决职业教育的问题，必须跳出教育来观察职业教育。社会心理是由某种社会发展的内在趋势形塑的，同时也受到制度等的决定性影响。美国社会学家C. 赖特·米尔斯在《论历史的作用》一文中指出："我们时代的诸种问题，现在包括人的本质这一问题，如果不能一直把历史视为社会研究的主轴，不能一直认识到需要深入发展以社会学为基础，与历史相关联的关于人的心理学，就不可能得到充分的描述。"[3] 习近平总书记强调，弘扬劳动光荣、技能宝贵、创造伟大的时代风尚，努力让每个人都有人生出彩的机会。在高等教育大众化和职业教育普及化背景下，人人皆可成才和人人尽展其才是一个重要的理念，尽管带有理想主义的色彩，但其中包含着深刻的教育公平思想，更体现了尊重人才，尊重劳动、尊重技能和尊重创造的人性化的人才观。

三、渗入人心是改变人们对职业教育刻板印象的重要途径

由于受地位、态度等因素的影响，公众对职业教育的社会心理不尽相同。社会对职业教育形成这样的心理，可以说是一种不得已或是说一种自然的想法。说是不得已，是因为社会公众对职业的选择是按照其心目中理想顺序排列下来的，正是在这种普遍的社会心理基础上形成的制度设计不可避免地轻视职业教育，这导致传统社会心理与现代职业教育发展出现了断裂与冲突。更令人担忧的是，人们似乎对职业教育的这种尴尬状况司空见惯，乃至自觉不自觉地戴着有色眼镜看待职业教育，这种情形甚至可能演变成一个理论上难以言说和实践上难以解决的问题。当前，在公众关于职业教育的观念中还存在着一些误识，而这些误识在一定程度上阻滞了职业教育发展，这既是职教之

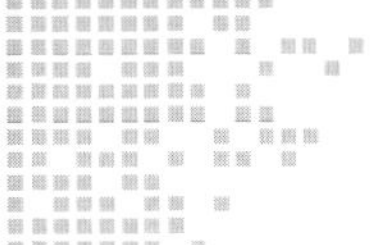

痛，更是社会之痒。我们无力改变职业教育边缘化这样一种现状，但如果我们能深入了解和把握公众对职业教育的精神状况或社会心理，那对于求解现代职业教育发展的许多关键问题将不无裨益。也就是说，通过开展我国职业教育社会心理的研究，增进国人对职业教育知识的积累与分享，构建一种职业教育与社会心理的良性互动机制，引导职业教育社会心理朝着正确的方向发展，从而改善我国职业教育发展的社会氛围，为加快发展现代职业教育提供社会心理支持。

四、从渗入人心到深入人心，对职业教育而言道阻且长

职业教育社会心理是一个令人困惑的问题，但它同时又是一个令人兴奋的问题。因为这种社会心理具有稳定性和连续性，引导改变和更新旧的职业教育价值信念面临着重重困难。在我们看来，职业教育的生命力和可持续发展同样可以在社会心理层面得到反映。随着我国教育体制改革的深入推进，尤其自 1996 年《职业教育法》颁布实施以来，职业教育逐渐从传统向现代转型并取得了长足的发展，目前已建立起世界上规模最大的职业教育体系。在这个过程中，职业教育中许多带有历史特征的制度因素、文化因素和社会心理因素发生着深刻的变化，社会环境、社会文化、社会心理及社会舆论对职业教育产生的影响不可低估。“任何对于文化的构成性的解释也是一种个体心理意义上的说明，但是这种解释既依赖于历史也依赖于心理。”[4]社会是如何看待职业教育的？探讨这个问题总要涉及职业教育发展的内容、过程和方式。从社会心理网络及其主体间的互动来观察和解释各种社会力量，诸如政府、学校、企业、媒体和民众之间的复杂关系。作为一种桥梁，职业教育社会心理对职业教育发展具有意义和产生作用，这体现为一种与变革密切相连的群体心态和时代精神，社会心理对变化的过程与动态的形势十分敏感，公众通过自身选择体验、了解权威制度、公

共媒介宣传、甚至是领导人的讲话与活动等方式了解职业教育，并将这种精神感受与情绪氛围传导和渗透到了社会生活的各个领域。社会期望、国家政策的变化对职业教育施加了难以抗拒的压力，而这些压力又必须与职业教育机构能获得的资源及其承担的使命等现实问题相协调。可以说，新世纪以来职业教育在很大程度上是能协调这两个过程，并且能够使它们有效完成其发展目标。这从一些重大事件中解释职业教育社会心理的嬗变，看到了发展职业教育外部尊严的希望。

五、营造良好的舆论氛围是职业教育彰显职能的必要条件

职业教育的功能定位与公众对其的认知之间存在着巨大偏差。国人的职业教育社会心理同样发生了巨大的变迁。一方面，由于经济转型升级的需要，社会对职业教育充满了期望，职业教育发展成为社会公众关注的焦点；另一方面，受传统文化与现实舆论的影响，社会公众对职业教育不认可，对发展职业教育信心不足。在职业教育与普通教育分流的情况下，人们往往认同普通教育，而轻视职业教育，并且这种厚此薄彼的观念也体现在教育选择行为的差异中，人们从接受职业教育的机会当中看到了一种选择的结果。但具体到职业教育领域，职业教育过去在社会心理方面的不利变成了今天它在教育当中的被动，使职业教育陷入了认识与行动的双重“恶性循环”，职业教育沦为被一次选择筛选后被淘汰者的“放逐地”和“避难所”，职业教育将其当作一种宿命来看待和承受。这种宿命表面上与社会不平等无关，实际上对后者起着促进作用。绝望和玩世不恭的态度悄悄侵入人们的心灵。“身份污名”“无形的锁链(枷锁)”导致职业教育自我认同不足，自惭形秽、妄自菲薄。身份与地位的边缘性导致职业教育人才培养和服务社会办学功能作用发挥不明显，从而造成其吸引力和影响力不足。遭遇

到认识与行动的双重不平等——显性的不平等和隐性的不平等，通过较为隐蔽的方式，如不同社会阶层在教育面前最初的不平等，在职业教育阶段首先表现为接受职业教育的各阶层人数比例不均，在选择专业方面也受到限制。当然，我们不能简单地以反对事实来代替事实，而以心态—行为的框架对社会心理与职业教育的互动进行深入的探讨，适合职业教育发展的舆论氛围就成了职业教育发展及其职能彰显的必要条件。

六、新时代推动职业教育渗入人心的若干思考

社会心理对职业教育的现代转型支撑不足，职业教育成为边缘角色和弱势群体，因此得不到充足的社会支持，而这个事实也证明职业教育还有许多社会心理和文化障碍要克服。心理的嬗变总是与时势相关的，由于存在历史条件和环境的差异，引导大众走出陈规，从而达到职业教育社会心态规范性与正当性的统一，这也正是推动职业教育渗入人心的出发点。

（一）职业教育地位作用再认识

作为人力资本投资的重要渠道和形式，职业教育是“通过增加人的资源影响未来货币与心理收入的活动”。[5]职业教育通过学生知识与技能的提高来推动社会进步，并因在国家战略中所处的位置而获得加快发展的优先权。随着企业的转型升级，为适应不断扩大和变化的社会职能，职业教育机构成为更大、更复杂和更分散的组织，这些机构认识到不能仅仅依靠内部的资源来支撑其办学。在职业教育与普通教育分流的背景下，从社会心理网络及其主体间的互动来观察和解释各种社会力量，诸如政府、学校、企业、媒体和民众之间的复杂关系及其交汇。当然，这一社会心理是以职业教育的发展及其吸引力和影响力的

提升为前提的。

(二)职教办学理念使命再明确

在这个发展过程中包含着社会心理的变迁,社会公众对职业教育的主观感受和心理积淀是丰富而复杂的,这不仅体现在语言和行为中,还表现在习俗和制度中,甚至有可能逸出其外,以各种方式反映在人们的日常感受之中。职业教育社会心理嬗变受传统文化、公共权威、大众传媒等的影响与制约。表现在实践中,存在着传统与现代的断裂、理想与现实的落差和东方与西方的冲突。由于存在时代和地域的差异,这些影响因素并不是同时同向的作用,有时存在着悖论和困境。因此,社会群体的兴趣与理想以及需要与态度等心理过程的形成、特征及变迁成为社会学、人类学、心理学等学科最感兴趣的研究对象,具有重要的理论意义与实践价值。

(三)职教办学内涵再深化

为提高职业教育质量和吸引力,摆脱职业教育是低等、劣质教育的社会标签,2005 年,国务院提出实施职业教育示范性院校建设计划,2006 年,教育部、财政部联合启动"国家示范性高等职业院校建设计划",重点支持建设 100 所高水平示范性高职院校。2010 年,为贯彻《国家中长期教育改革和发展规划纲要(2012—2020 年)》,教育部、财政部决定继续推进"国家示范性高等职业院校建设计划"二期工程,新增 100 所骨干高职建设院校。2017 年,为贯彻落实《高等职业教育创新发展行动计划》,国家实施优质校建设。2019 年,教育部、财政部启动实施中国特色高水平高职学校和专业群建设计划,集中力量建设一批引领改革、支撑发展、中国特色、世界水平的高职院校,带动全国职业院校办出特色,提升水平。

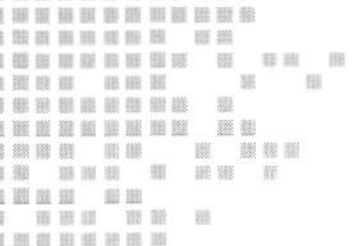

(四)职教研究领域再拓展

职业教育现代转型是一个历史发展过程,其间的社会心理嬗变体现在若干个历史事件之中。因此,我们从分析特定的事件入手,认识职业教育发展这一主题上存在着哪些社会心理,描述其在不同的社会发展阶段和不同的社会阶层中的嬗变,这些变化究竟在多大程度上是受传统社会文化因素的影响。对于职业教育社会心理研究而言,真正的问题是必须将对社会心理的理论思考和职业教育发展实践相结合,通过对重要的和特有的职业教育社会心理现象的描述,发现社会心理对职业教育发展的助力与阻力,而其中的关键问题:一是传统文化制约;二是权威价值引导;三是大众传媒影响,留待后文做进一步阐释。

七、结　语

德国哲学家阿图尔·叔本华曾慨叹,任何真理在获得公认前均经过三个阶段:起先它被嘲笑,然后它被反对,最后它被认为不证自明。[6]职业教育社会心理是有现实依据和理论基础的,在这个过程中,可以亲身体验到职业教育现代转型的深刻意涵。如果我们知道以何种方式将它们必须克服的社会力量的因素考虑进来,我们无疑就能够更为准确地对它们的价值进行评估。可以说,渗入人心是为职业教育深入人心做的基础性和关键性的工作,这不只是需要对社会和知识基础的“解构”,而更需要一种反思与重建,从结构深入到人心,进一步提高职业教育对社会反应和响应的灵敏度与敏感性,从而为职业教育现代转型提供新的研究视角。当然,公众能否对职业教育做出真正认可,时间会做出判断,实践会做出检验。

参考文献

[1] 周晓虹.本土化和全球化:社会心理学的现代双翼[J].社会学研究,1994(6):13—22.

[2] 刘诗能.我国职业教育发展的认知成本分析[J].职教通讯,2007(4):5—9.

[3] C.赖特·米尔斯.社会学的想象力[M].陈强,张永强,译.北京:生活·读书·新知三联书店,2001:158.

[4] 露丝·本尼迪克特.文化模式[M].王炜,译.北京:社会科学文献出版社,2009:152.

[5] 加里·S.贝克尔.人力资本:关于教育的理论和实证分析[M].梁小民,译.北京:北京大学出版社,1987:1.

[6] 阿图尔·叔本华.作为意志和表象的世界[M].石冲白,译.北京:商务印书馆,1982:125.

进入议程 增强职业技术教育重视度

——以“双高计划”为例

摘 要:《国家职业教育改革实施方案》开宗明义:职业教育与普通教育是两种不同的教育类型,具有同等重要的地位,并特别强调“没有职业教育现代化,就没有教育现代化”。因此,各级党委政府要将职业教育发展列入议事日程,研究、谋划、推动职业教育发展,在战略规划、经费投入、条件保障、队伍优化、品牌提升方面给予全力支持,以党委政府重视带动社会公众对职业教育的重视,形成全社会关心、认同、发展职业教育的共识与合力,“下好职业教育一盘大棋”,推进职业教育高质量发展。

关键词:职业教育;“双高计划”;议程设置;高质量发展

《中共中央关于制定国民经济和社会发展第十四个五年规划和二〇三五年远景目标的建议》提出加大人力资本投入,增强职业技术教育适应性,这是党中央从经济社会全局出发对职业技术教育发展做出的新论断。这个论断表明,职业教育改革是一种社会事务,而非仅仅是教育自身的事务。议程的设置不仅有助于把握教育改革的社会方向,满足社会公众对教育的需求,同时也为教育改革动员了充分的社会资源,而这种社会资源的动员与支持水平,常常决定了一项教育改革的成败。

一、政策驱动是中国特色高等职业教育发展的重要特征

党的十八大以来,我国职业教育领域发生了重大变革。2014 年,

习近平总书记就加快职业教育发展做出重要指示。他强调，职业教育是国民教育体系和人力资源开发的重要组成部分，是广大青年打开通往成功成才大门的重要途径，肩负着培养多样化人才、传承技术技能、促进就业创业的重要职责，必须高度重视、加快发展。[1]此后国家出台了一系列重大政策，如国务院发布《关于加快发展现代职业教育的决定》，国务院办公厅发布实施《关于深化产教融合的若干意见》，国家六部委出台《现代职业教育体系建设规划（2014—2020 年）》，教育部实施《高等职业教育创新发展行动计划（2015—2018 年）》，等等，围绕建设现代职业教育体系、深化产教融合、实施现代学徒制、打造“双师型”教师队伍，开展集团化办学、落实生均拨款制度、建设专业教学资源库、举办职业教育活动周等方面进一步推动了高等职业教育的改革和发展。

党的十九大提出，完善职业教育和培训体系，深化产教融合、校企合作。[2]《国家职业教育改革实施方案》强调，“没有职业教育现代化，就没有教育现代化”。当前，在我国推进教育现代化、建设教育强国和办人民满意教育的进程中，作为这一变革的重要组成部分，高职教育也迎来了大改革、大发展、大提高的重要机遇，高职教育发展更需要与经济社会发展的需求对接。也就是说，发展高职教育要实现从制造大国向制造强国的转型，建设高素质产业工人队伍、打造更多“大国工匠”，大力发展职业教育已是当务之急，这既是推进我国人力资源强国建设的需要，也是加快我国产业升级经济转型的需要。因此，特定的经济社会发展政策制度势必对高职教育发展产生重大的影响。

对于一个社会或国家而言，政策都是一种具有相当重要意义的关系。任何一项公共政策的酝酿、论证、出台、实施，其过程中都伴随着公共讨论，甚至充斥着激烈的争论。事实上，这种讨论或争论有助于政策的制定和完善。按照现代公共政策理论和实践，这种政策过程主要包括议题生成、议程设置、决策过程、启动实施、窗口指导、绩效评估等主要环节。无论是作为置身其中的参与者，还是置身其外的观察者，对政

策的研究通常集中于对其出台的背景、文本以及产生的实际效果的分析，而如今，对政策生成过程的探讨即高职教育发展政策过程中政府决策和院校行动背后所蕴含的制度逻辑关注并不够，这种状况不仅不利于对政策文本全面深入的理解，也制约着对政策所产生的实际效果的认识，并在一定程度上制约了人们对这一高职教育发展的深度理解。本文尝试运用公共政策理论对“双高计划”议题生成与议程设置进行考察，以进一步深化我们对中国特色高职教育的认识，增强政策理论对高职教育发展的解释力，为推进高职教育高质量发展提供参照与启示。

二、进入议程是中国特色高等职业教育政策生成的基本前提

对公共政策的研究通常包括两大领域：其一是关于公共政策制定过程的研究；其二是关于公共政策实施过程的研究。而在政策过程研究中特别关注三个重要问题：一是政策制定者的注意力是如何分配的；二是具体问题是如何形成的；三是问题及其解决方法的发展，这就对应了本文所提出的议题生成、议程设置和备选方案阐明三个环节。

（一）议题生成

美国政治学者哈罗德·拉斯维尔提出了一组更为具体的政策阶段，包括情报阶段、建议阶段、指示阶段、发动阶段、应用阶段、评价阶段和终结阶段。[3]本文仅选取指示阶段和发动阶段两个环节进行深入分析，这两个阶段的核心任务是建立议程。在现实生活中，人们根据计划安排行动过程，预见可能的行为结果，设置行动目标并向自身挑战，从而激励、指导和调节自身的活动，需求导向、问题导向、目标导向，这些都是导致教育政策议题生成的现实背景。在“双高计划”之前，我国高

等职业教育领域最重要的政策举措是“示范计划”。“示范计划”引发了高职院校发展观念与行动的深刻变化,高职教育在示范建设中发生的结构调整,是这一时期我国高职院校发展中留下的强烈的示范印记。[4]“许多政府项目到某个时间就会过期并且必须重新获得授权。”[5]这就引发了新的议题生成。

(二)议程设置

美国学者金登将政策议程界定为“对政府官员及其周围的人们正在认真关注的问题进行编目”。[6]从本质上讲,议程设置是一种选择过程。通过这个选择过程,政府内部及其周围的人们无疑只关注全部潜在议程项目中的某些主题,而并不关注其他的主题。[7]议程设置理论源自一个简单的假设——关于大众传播影响公众对社会议题的关注效果。议程设置引导我们关注政策形成的早期阶段。在这个阶段,议题刚刚出现并获得公众注意。什么是政府应该关注并采取行动的核心问题?“议程设置”这一术语概括了相关利益者就同一问题的持续对话与辩论。事实上,在大多数关于这些问题的对话中,议题属性、议题网络及议题整合显示出非同寻常的意义和价值。议程设置具有复杂性与动态性。因此,“政策领域应当在范围上有足够的广度,以至于各种项目都可以进入或者流出议程”[8]。

(三)备选方案的阐明

备选方案的阐明,当备选方案很多的时候,政府官员的注意力便会转向他们更有可能解决的主题。而如果他们愿意在解决这些问题中投入大量的资源,那么这些方案就容易被选为备选方案。参与者愿意投入的资源越多,可能解决的问题和可能动用的备选方案就越多。通过整合议题,形成共识,也就是“当地离不开、行业都认可、国际能交流”的愿景形成后,会有制度化的机制产生对其予以支撑或佐证。由于议题属性的差异，随着时间的推移，公众对待某个议题的意见趋势会被新的时代、外部世界和传播媒介所塑造。“双高计划”的建设目标是政策、制度、标准，其出发点和落脚点依然不脱离教育的本质，即立德树人。在“双高计划”中，议程设置上一改过去短期性政策的时效很强的特点，设置有 2022 年和 2035 年两个标志性时点：到 2022 年，形成一批有效支撑职业教育高质量发展的政策、制度、标准；到 2035 年，职业教育高质量发展的政策、制度、标准体系更加成熟完善，形成中国特色职业教育发展模式。可见对这一备选方案的阐明是相当地谨慎和周密的。

三、对“双高计划”议程设置的进一步分析

美国政治学者马克斯韦尔·麦库姆斯与唐纳德·肖于 1968 年开创性地提出“议程设置”以来，这个最初对美国总统选举传播研究的概念已扩展到政策、环境、金融等系列社会问题，最新的研究领域已扩展到互联网等新媒介相关的议程设置现象，研究领域不断扩大，研究问题日益丰富。“双高计划”议程设置主要围绕办好新时代职业教育的新要求，集中力量建设 50 所左右高水平高职学校和 150 个左右高水平专业群，打造技术技能人才培养高地和技术技能创新服务平台，支撑国家重点产业、区域支柱产业发展，引领新时代职业教育实现高质量发展。

（一）问题

“问题可以建构政府议程。”[9] 通常说来，问题的逻辑起点是从生活中来、到生活中去，正所谓“源于生活，归于生活”。每个人在现实中都会面临一些基本的问题，但问题在于我们面对的问题是不是真实的。[10] 在不同的发展阶段，由于存在不同的经济社会发展的需要，教育

领域的主要矛盾会发生变化，对于政策制定者而言，这种情形同样适用。政策生成需要关注诸如以下的问题："如何引起政府官员关注的，政府官员决策据以选择的备选方案是怎样产生的，议程设置是如何建立的，以及政府官员在启动实施这一议程设置时需要采取什么行动"等。这属于内源性的教育政策生成。制度理论认为，政府是现代社会中一个国家经济社会发展依赖制度的主要提供者。而对于教育资源的配置来说，政府在其中的作用毋庸置疑，"有目的的制度供给既反映了控制制度变革的那些人的权力和利益，又反映了在政治领域中的决策过程"[11]。也即"教育制度的内生性"，其指的是教育制度根植于人们自身的教育利益和理性计算，是各种力量相互冲突与妥协的结果。基于此，有学者提出"恰当的教育制度是极重要的教育资源"的论断。[12]

(二)事件

"政策议程是通过问题中的事件建立的，而决策议程的建立则强调要有一个可以获得的备选方案。"[13]焦点，或者称为危机，在这个意义上，是否可以做这样的假定，即若思想不能直接针对具体事件，那么就谈不上是思想。当公共问题、政策备选方案与政策机会相交叉时，某个问题就最有可能实现公共议程状态。[14]"职教 20 条"提出推进高等职业教育高质量发展，高质量发展是建基于已有发展基础上，并且与已有发展有着很强的路径依赖。人力资本理论认为，对可以提升生产率的人力资本进行投资，会在未来给投资者和整个社会带来收益。[15]这就引发出两个问题，历史对政策有什么用呢，政策是如何形成的。这既是一种认知，更是一种行动，甚而言之，与其说是一种认知，毋宁说是一种行动，这种行动就成为议题生成的内在动力。

(三)参与者

在我国,政策作为一种社会机制,对公众的认知具有强大的影响,以致人们想当然地认为政府是制度创新的主体。政府内部的参与者、政府外部的参与者,主要包括学者、研究人员、咨询人员,他们既是促进因素,也可能是约束因素。当然,上述参与者为了在议程中占有一席之地,相互之间存在着激烈的竞争。事实上,“备选方案、政策建议以及解决方法都是在专业人员共同体中产生的”[16]。教育部职业教育与成人教育司副司长谢俐在 2019 年 3 月 30 日开封宣讲“职教 20 条”时提及,自 2018 年 10 月到 2019 年 3 月,一共 43 次进中南海。这一信息从侧面透露出,政府确实是制度创新的主体。“制度蕴含利益。规范蕴含的利益不能形成规范,也不能确保规范必然形成。但利益为规范提供了基础,即接受外在影响的人们产生了对规范的需求。”[17]人们借助于教育政策将对教育利益的追求公开化、合法化。与此同时,公众社会态度的形成,也即是社会公众对职业教育怎么看或者怎么想也非常重要,而这种参与是一种基于个人教育利益的多元主义的制度博弈,这种博弈在一定程度上摆脱了政策的浪漫主义或理想主义,推动其从形式逻辑向生活逻辑转变。[18]

四、议程网络和窗口指导是推进中国特色政策落实的主要抓手

(一)议程网络

政策网络研究侧重于分析政策参与过程中团体与政府的关系。“政策网络是指一群互整行动者为了促成某种政策问题或方案的形成和发展而建立的具有一定稳定程度的社会关系形态。”[19]在议程设置

的知识网络中，人们记录下各种线索与联系，这种线索与联系具有地理和文化上的多样性。如果三条溪流——问题溪流、政策溪流以及政治溪流——都汇合在一起的话，那么一个项目进入政策议程的可能性就会明显增强。[20]这种议程网络就构成了“双高计划”建设的主要内容，主要包括“一加强，即加强党的建设；四打造，即打造技术技能人才培养高地、打造技术技能创新服务平台、打造高水平专业群、打造高水平双师队伍；五提升，即提升校企合作水平、提升服务发展水平、提升学校治理水平、提升信息化水平、提升国际化水平”。

（二）窗口指导

窗口指导原是一个金融术语，其内涵是指中央银行通过劝告和建议来影响商业银行信贷行为的一种温和的、非强制性的货币政策工具，是一种劝谕式监管手段。窗口指导从经济领域引进到公共政治领域后，用来描述政府通过非行政手段引导行政相对人或市场主体行为的一种方式。“双高计划”对公共政策、公共行政，特别是职业教育政策、教育行政产生了重要影响。在“双高计划”启动实施过程中，包含着一系列政策，其中也存在一个“渐进调适”的过程，而渐进调适需要一些时机，这些时机在公共政策领域被称为“政策之窗”。“职教 20 条”是国家层面的顶层设计和制度安排，其中提出实现“三个转变”的要求。为适应这一要求，政府在职业教育改革实施中的职能主要是负责规划战略、制定政策、依法依规监管。而国务院教育行政部门则负责职业教育工作的统筹规划、综合协调、宏观管理。政府官员、院校领导是这一政策过程的积极参与者。诸多的利益相关者会坚持不懈地寻求采取行动的“机会之窗”。这种“机会之窗”表现为当有一个重大事件出现，需要采取行动时，就会出现“行为之窗”及其相应的行为模式。

1. 窗口指导过程

许多政策之窗的周期性是显而易见的，可以被看作可预测的政策之窗。“当一扇政策之窗敞开的时候,政策建议的倡导者就意识到他们的机会来了,并且会抢着去利用这种机会。”“当机会到来的时候,参与者就把他们的问题送去审议,希望决策者会使问题得到解决,他们也带去自己的政策建议,希望他们的政策被采纳。”[21]在政策制定者看来,类似于“政策清单”或“政策包”的现象,就可能导致系列政策密集出台,而“关注特定问题的人们把敞开的政策之窗视为他们处理问题乃至解决问题的机会”[22]。

(1)计划及权威解读。2019年3月29日,教育部、财政部发布《关于实施中国特色高水平高职学校和专业建设计划的意见》。同年4月8日,教育部新闻办通过微言教育微信平台发布《十问答权威解读“双高计划”,看职业教育如何“下好一盘大棋”》,具体信息包括“双高计划”的项目定位、建设重点、建设要求、建设内容、建设机制、发文计划重点、项目遴选、经费投入、项目管理、建设规划重点等,这属于第一轮的窗口指导。

(2)遴选办法及问答。4月16日,教育部、财政部联合印发《中国特色高水平高职学校和专业建设计划项目遴选管理办法(试行)》(以下简称《遴选管理办法》),仅仅过了两个工作日,4月19日,教育部即发布“双高计划”遴选管理办法十问答,具体包括“双高计划”的建设规划、项目资金、推进机制、支持重点、申报条件、专业群、遴选程序、立项类别、实施管理、项目管理,这属于第二轮的窗口指导。

(3)申报通知及问答。4月19日,教育部办公厅、财政部办公厅联合印发《关于开展中国特色高水平高职学校和专业建设计划项目申报的通知》,明确了项目申报有关事项,同时发布关于“双高计划”申报通知的十问答,具体包括立项范围和数量、工作流程、学校申报时间、省级推荐时间、指标统计截止时间、标志性成果认定、申报表数据来源、学校申报材料要求、专业群命名规则、“双高计划”项目管理系统,这属于第三轮的窗口指导。

(4)公示及遴选工作问答。10月24日,教育部、财政部发布《关于中国特色高水平高职学校和专业建设计划拟建单位的公示名单》,10月25日,教育部发布有关“双高计划”遴选工作八问答,具体包括项目遴选的依据、原则、程序、专委会的组成、拟建单位分布情况、项目建设方案如何备案、项目建设绩效如何考核、项目如何动态管理,这属于第四轮的窗口指导。

2. 窗口指导效果

窗口指导会导致政策“外溢”。所谓政策“外溢”,即“出现一扇有利于某一主题的政策之窗常常可以为另一个相同主题的敞开增加可能性”[23]。“职教20条”带给“双高计划”政策“外溢”,也就是说,“职教20条”为“双高计划”的启动实施提供了政策依据。这无论对于政府部门而言,还是对于高职院校而言,无疑都具有重要的意义。一方面,对于政府部门而言,“双高计划”是一个漫长的政策过程,其中包含着一系列的政策,也存在一个“渐进调适”的过程,而渐进调适需要一些时机,这些时机在公共政策领域被称为“政策之窗”。通过引导、确认,再加上事件的爆炸性效应实现了政策的扩展和转移。对于高职院校而言,作为一种组织,在这种政策外溢过程中,它们会通过学习和实践来巩固“双高计划”的建设成果。通过这种公众的感知,教育的社会化旨在全面解决人的全面发展与教育发展之间的矛盾,从而摆脱权威主义,避免带来一厢情愿的政策制度设计。尤其是在互联网快速扩张的当代社会,在互联网等新媒介普及化的时代,大众传播的巨大社会影响力已经逐步显现,媒介的作用使得政府—院校—公众的关系得以维系,在教育制度和教育利益之间实现平衡,特别是在强制性制度向诱致性制度乃至自主性制度变迁的过程中,这种窗口指导的功能与价值就展现出来了。

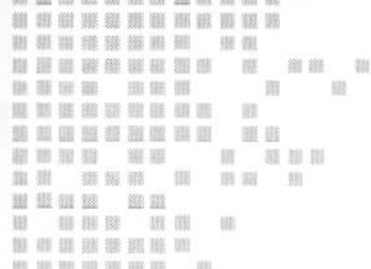

五、结　语

一种宏观的，具有根本性、全局性的制度供给，必须建立在对现实社会行动主体制度需求情境加以分析的基础上，这种方法“强调问题与制度和制度变革的原因和后果相联系”[24]。研究表明，议程设置的机理是政府政策引导高职院校自主发展，窗口指导力图实现的效果是实现政府与高职院校的良性互动。通过揭示教育政策生成与发展的基本逻辑，特别是在一项政策启动初始阶段的议题生产、科学的议程设置和有效的窗口指导，必定能使政策沿着政策制定者所希望的方向发展。不要轻信未经思考的结论，不要盲从未经质疑的前提。在理论的领域里，我们遇到的都将是经验性的问题，思考与质疑的习惯将会帮助我们从经验中转化出理论的契机，让我们发现经验本身所蕴含着的意义。特别是在克服直观思维的同时，建立有理论想象力的具体分析视角，并养成发现问题与推进问题的知识习惯。

“理解国家对特定教育政策所赋予的意义、所做出的阐释以及尝试达到的意图，并分析这些意义与意图为何在特定政策脉络中得以彰显。”[25]作为一门经验性学科，教育学如何面对现实状况进行有效分析，如何克服直观的经验感觉却又不能凌驾于经验之上，都需要必要的理论训练和政策分析。从这个意义上来看，要摆脱高职教育的发展困境，必须要先摆脱现有的研究困境，我们把握高职教育发展变革的方向，究竟还需要什么外在的政策推动，这就需要我们发挥社会学的想象力，借鉴社会科学多学科的理论资源，推进对高职教育发展更广阔社会背景的理解，形成对公共政策过程及其内在机理有说服力的解释。

参考文献

[1] 习近平.更好支持和帮助职业教育发展 为实现“两个一百年”奋斗目标提供人才保障——习近平就加快发展职业教育作出重要指示[N].人民日报,2014-06-24(1).

[2] 习近平.决胜全面建成小康社会 夺取新时代中国特色社会主义伟大胜利——在中国共产党第十九次全国代表大会上的报告[N].人民日报,2017-10-28(1).

[3][5][6][7][8][9][13][14][16][18][20][21][22][23]约翰·W.金登.议程、备选方案与公共政策:第2版·中文修订版[M].丁煌,方兴,译.丁煌,校.北京:中国人民大学出版社,2017:1,175,1,218,217,167,167,1,167,1,167,165,191,179.

[4] 陈正江.教育制度供给与高职院校发展——基于国家示范性高等职业院校建设计划的研究[J].中国高教研究,2016(7):108—112.

[10] 孙歌.历史与人——重新思考普遍性问题[M].北京:生活·读书·新知三联书店,2018.

[11][24]道格拉斯·C.诺思,张五常.制度变革的经验研究[M].罗仲伟,译.北京:经济科学出版社,2003:18,2.

[12] 康永久.教育制度的生成与变革:新制度教育学论纲[M].北京:教育科学出版社,2003:2.

[15] 多米尼克·J.布鲁维尔,帕崔克·J.麦克伊万.教育经济学[M].刘泽云,郑磊,田志磊,译.北京:北京师范大学出版社,2017:12.

[17] 詹姆斯·S.科尔曼.社会理论的基础[M].邓方,译.北京:社会科学文献出版社,1997:294.

[19] 林玉华.政策网络理论之研究[M].台北:瑞兴图书公司,2002:61.

[25] 曾荣光.教育政策行动:解释与分析框架[J].北京大学教育评论,2014(1):68.

第四章 示范与双高建设

教育制度供给与高职院校发展

——基于国家示范性高等职业院校建设计划的研究

摘　要：2006年，教育部、财政部启动实施“国家示范性高等职业院校建设计划”，至2016年初骨干高职院校建设项目全部完成验收。实施周期长达十年的“示范计划”是21世纪我国加快高职院校改革发展的一项重大制度。基于制度供给视角的研究表明，“示范计划”创造性地回应了我国高职院校的发展困境及制度需求，构建了一个高职院校提升办学基础能力的制度供需互动机制，其所产生的激励作用和标杆效应极大地推动了我国高职教育整体质量的提升。

关键词：教育制度供给；高职院校发展；国家示范性高等职业院校建设计划

2005 年的《国务院关于大力发展职业教育的决定》(以下简称《决定》)提出实施职业教育示范性院校建设计划,重点建设高水平的培养高素质技能型人才的 1000 所示范性中等职业学校和 100 所示范性高等职业院校。2006 年,教育部、财政部启动实施“国家示范性高等职业院校建设计划”(以下简称“示范计划”),旨在通过重点支持建设 100 所高水平示范性高职院校,加快高职教育改革与发展,推进高职教育质量的整体提高。作为 21 世纪我国高职教育改革发展的一项重要政策,“示范计划”贯穿于我国“十一五”和“十二五”两个发展阶段,实施周期长达十年,至 2015 年骨干高职院校建设项目全部完成验收,可谓“十年磨一剑”。“示范计划”引发了高职院校发展观念与行动的深刻变化,高职教育在示范建设中发生的结构调整,是这一时期我国高职院校发展中留下的强烈的示范印记。

“纵观高等职业教育发展的政策脉络,可以发现‘示范计划’是加快高等职业教育改革与发展的重大举措,也正是全面提高高等职业教育教学质量的重要抓手。”[1]就这场轰轰烈烈的高职教育制度变迁过程而言,置身其中的人们感同身受并取得了广泛共识,但我们对蕴含其中具体而真实的制度供给关注并不够,这在很大程度上制约了对“示范计划”进程中高职院校发展的深度理解。因此,本文暂时悬置有关示范建设的宏观论断,转而尝试从制度供给的视角,以“示范计划”提出前后我国高职院校面临的发展困境及其制度需求为分析的逻辑起点,阐述“示范计划”实施过程中制度“供”“需”互动,进而解释教育制度供给机制特征,以深化对中国特色高职教育发展的认识,为当前新一轮的高职教育制度供给决策提供参照。

一、制度、制度供给与教育制度供给

(一)制度

作为现代社会科学的核心概念,制度在多个学科领域运用广泛且具有较强的解释力。康芒斯将制度解释为"集体行动控制个体行动"。[2]科斯认为,"作为一种规则,制度通常被用于支配特定的行为模式与相互关系"[3]。诺思指出,"制度提供了人类相互影响的框架,它们建立了构成一个社会,或确切地说一种经济秩序的合作与竞争关系"[4]。正是通过吸收社会科学各学科领域的成果,制度理论在"过去与现在之间,宏观与微观之间架起一座桥梁"[5],并对制度与发展间的复杂关系提供深入的洞察。

(二)制度供给

随着制度在社会发展中作用的日益凸显,作为其发生作用途径和工具的制度供给也越发重要。"这种对制度的重新关注,是现代社会制度转型与实践探索不断积累的结果。"[6]制度供给是指制度供给者在给定的利益结构、主观偏好、理性水平、制度环境和技术条件约束下,通过特定的程序和渠道创设框架和规则体系并确保其得以执行的相关安排。在现代社会中,政府不仅是一国经济社会发展所需资源的主要提供者,也是经济社会发展依赖制度的主要提供者。"有目的的制度供给,既反映了控制制度变革的那些人的权力和利益,又反映了在政治领域中的决策过程。"[7]因此,制度供给体现着国家利益具有权威性的价值,政府的关注点通常聚焦于制度供给及其所产生的绩效上。

(三)教育制度供给

当然,作为公共权力机构的政府本身并不直接向社会提供教育产品与服务，而是依据法律法规，制定公共政策，运用公共财政资源，引导教育机构的决策与行为，以增进教育资源配置效率。教育制度供给研究的旨趣在于"理解国家对特定教育政策所赋予的意义、所做出的阐释以及尝试达到的意图，并分析这些意义与意图为何在特定政策脉络中得以彰显"[8]。教育制度供给目的是确保教育体系良好运作且保证质量，以及预算资金得到有效利用，这是日益增长的政府责任的政策体现。

二、制度需求与制度供给："示范计划"的提出

一种宏观的，具有根本性、全局性的制度供给，必须建立在对现实社会行动主体制度需求情境加以分析的基础上，这种方法"强调问题与制度和制度变革的原因和后果相联系"[9]。如同物理学中正、负原子，与制度供给相对应的是制度需求，这个二元范畴构成我们分析"示范计划"的理论支点，对两者的分析有助于阐明"示范计划"提出的背景。

（一）高职院校发展困境及其制度需求

自 1999 年国务院将高职院校设立审批权和招生计划权下放到省级人民政府后，我国高职院校进入规模扩张期，招生数从 1998 年的 43 万人增加到 2005 年的 268 万人，在校生数从 1998 年的 117 万人增加到 2005 年的 713 万人。[10]多数高职院校由中专学校升格创建，经过几年扩张进入组织成熟阶段后，办学基础能力不足的困境逐渐凸显。一方面，高职院校人才培养需要较多的实训设备等资源投入，其生均培养成本高于普通本科院校，但生均教育资源投入明显不足，导致校舍和教学用房简陋，教学仪器和实训设备的技术配置落后于生产实践。另一方面，高职院校教师的工作强度和能力要求较高，但待遇却低于

普通本科院校，这造成教师岗位缺乏吸引力，师资队伍整体素质和能力不能满足专业建设和课程开发的要求。上述问题严重影响到高职院校人才培养质量，导致毕业生就业压力加大，困难增多。2004年，我国高职院校毕业生平均就业率仅为61％。[11]这固然与高职院校对人才需求预测不足以及社会对毕业生的认可度不高有关，但却折射出高职院校普遍面临的发展困境，而这种困境又导致高职院校更难获得进一步发展的资源。

作为我国教育结构变革的一个重要组成部分，高职院校发展深受其所处特定制度环境的影响和制约。我国教育资源的配置主要依据院校分类进行，而这种分类基于教育的层次而非类型。在实践中，其通常表现为政府的重视程度和投入数量由高层次院校到低层次院校依次递减。尽管高职院校在高技能人才培养中发挥着主渠道作用，但这类院校却一直没有受到足够的重视和得到足够的投入，这种状况在很大程度上制约了高职院校的发展。“这是他们的‘现实’，他们依据这个‘现实’而行动，并在这个‘现实’中学习。”[12]要想突破发展困境，作为社会行动者的高职院校必须加强基础能力建设，从根本上摆脱经费、生源、师资等方面基本办学资源约束。“制度蕴含利益。规范蕴含的利益不能形成规范，也不能确保规范必然形成。但利益为规范提供了基础，即接受外在影响的人们产生了对规范的需求。”[13]高职院校普遍对政府出台支持引导高职院校发展的制度有着强烈需求，他们迫切需要得到更多的资源支持，以推动院校发展方式从外延型的规模扩张到内涵型的质量提高转变，并以办学模式与人才培养模式之变来应对产业转型升级的挑战。

（二）政府制度供给意愿与能力

高职教育深深扎根于经济社会发展之中，其发展不只由其自身决定，更要对接经济社会发展的需求。进入21世纪后，我国经济结构调整和产业转型升级步伐加快，劳动力市场的结构性矛盾在短时间内集中爆发，“技工荒”现象是最明显的表征。2004 年，我国初级工占技术工人总量的比例为 60%，中级工占技术工人总量的比例为 35%，高级工占技术工人总量的比例为 3.5%，技师占技术工人总量的比例仅为 1.5%。[14]高技能人才的短缺直接影响到经济结构调整和产业转型升级，行业、企业和社会公众对高职教育的重要性认识逐步提高，而“高职院校在困境中，在没有政府给太多钱的情况下，在学校要生存下去的压力下，积极探索，勇于实践，有很多的学校创造出了很好的经验。”[15]这使得政府的决策有了较为充分的民意基础。2005 年 9 月 12 日，在“示范计划”推出的关键时刻，温家宝同志在考察深圳职业技术学院发表讲话，他说“中国太需要职业教育了，职业教育也太重要了”[16]。表明高职教育制度供给的重要性和迫切性，而仅在 2005 年一年，教育部就出台 18 项促进高职院校发展的政策文件，加大了对高职院校发展的制度供给，反映出政府的政策意图。[17]

“恰当的教育制度是极其重要的教育资源。”[18]政府对教育资源的配置通过其决策过程呈现出来。计划是指人们为了达到一定目的，对未来时期的活动所做的部署和安排，就其本质而言，计划是一种指令性规范，它通过提供肯定性反馈以激励相关主体的行动。政府在教育资源配置中的作用毋庸置疑，“如果说‘211 工程’是国家面向 21 世纪高等教育的发展工程，那么计划也是国家新时期新阶段高职业教育的改革工程和质量工程”[19]。而无论是工程还是计划的实施，都需要大量的资金投入。我国自 1994 年开始实施分税制改革后，财政收入和分配领域发生重大变化，经过十多年的发展，中央财政的收入基础得以夯实，中央财政占财政总收入的比重大幅上升，中央政府拥有发展职业教育所需的财力支撑，这是实施“示范计划”的基础条件和重要保障。预算资金或者拨款对政府而言是一个重要的政策工具，2005 年的全国职业教育工作会议提出，在“十一五”期间，中央财政对职业教育投入

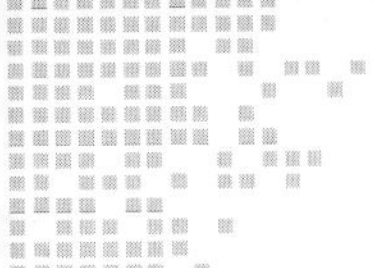

100 亿元，其中 20 亿元用于推进“示范计划”实施，这是中央财政对高职院校首次大规模的专项投入。但是政府财政投入的资源数量与来源毕竟受限，不可能保证当年全国 1091 所高职院校都能普惠。政府采取的策略是整合职业教育资源投入，采用竞争和优先权选择的方式进行资源配置，办好一批起骨干示范作用的职业院校，加快高职教育改革与发展，推进高职教育质量的整体提高。

三、制度“供”“需”互动：“示范计划”的实施

作为一项制度供给，“示范计划”回应了高职院校发展困境和制度需求，表明了政府大力发展职业教育的意愿和决心。其基本逻辑是政府确定目标，生成激励结构并通过资源配置诱致高职院校发展的决策、选择与行动。“计划是件相当大的事情，项目立项，对于高等职业教育来说，是件振奋人心的大好事。”[20]要在“示范计划”中实现贯彻国家意图和调动基层资源的双重目标，政府和高职院校的真实意图和实践能力同样重要。本文重点考察制度“供”“需”互动及其对高职院校发展产生的影响。

（一）政策带动

在“示范计划”实施中，政策带动在推行校企合作、工学结合人才培养改革中得到充分反映。在“示范计划”实施前，高职院校专业设置与行业、产业匹配度不够，以学校和课堂为中心的传统人才培养模式无法形成校企双方积极参与合作的制度激励，而能落实到教学改革与应用研发层面并使双方受益的政策规则更加阙如。因此，寻求学校和企业的利益汇聚点，开展实质性合作以系统培养人才成为“示范计划”政策带动的主要着力点。2006 年 11 月，即“示范计划”启动实施的当月，教育部发布《关于全面提高高等职业教育教学质量的若干意见》，提出

把工学结合作为高等职业教育人才培养模式改革的重要切入点，在校企合作中创新人才培养模式。高职教育学制三年，而作为“示范计划”的重点建设项目，专业建设周期也是三年，校企合作、工学结合的制度设计使专业项目建设与人才培养过程有机结合起来。在“示范计划”实施中，100 所示范院校累计建设 405 个重点建设专业，100 所骨干院校累计建设 379 个重点建设专业，为加强学生的生产性实践和顶岗实习，建立企业接收职业院校学生实习的制度，保证高职院校在校生至少有半年时间到企业等用人单位顶岗实习，并逐步建立顶岗实习工伤保险制度。校企合作、工学结合制度的推出和落地，有力地推动高职院校实现发展随经济发展方式转变而“动”，跟着产业调整升级而“走”，围绕企业技能型人才需要而“转”，适应市场需求变化而“变”。[21]

（二）资金推动

基本建设和公共服务的核心是资金问题。[22] 在“示范计划”实施前，政府对高职教育投入存在的最突出问题是财政生均拨款稳定投入机制还不够健全，导致财政投入激励高职院校改革的导向作用不够明显。因此，落实生均财政拨款达到本科院校水平成为高职院校的普遍诉求。“示范计划”加大对相关院校的支持力度，财政逐年提高示范院校的生均经费标准，到“十一五”末，保证示范院校的生均预算内拨款标准达到本地区同等类型普通本科院校的生均预算内经费标准。这项制度的实施表明中央政府通过制度供给引导地方政府财政投入，地方财政通过一般公共预算安排用于支持高职院校发展，以学生规模存量调整为重点，在注重公平的同时体现了制度供给的改革和绩效导向。这种导向为高职院校带来了强烈的发展预期，促使高职院校加强内涵建设，通过完成符合绩效目标的改革任务来获取资金支持回报。政府利用示范院校的带动作用，平衡高职院校不同群体之间的利益诉求，合理合法地动员更多的高职院校参与示范建设的热情。生均财政拨款制度随着中央部委和地方政府项目投入及配套资金管理、绩效考评等方面规范的出台而进一步规范化，这不仅为破解当前高职院校发展难题"输血"，更为其实现可持续发展"造血"。

（三）项目驱动

与专项化财政资金支出相配合的是目标管理与绩效考核，项目是一种非常适合的载体。作为一种行政配置与自主建设的制度安排，一方面，项目带有政府"指定任务"的性质；另一方面，院校在项目建设有可能加入更多的自己的意图与利益，获得更多的自主权。在这个意义上，项目既是"外生的"，也是"内生的"，是"自上而下"和"自下而上"的结合。在"示范计划"实施前，高职院校的项目主要集中于少量的纵向科研项目，而在教学改革、专业建设、课程开发等领域鲜有项目，对运用项目管理作为推动教学改革和提高管理效能的手段认识不深，几乎很少进行项目可行性研究、过程管理和验收评价等方面工作，导致教育教学改革推进较为缓慢。项目院校是"示范计划"体制的各个结构点，而项目是规范各级权力关系和资源配置关系的载体。项目确立了权力运作与资源配置所依赖的路径，政府的行政指令、高职院校的资源运作以及政府与高职院校之间的关系互动，都通过项目制这种主导逻辑来决定。项目作为一种制度枢纽，其主导着政府与高职院校，各高职院校之间以及高职院校内部的结构关联，从中央到地方、从政府到高职院校，由此统合形成上下之间动员、中介与反馈等一系列动态的运行机制。示范院校是项目的最终承担人和执行者，这反映在院校的资源动员、重组、内聚、整合与发展问题。随着"示范计划"的实施，高职院校根据其办学定位，通过竞争合法地获取和运用项目资源，基于内部改革要求和外部竞争压力确定建设目标，设计建设任务，从而将项目建设转化为一个师生共同参与的公共事务。

四、制度供给结构特征:“示范计划”的机制

在长时段的“示范计划”实施环境中,政府与高职院校的行动策略与作用方式交错其中,共同形塑了信任机制、协同机制与竞争机制。正是这些机制将宏观制度供给与微观院校发展相连接,从而有助于揭示制度供给的结构特征。

(一)信任机制

制度源于行动主体间的相互作用,其运行基础取决于制度供给者与制度需求者的相互信任。“制度的本质是对均衡博弈路径显见特征的表现,由于这种表现与几乎所有参与人的策略决策有关,因而为几乎所有人感知。”[23]“示范计划”唤起了高职院校的群体意识和发展自觉,使其对制度本身及其价值结构产生信任,在不同范围产生不同程度的效果,以及它们彼此之间的渗透和作用。从示范院校到骨干院校建设是一个连贯一致的制度体系,政府在这种持续性的制度供给中,本着实事求是的原则,加强预案研究,咨询论证、社会公示、公众听证及民主监督的制度化建设,采取事前论证、事中监测和事后考核的程序,最大限度地确保实体和程序公正,这是制度供给理性的一种表现。基于政府为高职院校发展提供的制度激励,高职院校则向政府和社会做出可信承诺,这种承诺集中体现在院校项目建设任务书和建设方案之中,它表明了示范(骨干)院校在“示范计划”中获得的激励更多,对相关院校及其举办方和重要产学合作单位乃至地方政府形成持续激励,同时要求他们履行与其获得的激励相当的责任。政府通过听取示范(骨干)院校这一类对“示范计划”最为敏感的院校制度需求,进一步改进政策实践,完善制度供给。

(二)协同机制

协同是指部门或群体之间为了完成某件事情或达成某个目标而

形成的协作状态。协同机制对于解释“示范计划”在分权体制中实施过程的复杂性以及在中央与省级层面自上而下的综合性改革战略的局限性方面非常有效。根据历史制度主义的观点，“一项制度的确立，会在相关的政策领域产生协调效应，促成其他相应制度的产生，从而形成一个制度网络，这个网络聚合了资源和利益[24]。”2006 年，教育部、财政部发布《关于实施国家示范性高等职业院校建设计划，加快高等职业教育改革与发展的意见》，在“十一五”期间实施“示范计划”。2007 年，教育部、财政部发布《关于国家示范性高等职业院校建设计划管理暂行办法的通知》，对项目管理职责、申报评审与组织实施、资金管理和监督检查与验收等方面做出了明确具体的规范。教育部、财政部联合成立项目建设管理办公室，形成财政投入和绩效管理的双重制度安排。2010 年，教育部、财政部发布《关于进一步推进“国家示范性高等职业院校建设计划”实施工作的通知》，在“十二五”期间持续推进“示范计划”。“示范计划”启动实施后，省级政府教育部门与财政部门在组织项目论证和推荐、完善项目管理制度、配套政策资金投入等方面保持协同，省级政府承担着配套保证的承诺，相当于负起院校项目建设的连带责任，确保了“示范计划”的顺利推进。

（三）竞争机制

由于教育行为个体意识中有对于原有教育制度的依赖，会形成新旧制度间的冲突，更可能产生对新制度供给的抵制。政府希望通过竞争构造新的激励结构，因为在教育资源供给相对紧张的情况下，由稀缺性产生的竞争是优化资源配置的有效方式，这种竞争体现在预审申报、评审立项、验收挂牌等“示范计划”各环节，通过竞争确定的院校与项目的激励结构具有指定任务的性质，使竞争获胜者在实施改革后绩效显著增加。作为制度需求方的院校则希望通过竞争获得更多资源，成为示范（骨干）院校就有可能在竞争中处于有利地位，这不仅在很大程度上激发了示范院校自身改革发展的内在动力，而且还会产生示范扩散的标杆效应，带动其他学校提高绩效。“当这种制度取得成功以后，就会为其他同类组织所模仿，而在这个时候，这种制度就成为一种‘制度环境’，具有了‘合法性’，从而形成‘共享观念’。”[25]随着“示范计划”的持续推进，高职院校争做发展的模范、改革的模范和管理的模范，制度供给的激励效应日益凸显。

五、结 语

“示范计划”回应了高职院校突破发展困境的制度需求，反映了我国政府加快发展高职教育的制度取向，是我国 21 世纪高职教育影响最大、口碑最好、成效最明显的制度供给。与“示范计划”实施前相比，高职院校办学的制度环境进一步优化，随着单独招生制度的试点与推广，高职院校的生源数量与质量得到保证，政府引导、企业参与、校本管理的校企合作办学体制机制助力工学结合人才培养模式改革，使高职院校毕业生摆脱就业率和就业质量不高的困境，教师开展教学改革、项目建设和教学资源开发的能力显著提升，高职院校对区域经济社会发展的支撑作用明显增强。

“示范计划”的独特之处在于其所采用的手段和组织将高职院校基础能力提升的诸多行动加以整合，这本身就是创新行为的体现，这一机制的创立将对我国高职院校发展产生持续影响。尽管在“示范计划”实施过程中仍然延续政府主导的强制性制度变迁逻辑，但“通过组织学习提高组织变革的能力，通过责权机制保证有效的制度供给”[26]。2014 年全国职业教育工作会议召开后，促进高职院校发展的新一轮制度供给渐次推出，如何巩固深化“示范计划”的制度成果，需要我们科学解释教育制度供给现象与过程，在把握教育制度供需互动关系及结构特征的基础上，使新的制度供给在实体上更具科学性，在程序上更具

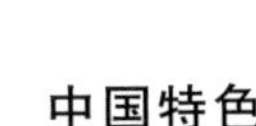

规范性。唯有如此，我们才能进一步增强发展中国特色高职教育的制度自信和战略定力。

参考文献

[1] [17] 马树超，郭扬，等. 中国高等职业教育历史的抉择[M]. 北京：高等教育出版社，2009：215，211.

[2] 约翰·R. 康芒斯. 制度经济学[M]. 于树生，译. 北京：商务印书馆，1981：89.

[3] 罗纳德·H. 科斯，等. 财产权利与制度变迁——产权学派与新制度学派译文集[M]. 刘守英，等，译. 上海：上海三联书店、上海人民出版社，2014：384.

[4] 道格拉斯·C. 诺思. 经济史中的结构与变迁[M]. 陈郁，罗华平，译. 上海：上海三联书店、上海人民出版社，1994：52.

[5] 理查德·斯科特. 制度与组织——思想观念与物质利益[M]. 姚伟，王繁芳，译. 北京：中国人民大学出版社，2010：3.

[6] 詹姆斯·G. 马奇，约翰·P. 奥尔森. 重新发现制度：政治的组织基础[M]. 北京：生活·读书·新知三联书店，2011：1.

[7] [9] 道格拉斯·C. 诺思，张五常，等. 制度变革的经验研究[M]. 罗仲伟，译. 北京：经济科学出版社，2003：18，2.

[8] 曾荣光. 教育政策行动：解释与分析框架[J]. 北京大学教育评论，2014(1)：68.

[10] [11][14] 教育部职业教育与成人教育司组. 中国职业教育与成人教育 2005 年工作年鉴[M]. 北京：高等教育出版社，2008：8，11，12.

[12] 迈克尔·D. 科恩，詹姆斯·G. 马奇. 大学校长及其领导艺术[M]. 郝瑜主，译. 青岛：中国海洋大学出版社，2006：45.

[13] 詹姆斯·S. 科尔曼. 社会理论的基础[M]. 邓方，译. 北京：社会科

学文献出版社,1997:294.

[15]《中国高等职业教育改革与发展报告》编写组.中国高等职业教育改革与发展报告——2009年度文件资料汇编[M].北京:高等教育出版社,2010:97.

[16]《温家宝谈教育》编写组编.温家宝谈教育[M].北京:人民出版社,2014:478.

[18] 康永久.教育制度的生成与变革——新制度教育学论纲[M].北京:教育科学出版社,2004:5.

[19] 周济.在示范性高职院校建设计划视频会议上的讲话[N].中国教育报,2006-11-14(1).

[20] 张尧学.大木仓的记忆[M].北京:高等教育出版社,2009:58.

[21] 鲁昕.在改革创新中推进职教科学发展[N].人民日报,2010-05-23(7).

[22] 渠敬东,周飞舟,应星.从总体支配到技术治理——基于中国30年改革经验的社会学分析[J].中国社会科学,2009(6):124.

[23] 青木昌彦.比较制度分析[M].周黎安,译.上海:上海远东出版社,2001:28.

[24] 周光礼.我国高校专业设置政策六十年回顾与反思——基于历史制度主义的分析[J].高等工程教育研究,2009(5):71.

[25] 秦惠民,解水青.高职教育对现代大学功能变革的影响——基于国际视角的新制度学解读[J].中国高教研究,2014(2):20.

[26] 孟照海.试论深化教育综合改革的实现路径——兼论“顶层设计与摸着石头过河相结合”[J].中国人民大学教育学刊,2014(2):5.

(本文刊载于《中国高教研究》2016年第7期)

国家示范性高职院校建设项目运作机制与治理逻辑

摘　要：项目作为国家示范性高等职业院校建设的一项重要抓手，为政府和高职院校的运作机制与治理逻辑搭建了一个制度平台。本文以“自上而下”和“自下而上”这两种既对立又互补的视角，分别从政府和高职院校的视角对示范建设项目进行考察，分析它们所形成的运作机制和治理逻辑及其相互作用的复杂过程和结果。研究表明，只有通过政府和高职院校运作机制与治理逻辑的汇合，项目制才可能达成整合高职教育资源、促进高职院校发展的目标。

关键词：示范建设；项目制；政府；高职院校；运作机制；治理逻辑

一、问题的提出

20世纪80年代以来，伴随着国家教育体制改革的深入推进，我国职业教育领域发生了一系列新的重大变化，高等职业教育的兴起和发展引人注目，因为它适应了我国经济社会结构转型的时代要求，发挥了推动区域经济社会发展的应有作用。在我国高等职业教育发展过程中，最受瞩目的事件则非国家示范性高等职业院校建设（以下简称示范建设）莫属，它为我国高职教育发展开辟了全新的道路。而作为示范建设的载体，项目制无疑是一个值得研究的课题。严格而言，项目制是国家推动示范建设实施而采取的一项技术性管理手段，这些项目通常经过自上而下的发布和自下而上的申请才能获得，通过这种带有竞争特点的项目，政府的政策意图与院校的发展意愿得以结合。

在发展的主题诉求下，政府与高职院校之间的关系互动，都通过项目制这种主导逻辑来决定。项目制反映出政府行政方式和高职院校办学模式的调整，改变了政府和高职院校之间的关系及其建构模式，涉及政府和高职院校的多重运作机制和治理逻辑进行博弈和合作等关键性议题。问题在于，作为职业教育公共品的载体，示范项目如何生成，如何运作，又如何管理？高职院校将采用怎样的自主运作机制来应对政府的控制逻辑？这种机制和逻辑又将对国家和高职院校建立新的治理体系提供哪些可能，或是带来哪些实质性的影响？这一系列的理论和实践问题都是本文欲尝试回答的。基于此，本文强调从政府视角和高职院校视角对示范建设项目进行观察和描述，分析它们所形成的不同运作机制和治理逻辑及其相互作用的复杂过程和结果。

二、政府视角的项目运作机制与治理逻辑

示范建设的提出和启动，对于长期积淀下来的带有历史和文化特征的高职教育而言不啻是“一响惊雷”。作为推进示范建设的重要抓手和载体，项目的生成、运作、管理和评价等一系列过程既体现为一种运作机制，又反映出相应的治理逻辑。

（一）政府视角的项目运作机制

自 2006 年启动至 2015 年底最后一批骨干院校项目建设完成验收，示范建设是政府面对高职院校提升办学基础能力的发展需求，以政策和资金供给支持项目建设的形式予以回应的一个过程。在大力发展职业教育的主题背景下，如果没有国家和地方政府的政策与财政支持，如果没有政府和高职院校的配合与互动，示范建设项目是难以持续和完成的。在政府职能逐渐向提供公共服务转变的过程中，以项目为载体的公共服务体制逐渐成为政府治理的主要方式。随着自上而下资金规模的迅速扩大和技术监督手段的发展，各种以项目管理为

中心的政策、制度、法规和实际运作方式迅速发展起来。项目作为一种制度枢纽,其主导着政府与高职院校,各高职院校之间以及高职院校内部的结构关联,从中央到地方、从政府到高职院校,由此统合形成上下之间动员、中介与反馈等一系列动态的运行机制。

通过示范建设这一职业教育公共品的供给,政府的意图是形成地方政府统筹职业教育发展的外在激励,增强高职院校内涵发展的内生动力。正如示范建设决策的亲历者张尧学所说:“计划是件相当大的事情,项目立项,对于高等职业教育来说,是件振奋人心的大好事。”[1]这在示范建设的两个阶段有不同的侧重。第一阶段侧重于基础能力建设。基础能力建设,即通过项目建设,使示范院校在办学实力、教学质量、管理水平、办学效益和辐射能力等方面有较大提高。而在第二阶段侧重于体制、机制完善。体制、机制完善,即通过进一步推进项目建设,创新办学体制机制,深化内部管理运行机制改革。通过两个阶段的示范建设,达成整合高职教育资源,推动高职院校发展的目标。

(二)政府视角的项目治理逻辑

示范建设是教育公共品,作为项目供给方,政府动用公共财政资金支持高职院校发展,这涉及对高职教育资源的配置,必须体现其公益性。这些资金支付大多由“条线”部门采取专项支付或者项目资金的形式自上而下地转移和流动,而地方政府或基层则需要通过申请项目的形式来获得转移支付。[2]尽管存在着控制的逻辑,但项目并无绝对的强制性,项目确立了权力运作与资源配置所依赖的路径,政府的行政指令、高职院校的资源运作以及政府与高职院校之间的关系互动,都通过项目制这种主导逻辑来决定。这就指出了一个事实,即我们首先要做的工作就是确定新的意义和项目计划的连贯一致。[3]

作为一种实施机制,示范建设是一种确定目标并进行决策与选择的过程,这个过程伴随着在对资源变化的反馈反应。在这种国家本位的政策范式下，政策出发点是以国家利益为基点，通过政策引导自上而下管理是其基调。因此，无论是在计划的文本中，还是在实施过程中，均体现出浓厚的行政推动和外部控制的治理逻辑。示范建设的提出与实施代表着一种新的高职教育资源观和发展观正逐渐生成，反映出政府加快发展现代高职教育的现实立场——仍然延续着强制性制度变迁逻辑。这种由政府强势主导推动高职教育发展引起的动态过程，侧重于自上而下的发动，可能会采取某种可容忍的低成本解决问题方法，从而避免了资源的大量浪费。

与专项化财政资金支出相配合的是目标管理与绩效考核，项目是一种非常适合的载体。在放松管制、加强监管的背景下，教育部、财政部于 2007 年 6 月颁布《关于国家示范性高等职业院校建设计划管理暂行办法的通知》，对管理职责、申报评审与组织实施、资金管理和监督检查与验收等方面做出了明确具体的规范。在日常管理中，计划建立了项目动态管理的工作机制，根据项目院校《建设方案》和《任务书》自定的目标和监测指标进行全过程的监测，并通过简报形式及时反馈。项目制对政府职能的转变产生了实质性的影响，在当前简政放权的形势下，在推进“放管服”进程中，推进政府职能由管理向治理转变，创新发展高职教育。

三、高职院校视角的项目运作机制与治理逻辑

作为一种行政配置与自主建设的制度安排，一方面，项目带有政府“指定任务”的性质；另一方面，院校在项目建设有可能加入更多的自己的意图与利益，获得更多的自主权。在这个意义上，项目既是“外生的”，也是“内生的”，是“自上而下”和“自下而上”的结合。与政府视角的考察相对应，我们同样强调示范项目的承接者和执行人——高职院校的视角来研究项目运作机制与治理逻辑。

(一)高职院校的项目运作机制

在“示范计划”实施前,高职院校的项目主要集中于少量的纵向科研项目,而在教学改革、专业建设、课程开发等领域鲜有项目,对运用项目管理作为推动教学改革和提高管理效能的手段认识不深,几乎很少进行项目可行性研究、过程管理和验收评价等方面工作,导致教育教学改革推进较为缓慢。主要问题不是学校缺乏革新,而是学校中存在着太多的互不关联、片段性、不完整且肤浅的项目。那些接受抑或被迫接受每项政策及进行革新的学校,从远处看可能是具有创新性的,但实际上却存在着“过多的项目”或无意义的问题的严重现象。项目建设激发了高职院校能动性。示范院校是项目的最终承担人和执行者,这反映在院校的资源动员、重组、内聚、整合与发展问题。只有集体的想法才能动员组织机构的生力军和机构的一切资源。集体的想法能够导致一种集体的转化,而这种集体的转化才是一场真正革新所要具备的条件。[4]随着“示范计划”的实施,高职院校根据其办学定位,通过竞争合法地获取和运用项目资源,基于内部改革要求和外部竞争压力确定建设目标,设计建设任务,从而将项目建设转化为一个师生共同参与的公共事务。

(二)高职院校的项目治理逻辑

项目院校是示范建设的各个结构点,而项目是规范各级权力关系和资源配置关系的载体。项目文本成为高职院校项目运作的制度依据。在全国1300多所院校中遴选100所示范院校,100所骨干院校,通过能动性的项目建设形成的外部控制——《示范院校项目建设任务书》,形成基本激励,作用于院校的内部控制——《示范院校项目建设方案》。通过对示范建设的考察,我们发现高职院校的项目治理逻辑是控制下的自主。一方面,示范建设推进实施中,政府与项目院校、项目院校与项目院校、项目院校与非项目院校之间不断发生着观念和规范的影响和传递，产生了强大的激励和学习效果，即所谓的示范效应。另一方面，通过示范建设，高职院校作为一个群体有了共同的合作基础。在“示范计划”推进过程中，高职院校依托全国高职高专校长联席会议，并自发组建了示范性高等职业院校建设工作协作委员会、示范性高等职业院校建设工作项目执行委员会等民间组织，这些组织成为指导创新实践与合作交流的重要平台，示范（骨干）院校借助这些平台展示建设成果，反映利益诉求，使自上而下的政府制度供给与自下而上的院校发展实践得以沟通。

四、结　论

在项目制下，政府和高职院校的运作机制和治理逻辑都会发生新的变化，其留下的制度遗产需要我们总结和承继。本研究注意到基于项目的政府和高职院校的关系及其建构模式反映出两者的治理逻辑，这个问题具有显著的政策意蕴和实践价值，借助分析和论证，本文尝试做出可信的解释和结论。

第一，动员型的项目建设计划。依托项目制，政府和院校建立了一整套自上而下的动员型建设计划体系。中央政府提出和启动“示范计划”，通过自上而下地发布重大政策及重要事项，如通过新闻发布会的形式，动员院校积极参与示范建设项目申报。高职院校则通过广泛内外部动员，表达自身意愿以及示范项目对发展的重要性，激发师生参与示范建设的热情。

第二，专项化的资源配置方式。中央政府以项目方式配置高职教育资源，高职院校同样以项目的方式配置校内资源，推动示范项目实施。示范项目的申报、评审和管理通过专门的途径开展，项目资金实行专项支付和专款专用，使中央政府直接面对承接项目的高职院校，在

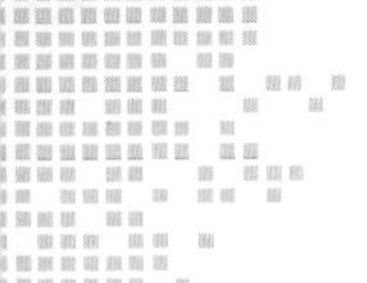

这个过程中，尽管中央政府要求地方政府向批准立项的建设项目配套投入，但省级政府的权力还是受到了一定程度的抑制，未能充分发挥其统筹发展区域高职教育的作用。

第三，竞争性的项目运作机制。项目资源的配置必然产生竞争，这体现在项目申报、评审、管理、验收和评价等各个操作环节和运作程序当中，相互间的冲突与摩擦在所难免。这种竞争在激励院校发展动力的同时，也在一定意义上造成院校发展的新的不平衡。不同类型、不同基础和不同发展阶段的高职院校在竞争中表现不一，有些院校搭上了示范建设的快车，而有些院校则出现不适应的情状，在实践中逐渐形成了中心—边缘的高职院校发展格局。对这种竞争性的项目运作机制，我们需要认真检视其所衍生的问题和争议。

第四，博弈式的项目治理逻辑。项目作为新旧体制衔接社会过程的一个重要机制，政府通过项目为高职院校提供了外在激励。为了便于实施垂直管理，政府通常采用标准化的制度规范予以保障，这有助于维护统一性的权威控制，但却有可能损及高职院校办学的自主性和能动性，不利于培育院校发展的内生动力。因此，项目成为政府和高职院校控制与自主逻辑博弈的平台，这种博弈式的项目治理逻辑主导着示范建设的进程，而这恰恰孕育着制度建构和组织变迁的契机。

示范建设为高职院校发展自觉开辟了道路，项目为推进示范建设搭建了一个制度和治理平台；同时，也成为示范建设最重要的体制机制成果。本文重点关注示范项目的运作机制与治理逻辑，虽然存在着院校地区差异、办学模式差异和个案局限性等复杂情状，决定着本文的结论不能作为推导示范建设对高职院校总体效应的依据，但本文提出的问题具有一定的普遍性，它们并不只发生在示范建设实施中，也不只反映在项目建设这一事项上。因此，本文的结论不仅可能对政府和高职院校治理逻辑问题思考有所启发，还可为在实践中构建适合项目运作的机制提供支撑。

参考文献

[1] 毕星,翟丽.项目管理[M].上海:复旦大学出版社,2000:1.

[2] 康翠萍."治策""知策"行策":教育发展规划决策模式及其选择[J].教育研究,2015(9):46—50.

[3] 周济.在示范性高职院校建设计划视频会议上的讲话[N].中国教育报,2006-11-14(1).

[4] T.胡森,T.N.波斯尔斯伟特.教育大百科全书:教育政策与规划[M].重庆:西南大学出版社,2011:99.

[5] 张尧学.大木仓的记忆[M].北京:高等教育出版社,2009:58.

[6] 詹姆斯·S.科尔曼.社会理论的基础[M].邓方,译.北京:社会科学文献出版社,1997:289.

[7] 郭建如,周志光.项目制下高职场域的组织学习、能力生成与组织变革[J].北京大学教育评论,2014(2):141—164.

[8] 罗伯特·W.麦克米金.教育发展的激励理论[M].武向荣,译.北京:北京师范大学出版社,2008:92.

[9] 折晓叶,陈婴婴.项目制的分级运作机制和治理逻辑——对"项目进村"案例的社会学分析[J].中国社会科学,2011(4):126—148.

[10] 迈克尔·富兰.教育变革新意义:第3版[M].赵中建,陈霞,李敏,译.北京:教育科学出版社,2005:9.

(本文刊载于《高教探索》2016年第11期)

从示范到优质:我国高职教育发展政策演进研究

摘　要:《教育部高等职业教育创新发展行动计划(2015—2018年)》提出开展优质学校建设后,高等职业教育发展的政策议程由示范校建设转向优质校建设。与示范校建设政策相比,优质校建设呈现出从中央政府政策推动向地方政府政策推动、从侧重单个项目建设向注重院校整体建设、从强调"物"的建设向关注"人"的发展的转变。但由政策启动、运作机制、资金配置和政策生成等方面的分析表明,无论是示范校建设还是优质校建设,其政策模式和政策进程仍然受强制性制度变迁的逻辑支配。

关键词:高职教育;示范校建设;优质校建设;政策演进

经过"十一五"和"十二五"为期十年的示范建设的持续推进,我国高职教育实现了跨越式的发展,高职院校办学基础得以夯实,人才培养质量稳步提升,整体形象明显改观,并蓄积了可持续发展的能力。在国家加快发展现代职业教育的背景下,2015年10月19日,教育部发布《高等职业教育创新发展行动计划(2015—2018年)》,在"主要任务与举措"中提出"开展优质学校建设"。[1]这是高职教育战线深入总结"十一五""十二五"时期发展经验,面向"十三五"时期布局的改革任务。

在高职教育创新发展的进程中,优质高职院校建设政策本身蕴含着极大的指导价值和实践意义。作为一种风向标,或是一种指挥棒,其对高职院校发展具有无可替代的引领和导向作用。对于高职教育整体而言,优质学校建设旨在通过项目推动,促进高职院校合理定位、创新发展,从而不断迸发高等职业教育的生机和活力。截至目前,全国各省(自治区、直辖市)先后出台了高等职业教育创新发展行动计划(2016—2018年)实施方案,13个省(自治区、直辖市)公布了优质高职院校建设立项名单,202所高职院校入围。基于此,本文对示范校建设和优质校建设的政策形成和实践进行观察与描述,在时间维度上进行探索,发现政策发展的历史延续性和阶段性,分析它们不同的政策过程和演变逻辑。

一、"十一五"以来我国高职教育发展政策演进过程

作为一种社会结构的高职教育在我国已有近40年的发展历程,特别是自1999年我国高等教育进入大众化阶段以来,我国高职教育实现了跨越式发展,其根源于我国经济社会发展的客观需求和各高职院校主观期望,这在高职教育发展的政策过程中体现得更加显著。法国教育家埃德加·莫兰指出,真正的改革只能在下述条件下完成:这些不同的改革彼此相互改革,由此形成一个总体的改革,后者又将反馈作用于每一个改革。[2]从示范到优质是高职教育发展政策随时间推移过程中对问题的一种响应,也呈现出持续渐进的高职教育发展政策的过程。

(一)"十一五"时期:国家示范高职院校建设

2005年,国务院颁发《关于大力发展职业教育的决定》,提出实施职业教育示范性院校建设计划,提升高等职业院校基础能力。2006年,教育部、财政部启动实施"国家示范性高等职业院校建设计划"(以下简称"计划"),通过重点支持建设100所高水平示范性高职院校,加快高职教育改革与发展,推进高职教育质量的整体提高。这一阶段的主要建设内容:一是提高示范院校整体水平,二是推进教学建设和教学改革,三是加强重点专业领域建设,四是增强社会服务能力,五是创

建共享型专业教学资源库。

(二)“十二五”时期:国家骨干高职院校建设

2010年,《国家中长期教育改革和发展规划纲要(2010—2020年)》颁布后,教育部、财政部决定继续推进示范实施计划,新增100所骨干高职院校建设。这一阶段的目标任务:一是推动地方政府完善政策、加大投入,创新办学体制机制,推进合作办学、合作育人、合作就业、合作发展,增强办学活力;二是以提高质量为核心,深化教育教学改革,优化专业结构,加强师资队伍建设,完善质量保障体系,提高人才培养质量和办学水平;三是深化内部管理运行机制改革,增强高职院校服务区域经济社会发展的能力,实现行业企业与高职院校相互促进,区域经济社会与高等职业教育和谐发展。

(三)“十三五”时期:优质高职院校建设

2015年教育部发布《高等职业教育创新发展行动计划(2015—2018年)》,开展优质学校建设即坚持以示范建设引领发展,鼓励支持地方建设一批办学定位准确、专业特色鲜明、社会服务能力强、综合办学水平领先、与地方经济社会发展需要契合度高、行业优势突出的优质专科高等职业院校。这一阶段的目标任务是持续深化教育教学改革、大幅提升技术创新服务能力、实质性扩大国际交流合作、培养杰出技术技能人才,增强专业教师和毕业生在行业企业的影响力,提升学校对产业发展的贡献度,争创国际先进水平。而专科层次高等职业教育是建设现代职业教育体系承上启下的关键。

二、从示范到优质:我国高职教育发展政策演进

新制度主义告诉我们,制度处于复杂的时空之中,并受制于其所

产生于所处的社会环境，一种宏观的具有根本性、全局性的制度，必须建立在对现实社会主体行动实际情景加以分析的基础上。尽管示范校与优质校建设都是“自上而下”与“自下而上”、高职院校与政府和行业企业互动与合作的过程，但存有以下几个关键性特征的差异，反映出高职教育政策重点的转变。

（一）从中央政府政策推动向地方政府政策推动转变

示范校建设政策通过重点扶持部分高等职业院校，引导其系统探索高职教育自身办学规律，从而发挥示范校的引领和带动作用。这与政府对职业教育的深层焦虑之间存在着联系，从政策文本中反映出来，这些政策的背景是产业转型升级，但其内容则涉及职业教育的发展。在这个过程中，中央和地方政府政策的作用发挥不同。示范校建设政策强调以中央引导、地方配套，经费投入采取中央、地方、行业和院校的方式，中央财政给予校均 2000 万元投入。优质校建设政策强调以地方统筹为主，尤其注重发挥省、市地方政府对区域高职教育发展的统筹作用。截至目前，各省（自治区、直辖市）遴选出来的优质校都具有代表性和典型性，与地方经济社会发展的匹配度较高。相应地，经费投入也以地方为主，如在《浙江省教育厅、浙江省财政厅关于公布高职重点暨优质建设校名单的通知》中保障经费投入部分，就明确省级财政对列入重点建设高职院校中的省属高职院校，平均每校每年安排建设资金 5000 万元；对列入优质高职院校建设的省属高职院校，平均每校每年安排建设资金 200 万元。地方属高职院校按照省级财政支持标准，按隶属关系由地方财政落实资金。[3]

（二）从侧重项目建设向注重院校整体建设转变

示范校建设政策侧重基础能力建设，更注重基础性，通过分年度、分项目实施。随着项目建设的深化，逐渐从追求数量目标到寻求可持续发展的激励机制转换,示范建设未竟事业是校企合作长效机制尚未形成,“政府引导、行业指导、企业参与”的办学体制机制没有根本转变,这在2010年起实施的骨干院校建设中已有明显的体现,这一阶段体制机制改革成为驱动院校的切入点。而优质校建设政策侧重学校优势、特色专业建设与学校整体建设相结合,更注重整体性。从2002年开始我国的预算形式改为“基本支出”+“项目支出”,因此各业务部门都在寻求工作的抓手即项目,导致宏观管理减弱,微观管理加强。[4]而从规范性(normative)来看,优质高职院校将学校视为一个整体进行比较与评价。在这个意义上,某一领域的劣势可以用其他领域的优势抵消,部分专业领域的评价指标可能有所差异,只有结合院校层面和领域相关方面的指标才可能提供更为有效的信息。优质高职院校建设与其发展基础与发展环境密切相关,在这种基础与环境中,所有高职院校必须做好自身定位,同时应不断发展新的战略规划。在国家示范性高职院校建设阶段,高职院校已初步建立起内部质量保障体系,在创建优质高职院校的过程中,质量保障体系扮演着重要角色。在这个意义上,优质校建设是一个院校发展的长远目标或愿景。

(三)从强调“物”的建设向关注“人”的发展的转变

在我国高职教育发展初期,高职院校大多数由中专中职学校升格而来,办学基础较为薄弱,办学条件普遍较差,无论是在校生规模还是师资队伍能力,难以满足经济和社会发展对高素质劳动者和技术技能人才的迫切需要。因此迫切需要提升院校办学的基础能力,较为强调“物”的建设。因此示范项目的运作是围绕着对资源的控制而展开的,一个项目的有效运作取决于对资源的良好配置。《高等职业教育创新发展行动计划(2015—2018年)》将政策任务分解为若干项目,满足服务教育变革的政策需求,针对不同类型的高等教育机构实施不同的教育支持政策,满足了数量众多的高中段毕业学生的多样化需求,更关注“人”的发展。高职教育创新发展响应了社会的需求与期待，即促进适龄青年从“有学上”到“上好学”转变。2014 年《财政部、教育部关于建立完善以改革和绩效为导向的生均拨款制度 加快发展现代高等职业教育的意见》也正是从财政政策上支持了这种转变。事实上，提供优质教育资源也是教育领域供给侧结构性改革的应有之义。因此高职教育应根据区域特点，以专业建设为重点，提升要素质量、创新发展形式、扩大优质教育资源的总量和覆盖面，提高区域高等职业教育的均衡程度和社会认可度。

三、我国高职教育政策生成的主导逻辑

当前，我国高职教育进入创新发展阶段，基于不同发展基础和发展环境的高职院校形成不同的发展策略与发展轨迹。诺思指出，支持新规则并使新规则合法化的行为规范，其发展是一个长期的过程。[6]

政府的行政指令、高职院校的资源运作以及政府与高职院校之间的关系互动，都通过动员型启动过程、竞争性运作机制、专项化资金配置和常态化政策生成等主导逻辑来决定。

（一）动员型启动过程

优质高职院校建设及其相应的资源支持是高职教育提高内涵建设水平和创新发展能力的关键策略。政府通过政策文件的发布来影响人们对发展的界定和预期，依托政策，政府和院校建立了一整套自上而下的动员型建设计划体系。政策作为一种制度枢纽，其主导着政府与高职院校，各高职院校之间以及高职院校内部的结构关联，从中央到地方、从政府到高职院校，由此统合形成上下之间动员、中介与反馈等一系列动态的运行机制。中央政府提出和启动计划，通过自上而下地发布重大政策及重要事项，如通过新闻发布会的形式，动员院校

积极参与申报。高职院校则在政策的明确意图下，体察到中央与地方政策变化的动向和要害，表达自身意愿以及示范项目对发展的重要性，从而在既有利于自身利益又充分利用国家政策的背景下，开始一场场追求收益最大化的竞争行动，加之在广泛内外部动员的基础上，这种冲动和热情被一步步地培育和调动起来。

（二）竞争性运作机制

政策所产生的项目资源的配置必然产生竞争，这体现在申报、评审、管理、验收和评价等各个操作环节和运作程序当中，使得竞争必然成为一个普遍调动高职院校积极性的手段。由于优质高职院校通常是通过竞争性遴选而产生的，尽管这种特殊待遇存有争议甚至充满分歧，但它毕竟符合理性选择理论，同时也强化了“扶优扶强”政策导向。竞争性运作机制的优势在于它在透明的标准下开放给众多的竞争者，同时，竞争造就了高职院校以项目为核心的建设高潮。当然，这种竞争在激励院校发展动力的同时，也在一定程度上造成院校发展的新的不平衡。不同类型、不同基础和不同发展阶段的高职院校在竞争中表现不一，有些院校不能完全理解认同校企合作办学理念和工学结合人才培养理念并将其消化、吸收和应用；有些院校在文本上花的时间多，在具体的项目建设上下的功夫少，在实践中存在硬套项目建设标准，甚至出现削足适履的情形。同时，资源分配的分化导致高职院校间的平衡被打破，形成了强者相对更强、弱者相对趋弱的差序格局。高职院校间的分野与差距容易导致身份固化，损及高职院校办学的自主性和能动性，既不利于培育院校发展的内生动力，也不利于竞争机制持续发挥效用，我们需要对这些问题和争议进行认真检视。

（三）专项化资金配置

教育政策有效需求的界定，一方面要考虑政策需求主体利益及其教育责任,另一方面要考虑政府对于政策的资金配置与支付能力。中央政府掌握着政策在各个产业领域院校的支付重点的决定权,通过政策中介的形式承载和分配资金,表明其施政导向。[7]与此相对应的是,通过授予地方配套权,明确要求承接政策院校所在地的地方政府以资金配套的方式给予支持。这种管理条线结构有利于专项化的资源配置,增强财政资金运行与管理的有效性。经费投入的变化给高职院校带来难以拒绝的激励;与此同时,绩效考核的压力随之而来,而这些激励和压力与高职院校可获得的资源与承担的使命等日常现实相协调。当然,这种资金配置与支付主要以院校拨款的形式进行,不可避免地导致资金自动地集中到相对少数的高职院校,但这种集中又是必然的。

(四)常态化政策生成

无论是示范校建设,还是优质校建设,这种由政府主导推动高职院校发展引起的动态过程,侧重于自上而下的发动。而由于高职院校存在条件差异,一拥而上的建设使学校中出现太多的互不关联、片段性、不完整且肤浅的项目,甚至经常会存在一种矛盾的现象,即一些接受抑或被迫接受每项政策及进行革新的高职院校,实际上却存在着过多项目或无意义项目的问题。加拿大教育家迈克尔·富兰指出,通过发展共享的意义,我们才能找到解决问题的方法,个人的和集体的意义与行动之间在日常情境中的接口处是变革得以成功或失败的地方。[8]对于示范校建设抑或是优质校建设,我们不应只关注其产生的标志性成果,而应强调常态化的办学促进机制的形成。事实上,高等职业教育兼具高教性与职教性,但这种异质性的状况容易导致高等职业教育在高等教育和职业教育两界都屈居边缘。高职院校从办学基础能力建设到体制机制完善,都是发展共享的意义的举措,因为这才真正体现了政策的真义,即由资源要素投入驱动转变为机制创新驱动,而这恰恰孕育着制度建构和组织变迁的契机。

四、结　语

任何政策都有其生成发展的过程，而这个过程与其所处的社会环境有着十分紧密的关系，对这个过程的不断认识可以帮助人们理解政策的本质、形式和结构。美国学者克莱顿·M.克里斯坦森、亨利·J.艾林在《创新型大学：改变高等教育的基因》一书中指出，在一项伟大变革后进行一段实践的巩固很有价值。[5]这种持久且稳定的规律性被称为“结构性”，而高职教育发展的这种结构是高职院校内部改革创新与外部政策推动共同作用的结果。尽管当前的优质校建设政策的内容在一些表面上不同于历史上以往的各项政策，包括示范校建设政策，但今天我们正在进行着的政策过程乃至政策进程在很大程度上仍然与以前是相同的，仍然遵循着强制性制度变迁的政策逻辑。

在大力发展职业教育的主题诉求下，示范建设是政府面对的高职院校发展需求，以政策和资金供给支持项目建设的一个过程。政府通过政策文本发出清晰的指令，其遵循的原则是“中央引导、地方为主、突出重点、协同发展”。也就是说，示范政策的定位虽是重点支持一部分高职院校项目建设，但其意图是通过示范建设，打破“千校一面”的同质化发展格局，推动这部分高职院校做发展的模范、改革的模范、管理的模范，总结出可借鉴可复制可推广的经验、模式和制度，从而调动更多高职院校主动改革的自觉性和积极性，变“要我改”为“我要改”，从而在提高的指导下普及，在普及的基础上提高，引导带动全国所有的高职院校加快改革和发展。政策的提出与实施代表着这样一种新的高职教育资源观和发展观正逐渐生成，反映出政府加快发展现代高职教育的现实立场。这种由政府强势主导推动高职教育发展引起的动态过程，侧重于自上而下的发动，可能会采取某种可容忍的低成本解决问题方法，从而避免了资源的大量浪费。

与示范校建设不同，优质高职院校建设在办学定位、专业特色、行业优势、社会服务、综合水平等方面凸显其关键特征，政府在优质校建设中更多关注高职院校建设绩效的实现。在这个过程中，我们可以观察到政策的两个侧面：它既是一种工具，其功能是根据各方主体的利益需要来实现发展；同时它也是一种制度，其功能是在不同的机构和角色之间实行权利和义务的配置。在优质校建设中，政策较多地考虑到高职院校的特点及相互间的差异性，并通过渐进性的实施步骤和相对独立性的结构安排等机制进行了补救。但我们需要警惕的是，由于人类思维和认识的局限性带来的不完全知识和无意识后果，可能会导致政策制定者对政策本质理解有偏差或在现实的政策供给过程中采用了不当的推进策略，使实际的政策所产生的影响方式并不必然与政策供给初始时所预设的完全一致。

本文尝试为优质高职院校建设讨论提供一种宏观的历史背景和政策框架。高职教育在对社会环境变动的适应性调整中实现了自身的发展，这是社会需求与政策供给共同作用的结果。政策自身确定有连续性，只看其中某一段会有很大的局限。一些政策的意义在当时还没有显现出来，要经过一段时间才看得明白。正如美国学者佛兰德·S.柯伯斯所言，仅仅是对政策过程的认识程度不深这一弱点，就使我们远远缺乏那种可以对可能激发新政策出笼的一些变化做出英明预见的能力，缺乏那种自信地对某个建议付诸实施将会有何种成果做出预料的能力，缺乏对政策过程进行及时调整修正的能力。[9]我们需要对此保持高度警醒，并持续运用政策理论对高职教育发展进行跟踪研究。

参考文献

[1] 教育部关于印发《高等职业教育创新发展行动计划(2015—2018年)》的通知[EB/OL].(2015-10-19)[2017-03-15].http://www.moe.

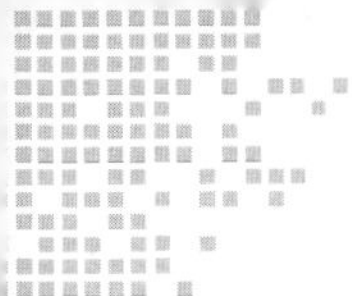

gov. cn/srcsite/A07/moe _ 737/s3876 _ cxfz/201511/t20151102 _ 216985. html.

[2] 埃德加·莫兰. 复杂性理论与教育问题[M]. 陈一壮,译. 北京:北京大学出版社,2004:57.

[3] 浙江省教育厅、浙江省财政厅关于公布高职重点暨优质建设校名单的通知[EB/OL]. (2017-06-12)[2017-08-15]. http://zjedu. gov. cn/news/149734295338081185. html.

[4] 陈浩,马陆亭. 中国教育改革大系:高等教育卷[M]. 武汉:湖北教育出版社,2016:347.

[5] 克莱顿·M. 克里斯坦森,亨利·J. 艾林. 创新型大学:改变高等教育的基因[M]. 陈劲,盛伟忠,译. 北京:清华大学出版社,2017:215.

[6] 道格拉斯·C. 诺思,张五常,等. 制度变革的经验研究[M]. 罗仲伟,译. 北京:经济科学出版社,2003:429.

[7] 折晓叶,陈婴婴. 项目制的分级运作机制和治理逻辑——对"项目进村"案例的社会学分析[J]. 中国社会科学,2011(4):126—148.

[8] 迈克尔·富兰. 教育变革新意义:第3版[M]. 赵中建,陈霞,李敏,译. 北京:教育科学出版社,2005:9.

[9] 佛兰德·S. 柯伯斯. 教育政策[M]//斯图亚特·那格尔. 政策科学百科全书. 林明,等,译. 北京:科学技术文献出版社,1990:458.

(本文刊载于《黑龙江高教研究》2019年第4期)

“双高计划”下高职教育高质量发展的战略导向与推进策略

摘　要：作为推进高等职业教育高质量发展的重要举措，“双高计划”的战略导向是政策实施立足长远，通过集中投入与重点建设，提升教育治理能力，推动院校改革创新，促进高职制度转型。对应于总体要求和改革发展任务，“双高计划”的推进策略是提质即打造技术技能人才培养高地和技术技能创新服务平台，培优即培育高水平专业群和高水平双师队伍，增值即提高校企合作和服务发展水平，赋能即营造良好氛围提升职业教育吸引力，为实现高等职业教育高质量发展奠定基础。

关键词：高职教育；高质量发展；“双高计划”；战略导向；推进策略

一、问题的提出

2019年以来，围绕加快完善职业教育与培训体系，持续深化产教融合并强化校企合作，国家做出职业教育“下一盘大棋、打一场翻身仗”的战略部署，并密集出台推进职业教育改革发展的一系列重大政策，如《国家职业教育改革实施方案》（以下简称《实施方案》）、《中国特色高水平高职学校和专业建设计划》（以下简称“双高计划”）等。高职教育改革发展不仅仅只是教育领域的事情，而是一项涉及多个领域相关利益方的公共事务。[1]这些政策使高职教育发展成为社会公共议题，公众对这些公共政策的生成与实施过程产生了极大的兴趣，同时也为研究者提供了有关公共教育政策生成与实施的生动案例。

高职教育发展是一个具有中国特色的本土性教育问题，而作为其基石和动力的则是将高职教育视为一个活跃的、与经济社会发展相互依存的愿景。进入21世纪以来，在国家实施高等教育大众化和加快发展职业教育的双重政策推动下，持续出台的政策措施推动着高职教育大发展、大改革、大提高，实现了历史性的发展，取得了历史性的成就。在全面建成小康社会的历史进程中，职业教育肩负着更好地服务人的全面发展和经济社会发展的重大使命。在不同的发展阶段，由于存在不同的经济社会发展的需要，教育领域的主要矛盾会发生变化，对于政策制定者而言，这种情形同样适用。[2]因此，“许多政府项目到某个时间就会过期并且必须重新获得授权”[3]。作为下好新时代职业教育这盘“大棋”的重要一招，《实施方案》提出推进高等职业教育高质量发展，这是一种新的类型观、发展观和质量观，并启动实施“双高计划”，即集中投入并重点支持一批高职院校和专业群率先发展，为服务现代经济体系建设提供高素质技术技能人才支撑。

许多政策方案本身就是一种隐喻。[4]要理解教育政策，就必须了解教育所嵌入的社会背景，在时代不断发展的洪流中，众多高职院校已经受过示范建设的考验并将在双高建设中接受检验，其中所蕴含的教育与政策之间的复杂互动，对于理解高职教育在中国的兴起与发展有着重要的价值和意义。对于一项公共政策而言，科学决策与有效实施是其得以持续推进乃至获得成功的重要条件。因此，公共政策研究通常包括两大领域：其一是关于公共政策制定过程的研究；其二是关于公共政策实施过程的研究。在实施“双高计划”的过程中体现出高职教育高质量发展的战略导向与推进策略，战略导向主要表现为政策引领，推进策略主要表现为实践创新。本文基于高职教育高质量发展战略导向与推进策略的视角考察“双高计划”，加深对高职教育改革发展所依赖的公共政策的理解，以持续优化教育政策，实现高职教育高质量发展。

二、“双高计划”下高职教育高质量发展的战略导向

作为国民教育体系和人力资源开发的重要组成部分，职业教育在社会中地位还不够高，吸引力还不够强。因此，“双高计划”的战略导向对于高职教育而言更加迫切。“双高计划”是建基于已有建设基础上，并且与已有建设项目和发展计划存在着一定的路径依赖。在“双高计划”之前，我国高职教育领域最重要的政策是“示范计划”，其提出打造“发展的示范、改革的示范、管理的示范”，即是一种高职教育发展的战略导向。随着“示范计划”的深入实施，我国高职院校持续开展教育教学改革，不断提高办学水平与人才培养质量，服务经济社会发展的能力显著增强，高职教育整体质量得到较明显的提升。2016 年“示范计划”结束后，由于缺少强有力的资源投入，部分高职院校不能安于定位、办出特色，而是追求“升格”，导致高职教育可持续发展的基础不牢。中国特色社会主义进入新时代，职业教育也进入改革发展的新阶段，《实施方案》提出启动实施“双高计划”，其战略导向和政策实施立足长远，旨在发挥政策的资源配置、利益分享和信息交换等诸多功能，通过集中投入与重点建设，提升教育治理能力，推动院校改革创新，为中国特色高职教育制度与标准的生成创造良好条件。

(一)政策实施立足长远

经历了 40 多年的高速增长后，我国经济正处在向高质量发展转向的重要阶段。在这一长期而又艰巨的过程中，教育特别是职业教育是建设现代化经济体系的重要支撑，而“双高计划”就是这场重大结构性变革中的主要推进举措。“双高计划”面向 2022 年和 2035 年，旨在通过长时段、分周期和大投入的政策供给推动支撑职业教育高质量发展政策、制度、标准的形成，这些公共政策及投入较大地满足了高职院校

的发展诉求与需求。[5]政策以明确的原则和行为规则测试哪所院校能最有效保证建设任务得到实施和执行，通过外部环境的诱导，高职院校获得发展的内生动力，不断自我监督和自我评估，一旦发现异常、矛盾或威胁的情况，迅速采取行动以解决这些问题，并不断探索其他需要改进的方面。在“双高计划”实施过程中，政府重视对决策过程和解决问题过程的互动，既设有专门的咨询机构，也安排有相应的互动议程，还有广泛征求社会各界意见的举措。这不仅有利于院校行动，同时也便于公众对“双高计划”实施的认识与理解。同时，基于财政责任的约束并有相应的制度安排来提供充分的监督，确保有限的公共资源不被浪费。在“双高计划”启动实施过程中，既参照了高职教育“示范计划”的经验和做法，也借鉴了“双一流高校”建设的形式和程序，包含着一系列的实践创新，这既是一个渐进调适的过程，更是一个学习增进的过程。[6]“双高计划”政策设计的定位是为深化教育改革创造条件，项目设计考虑已有的工作基础，在发挥竞争机制提升效率的前提下，尽可能兼顾公平，使那些不是双高校的单位和不是高水平专业群的专业更有效地参与到全面提升质量的行动中来。这种规则都具有很强的分配效应，在充分考量高职教育整体发展需求的前提下，政府通过政策引导、规则制定和执行监督的职能，在考量效益和公平的目标下兼顾各方利益平衡，设定的指标及指标值最能直接反映双高建设应有的产出和效益，充分彰显职业院校和专业群建设对实现现代化经济体系总体目标的贡献度。

（二）提升教育治理能力

教育治理是推进党的十九届四中全会提出的国家治理体系与治理能力现代化的重要内容。若从教育治理的角度观察和分析院校组织学习与变革问题，那么“双高计划”是促进高职院校转型和创新的有力工具。[7]从治理的外部环境来看，在我国高职教育发展中，计划和项目都是重要的制度枢纽，而各级政府是这些计划和项目最重要的供给主体。一项教育改革的成功，在很大程度上取决于教育规划方案的科学性、合理性，但选择什么样的方案则又取决于规划决策的主体及其决策模式。[8]伴随着政府公共服务职能的扩张，以项目为载体，在政府与高职院校，各高职院校之间以及高职院校内部形成复杂的结构关联，从中央到地方、从政府到高职院校，由此统合为上下之间动员、中介与反馈等一系列动态的治理机制。作为一种组织，高职院校在“双高计划”实施过程中会通过学习和实践来巩固其建设成果，它们的可行能力也随着“双高计划”推进而不断增进。实质上，这也是一种典型的“做中学”。有研究者指出，组织学习是高职院校新能力生成与组织变革的重要机制，但该机制的作用效果受到高职院校领导与组织管理体制、资源获得与激励机制、既有知识和可能获得的知识等因素的影响。[9]而入选“双高计划”的高职院校对政策做出了即时和有效的响应，这些院校能够积极跟进并动员组织的一切资源，并将其转化为一种集体革新所要具备的条件，这反映在院校对“双高计划”的认知、理解、重构与整合等多个方面。就提升治理水平而言，高职院校首先要以《章程》为统领，贯彻落实党委领导下的校长负责制，深入推进依法治校，形成支持人才培养和办学治校的治理体制和运行机制；其次要发挥发展理事会和董事会的咨询、协商、议事和监督作用，整合校友总会、基金会等支持力量，打造与技术技能人才培养和创新服务相适应的产教融合、校企合作命运共同体；再次要落实教代会制度，审议学校发展重大问题，发挥学术委员会、专业建设委员会、教材选用委员会等机构的作用，指导和促进学术、专业、教学改革；最后要深化二级院系治理改革，探索“以群建院、院为实体”改革，构建跨专业教学组织，扩大二级院系管理自主权，通过构建提升学校治理效能的长效机制，促进和保障高水平学校和专业（群）建设。

（三）推动院校改革创新

为适应高端产业和产业高端的发展需要，高职教育必须实现从规模扩张向质量提升、从学校教育向产教融合、从知识传授向能力增强的转换，为社会成员就业创业、在岗提升提供保障，以全面增强高职教育发展的稳定性与可持续性。从实用主义观点来看，各个高职院校都是理性的行动者，它们能够在成本与收益之间权衡并做出决定，同时在不同的基础和需求情况下对政策包含的变量做出预测。当前，“双高计划”已进入实施的关键期，院校有效地参与在一定程度上影响公共政策的方向，它们对拟议中的改革所可能涉及的方面有更好的概念，甚至可能引导人们制定防范性或纠正性的改革措施。首先，在院校层面，各个建设单位根据其建设方案和任务书中的目标和指标进行全过程管理，同时接受政府部门或第三方组织对实施过程和结果的检查和监督。为优化高职院校内各个专业各组成部分与要素之间的融合，助推高素质技术技能人才培养模式改革，提升服务区域经济发展效率，高职院校要增强整个专业的竞争能力和在各种机制方面进行的创新活动，构建与类型教育相适应的质量体系与指标，并使其可操作、可落地、可监测、可评估。其次，在专业群建设层面，“双高计划”的核心任务是打造高水平专业群，即高职院校要围绕产业链和职业岗位群，以核心专业为基础构建专业群，其组群逻辑体现在有必要投入资金支持，产出核心指标指向要非常明确，质量等指标与数量指标务必相互匹配，合理可行，指标及指标值的设定是目标的细化量化，可考量，切实调动专业群主动改革的自觉性和积极性，变“要我改”为“我要改”，提高专业群学习和变革的能力，并以责权机制保证专业群改革创新持续推进。最后，落实到“三教”改革层面。教师、教材、教法是教学基本建设的重要内容，贯穿于高职教育人才培养的全过程。“三教”改革是一种效率变革，通过效率变革为质量变革助力提速。这是高职院校真正根本而关键的迫切需要。高职院校要将“三教”改革作为强化内涵建设的切入点和推进高职教育高质量发展的突破口，确立符合类型教育规律的目标，以教法改革引领学法改革，通过探索产教融合校企“双元”育人，推动职业教育逐步实现“三个转变”。

（四）促进高职制度转型

高职教育的发展不仅仅是指其在数量规模方面的庞大，而且还指其独特的类型、模式和发展趋势。作为探索中国特色高等职业教育发展道路的重要举措，“双高计划”是一项基础性、战略性和全局性的工程，其定位虽是重点建设，但其政策意图旨在打破高职教育“千校一面”的同质化发展格局。类型特色正是高等职业教育存在合理性的基石，也是其不可替代性的内在标志，它的确立有助于使高职教育成为一种所有参与者都参与其间的共同实施框架。通常而言，制度变迁的途径有两种，一是专项改革行动，二是持续性的政策供给。[10]高职教育的未来不仅依靠改革，更依靠合宜的改革政策，以及维持政策的体制、机制等制度安排。“双高计划”融专项改革行动与持续性的政策供给为一体，承担着从项目化专项改革行动逐渐转换到持续化政策供给的职能，即根据国家和社会的需求，助力具有独特的类型、模式和发展趋势的体系化高职教育的生成，推动涵盖不同使命、定位明确的各类高职教育机构向特色鲜明的类型教育转变。事实上，政策实施的过程也是一个强制性制度向诱致性制度乃至自主性制度变迁的过程。在这个过程中，随着院校可行能力的不断增进，来自不同政策倡议联盟的精英通过正式的政策分析和在试错中学习，渐渐改变了他们的信念体系。[11]政府对“双高计划”的实施过程进行信息采集和绩效监测，对建设任务完成情况好的院校实行奖励，而对年度绩效考核不合格的院校终止立项和支持，这种“反向激励”的问责机制也在一定程度上减少了“双高计划”实施中的道德风险。对于建设中发现的问题，院校以事先

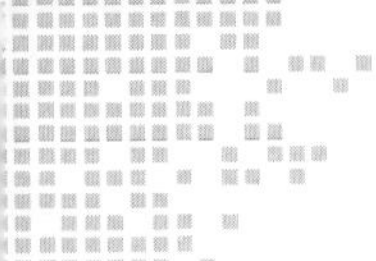

制定的改进机制加以补救，使全员对“双高计划”的理解更透彻，能更精准地将其融入实际建设中，确保完成建设的既定任务。这种持续的能动性制度建构，有助于促进高职教育转型，进一步彰显高职教育的类型特色。

三、“双高计划”下高职教育高质量发展的推进策略

政策始于行动，而不是仅停留在文本层面，“双高计划”的关键还在于建设，必须依托明确而有力的推进策略才能确保政策落地并得到有效实施。因此，在战略导向明确后，其推进策略尤显重要。美国学者肯尼思·舍普斯勒指出：“策略是每个参与者的行动计划。”[12]公共政策以符合公共利益为导向，公众参与既包括参与制定什么政策，也包括放弃什么政策，由此也就涉及政策的侧重点问题。没有重点就没有政策导向。“双高计划”的定位是舞起职业教育改革发展的“龙头”，以此引领职业教育改革，提升职业教育的整体水平。其推进策略可以概括为提质、培优、增值、赋能。

（一）提质：打造高素质技术技能人才培养高地和技术技能创新服务平台

质量是高职教育发展的“生命线”，《实施方案》第三条提出“推进高等职业教育高质量发展”，这是国家统筹调整产业结构、人才结构和教育结构的重要举措。“双高计划”作为推进新时代高职教育高质量发展的重大工程，提质是指提高技术技能人才培养和技术技能创新服务的质量。高职教育作为优化高等教育结构和培养大国工匠、能工巧匠的重要方式，需围绕推进办学模式、人才培养模式、管理模式的改革创新，形成支持高水平结构化教师教学创新团队的制度建构与运作模式，持续提升高职院校办学水平和人才培养质量。这里的重点是通过集中

力量实施高水平学校和专业群建设，为高素质技术技能人才培养和技术技能创新服务奠定坚实基础，前者主要体现为人才培养质量的提升，后者主要体现为服务发展质量的提高。对于高职教育而言，其人才培养是一种广义的技术技能积累，而社会服务则是一种狭义的技术技能积累。2019 年 6 月，教育部发布《关于职业院校专业人才培养方案制订与实施工作的指导意见》，作为一项基础性工作，专业人才培养方案制订与实施为“双高计划”实施提供更为灵活的基本框架，各个高职院校通过主动面向区域支柱产业、重点产业和特色产业，深化工学结合、校企合作、顶岗实习的人才培养模式改革，系统设计、统筹规划课程开发和教学资源建设，建立“校中厂”“厂中校”等形式的实践教学基地，推行任务驱动、项目导向等学做一体的教学模式。构建以专业群为基点的跨学院教学组织，集产教融合与协同创新和职业培训为一体，充分发挥“大众创业、万众创新”的巨大活力，支持相关部门、二级学院联合企业、科研院所围绕产业发展需求开展协同创新，共建共创共享产教融合平台，在技术创新中发挥高职教育作为类型教育的独特作用。

（二）培优：培育高水平专业群和高水平双师队伍

建设高水平学校的重要基础是高水平专业群，而高水平专业群建设的主要依靠力量是有一批高素质专业化创新型的教师队伍。在“双高计划”中，培优具体指培育高水平专业群和高水平双师队伍。高职院校以培养高素质应用型专门人才为根本任务，因此高水平专业建设必须建基于专业性人才培养与专业化教师发展之上，要想更好地实现提高人才培养和服务发展质量的目标，必须要以高水平专业群、高水平双师队伍建设为支撑，通过培育高水平专业群和高水平双师队伍并将其与专业性人才培养和专业化教师发展有机结合，进一步提升高职院校专业群和双师队伍建设水平。对于高水平专业群建设而言，要从国家、区域和行业、企业的发展需求来研究和谋划建设方案，依托已有的主干专业、优势专业和特色专业，面向新技术、新业态和新商业模式规划设计新专业，以高水平专业群建设夯实学生专业知识学习基础，促进职业技能训练开展和推动职业态度培育；以高水平双师队伍建设推进专业带头人培养、推动专业教学团队形成和带动教师职业教学能力的提升。[13]与此同时，高水平专业群建设与高水平双师队伍建设又是相辅相成、相互促进的，共同支撑着提高人才培养和服务发展质量的目标。教学是高职院校最重要的一项职能，教师是教学的灵魂，因此在贯彻《实施方案》的背景下，建设高水平双师队伍必须将关注点落在教学上，一方面，推进“三教”改革给高职院校教师队伍建设带来了机遇；另一方面，新技术、新业态、新模式也为教师教学改革提供了工具。对教师而言，这也是一种挑战。这种转型的关键在于教师，决战在课堂。换而言之，即是改到痛处是教师，改到深处是课堂。高职院校课堂教学创新本质上要求建立教学创新的实践与实现载体，从主体上，要发挥教师和学生两者积极性；从形态上，要将专业、课程、活动与课堂教学创新相融合，这种增量改革能为教师与学生带来实实在在的收益。

(三)增值:提高校企合作和服务发展水平

增值是指职业教育主体价值的增加，这种价值主要体现在为建设现代化经济体系提供支撑作用的发挥上。美国经济学家西蒙·库兹涅茨在考察各国经济后，提出在现代经济增长中存在着超越国界的“知识存量”。他认为，以往的手工工艺与个人相结合，知识体现在个体身上，而现代经济的增长需要经过检验的实用知识，这些知识体现在数学公式中，能在世界范围内进行传播和使用。所以，必须通过教育来传播经过检验的知识，而不能再依靠手工业方式和师徒关系来传播个人知识。[14]服务发展和就业导向是我国高职教育 40 年来发展积累的宝贵经验，在新时代持续深化产教融合，推进校企合作要求高职教育必须在提升校企合作水平和服务发展水平上下功夫，在适应外部需求和提高服务质量上花大力气，更好地为建设现代化经济体系提供支撑。首先，立足区域，将高职人才培养与行企发展紧密对接，深化校企合作双元育人，为区域经济社会发展提供源源不断的人才红利；其次，服务行业，以技术技能创新服务平台为载体，构建适应市场需求的培训体系，在服务行业发展和结构优化中助推产业转型升级；最后，面向国际，主动开展国际交流合作，深化内涵建设，提供中国高职教育的模式、标准和资源与世界各国共享，真正建设一大批“当地离不开、业内都认同、国际能交流”的高职院校。随着“1＋X”证书制度试点的不断推广，合作院校和企业将招生与招工、教育与培训、岗位与设施等方面相结合，在这个过程中，建立职业培训、继续教育和终身教育之间相互沟通和衔接的基本标准及制度体系，夯实高职教育高质量发展的基础。

（四）赋能：营造良好氛围提升职业教育吸引力

赋能是指赋予职业教育以能力和能量，这主要体现在职业教育为受教育个体与社会带来实实在在的收益。联合国开发计划署（UNDP）对“人类发展”的定义是“赋予人类更多实现生命价值的自由和机会。实际上，这意味着要提高人的能力，并让他们有机会发挥能力”[15]。但我国社会用人制度中学历主义和攀比文化依然盛行，由此造成社会公众对于职业教育的人才观、质量观和学生观等方面存在着一定的认识误区。正是在这种普遍的社会心理基础上形成的制度设计不可避免地轻视职业教育，在这个意义上，通过赋能以改变职业教育边缘化的状况，解决人们对职业教育的困惑，提升职业教育吸引力，让职业教育更有尊严，更受人尊敬。[16]事实上，现代职业教育制度的建立过程，既是重塑职业教育特色的过程，也是职业教育社会心理的重建过程。一种宏观的具有根本性、全局性的制度供给，必须建立在对现实社会行动主体制度需求情境加以分析的基础上，这种方法“强调问题与制度和制度变革的原因和后果相联系”[17]。这就需要我们，一方面，通过推

进“双高计划”的持续实施，打造一批支撑改革和引领发展的高水平学校和高水平专业，彰显高职教育类型特色；另一方面，理清职业教育的发展思路与方向，以便有目的地引导社会公众能正确看待职业教育，促进职业教育社会认同，凝聚社会共识。加拿大教育家迈克尔·富兰指出，通过发展共享的意义，我们才能找到解决问题的方法，个人的和集体的意义与行动之间在日常情境中的接口处是变革得以成功或失败的地方。[18]职业教育是面向人人的教育，人人皆可成才、人人尽展其才是职业教育的美好愿景，通过推进高职教育的高质量发展，为职业教育营造良好的社会氛围，最大限度地激发全社会参与高职教育改革发展的积极性，为青年的人生出彩创造条件与机会，为我国经济社会高质量发展赋能。

四、结　语

高质量发展是高职教育的综合转型，而双高建设是推进高质量发展的重要路径。“系统的改革不仅能加强重点建设计划的可持续性，同时也能确保整个高等教育系统的均衡发展。”[19]本文通过对“双高计划”下高职教育高质量发展战略导向与推进策略的分析，尝试“理解国家对特定教育政策所赋予的意义、所做出的阐释以及尝试达到的意图，并分析这些意义与意图为何在特定政策脉络中得以彰显”[20]，以加深对高职教育发展更广阔社会背景的理解，并形成对公共政策过程及其内在机理有说服力的解释。事实上，高职教育高质量发展是一项系统工程，既包含宏观的政策支持，也包括中观的院校创新，还包括微观的教学改革。下一步，我们将重点围绕高水平学校和专业群的内涵开展深入研究，为生成中国特色高职教育政策、制度和标准体系奠定坚实基础。

参考文献

[1] 陈正江. 国家示范性高职院校建设项目运作机制与治理逻辑[J]. 高教探索,2016(11):80—85.

[2] 徐国庆. 我国二元经济政策与职业教育发展的二元困境——经济社会学的视角[J]. 教育研究,2019(1):102—110.

[3] 约翰·W. 金登. 议程、备选方案与公共政策[M]. 丁煌,方兴,译. 丁煌,校. 北京:中国人民大学出版社,2017:175.

[4] 埃莉诺·奥斯特罗姆. 公共事物的治理之道——集体行动制度的演进[M]. 余逊达,陈旭东,译. 上海:上海三联书店,2000:42.

[5] 晋浩天. "双高计划"的现在与未来[N]. 光明日报,2019-10-26(4).

[6] 保罗·A. 萨巴蒂尔. 政策过程理论[M]. 彭宗超,等,译. 北京:生活·读书·新知三联书店,2004:112.

[7] 陈正江. 论加快发展现代职业教育的制度供给[J]. 职业技术教育,2018(30):30—34.

[8] 康翠萍. "治策""知策""行策":教育发展规划决策模式及其选择[J]. 教育研究,2015(9):46—50.

[9] 郭建如,周志光. 项目制下高职场域的组织学习、能力生成与组织变革[J]. 北京大学教育评论,2014(2):141—164.

[10] 詹姆斯·G. 马奇,约翰·P. 奥尔森. 重新发现制度:政治的组织基础[M]. 张伟,译. 北京:生活·读书·新知三联书店,2011:256—259.

[11] 保罗·A. 萨巴蒂尔,汉克·C. 詹金斯-史密斯. 政策变迁与学习:一种倡议联盟途径[M]. 邓征,译. 北京:北京大学出版社,2011:16.

[12] 詹姆斯·艾尔特,玛格丽特·莱维,埃莉诺·奥斯特罗姆. 竞争与合作:与诺贝尔经济学家谈经济学和政治学[M]. 万鹏飞,常志

霄，梁江，等，译. 北京：北京大学出版社，2011：286.

[13] 陈正江. 高职院校高水平专业建设——基于专业性人才培养与专业化教师发展的二维审视[J]. 中国职业技术教育，2019(2)：64—67.

[14] 西蒙·库兹涅茨. 现代经济增长——速度、结构与扩展[M]. 戴睿，易诚，译. 北京：北京经济学院出版社，1989：252.

[15] 克劳斯·施瓦布，尼古拉斯·戴维斯. 第四次工业革命——行动路线图：打造创新型社会[M]. 世界经济论坛北京代表处，译. 北京：中信出版社，2018：343.

[16] 刘兰明. 论职业教育的尊严[J]. 中国高教研究，2015(2)：91，94.

[17] 道格拉斯·C. 诺思，张五常，等. 制度变革的经验研究[M]. 罗仲伟，译. 北京：经济科学出版社，2003：2.

[18] 迈克尔·富兰. 教育变革新意义：第 3 版[M]. 赵中建，陈霞，李敏，译. 北京：教育科学出版社，2005：9.

[19] 刘念才，程莹，王琪. 从声誉到绩效：世界一流大学的挑战[M]. 上海：上海交通大学出版社，2018：38.

[20] 曾荣光. 教育政策行动：解释与分析框架[J]. 北京大学教育评论，2014(1)：68—89.

（本文刊载于《职业技术教育》2020 年第 16 期）

高职院校高水平专业建设

——基于专业性人才培养与专业化教师发展的二维审视

摘　要:专业建设是一项复杂的系统工程,同时涉及专业理论、教育理论和专业实践、教育实践,是专业和教育理论与实践双重形态的统一体。高职院校传统的专业建设或强调专业对于人才培养的专属性,或强调专业对于教师发展的专职性,容易造成专业建设中人才培养和教师发展"两张皮"状况。高职院校以培养高素质应用型专门人才为根本任务,因此高水平专业建设必须建基于专业性人才培养与专业化教师发展之上,通过将其与专业性人才培养和专业化教师发展有机结合,进一步提升高职院校专业建设水平。

关键词:高职院校;专业建设;专业性人才培养;专业化教师发展

一、问题的提出

《辞海》对专业的定义是"高等学校或中等学校根据社会分工需要而划分的学业分类"[1]。《教育大辞典》对专业的定义是指"培养学生的各个专门领域,它是根据社会职业分工、学科分类、文化科学技术发展状况及经济建设与社会发展需要划分的"[2]。专业体现了教育的科学价值即科学性。在高等学校办学实践中,通常把"专业"作为教学和科学研究工作的基本单位,在系(学院)下分设若干"专业"。因此,专业是实体性的。"高等学校据此制定培养计划、教学计划,进行招生、教学、分配等项工作,为国家培养输送所需的各种专门人才;学生亦按此进行学习,形成自己在某一专门领域的专长,为未来的职业活动做准备。”[3]因此,“专业教育既是知识分类的结果,也是社会分工日益细密化的需要”[4]。亚当·斯密说:“这种职业的分工也像其他任何职业中的分工一样提高了他们的熟巧,节省了他们的时间。每一个人在他们自己的专业领域里越来越专,为社会所做的贡献也越来越大。”[5]涂尔干指出:“劳动分工并不是纯粹经济现象。专业的形成使得劳动分工的功能得以实现。”[6]专业基于社会分工而形成的,其与职业有着天然的联系。正如凯伦所说:“职业是专业之根,专业乃职业之果。”[7]“专业的目的是应用解决问题的办法。”[8]因此,需要将分散在各专业的知识整合成完整的有机体,改变学习停留在单纯认知层面的现象,使专业内容社会化。在这个意义上,学校的每一个专业都应该为广泛的人类职业活动和非职业活动做准备。

专业是教学基本建设的重要组成部分。与普通高等教育相比,教学是高职教育的根本,这从我国较早具有高等职业教育性质的学校——职业大学的人才培养目标就可观察出来。职业大学的人才培养目标具有职业性、地方性和实用性的特点,是我国较早具有高等职业教育性质的学校。[9]专业是高职院校最重要的内涵建设平台,它既是人才培养的平台,也是教师发展的平台,同时更是学校履行其社会服务职能的基本手段。专业建设对高职教育的发展具有根本性的影响。一方面,专业建设同时涉及专业理论、教育理论和专业实践、教育实践,面临着专业理论、教育理论以及专业实践、教育实践等双重工作任务,是专业理论和实践与教育理论和实践双重形态的统一体。另一方面,专业建设是一个综合的系统工程,涉及人、财、物等资源的配置,既包括专业人才培养模式与专业人才培养方案,又包括专业带头人培养,也包括专业教学资源库,还包括以专业为单元的产教融合、校企合作机制的建设。对于高职院校而言,教师与学生的行动更具有复杂的互动性,这集中体现在专业建设与专业性人才培养和专业化教师发展的作用与互动上。传统的学习过程与学习环境过于强调专业对于学习的专属性，重视教师在不同专业的专职性，容易形成唯专业的封闭状态，仅仅就人才培养或教师发展来探讨专业建设，导致专业建设中出现人才培养和教师发展“两张皮”状况，而这种状况反过来又制约了人才培养与教师发展。基于人才培养和教师发展两个维度探讨高职院校专业建设，既关注专业性人才培养，又关注专业化教师发展，打通人才培养和教师发展任督二脉，使专业建设更加落地。

二、高职院校专业性人才培养与高水平专业建设

高职教育培养面向生产、管理、建设、服务第一线的高素质、专业技术应用型人才，高职院校人才培养必须体现专业性，必须注重对专业能力的关注和培养，这也是高水平专业建设的逻辑起点。对于高职院校而言，专业性人才培养与高水平专业建设是目的与手段的关系，即通过专业建设平台推进专业性人才培养。因此，人才培养是高职院校专业建设的根本归宿。

（一）专业性人才培养是高职院校专业建设的根本任务

20 世纪初，我国著名教育家黄炎培先生在创办中华职业教育社时提出“双手万能，手脑并用”的职业教育理念，这实质上是一种人才培养理念。当前，高职院校大力推行的以校企合作、工学结合为核心的人才培养模式改革是对这一理念的传承与创新。人才培养模式是指以一定的教育思想为指导，为实现某种规格的人才培养目标而制定的教育教学的组织模式和运行方式，是对某类教育培养目标、过程、途径、方法等要素的综合概括。简而言之，就是“培养什么人”和“怎样培养人”的问题。[10]高职院校专业建设的最基本动因是为人才培养服务，人才培养主要关注学生的专业知识、职业技能与职业精神。相对于普通本科院校而言，高职院校学生虽受修业年限的限制，但其学习过程与环境

和实际应用结合更为紧密，高职院校培养的学生都将走向职业社会，成为职业社会的一分子，他们都有用专业贡献人类知识和推进社会发展的双重责任。正如杜威在《民主主义与教育》中指出的那样："正是这个事实预示着一个更为平等和更为开明的社会秩序，因为这个事实足以证明社会的改造要依靠教育的改造。因此，这个事实也能鼓励那些相信一个更好的社会秩序的人们从事促进职业教育。这种职业教育并不是使青年屈服于现今制度的要求和标准，而是要利用科学和社会的因素发展他们的胆识，并且培养他们实际的和执行的智慧。"[11]

（二）高水平专业建设是专业性人才培养的基本手段

专业是高职院校服务经济的重要载体，也是高职院校联系社会的纽带。专业建设关系到高职院校服务于经济建设和社会发展的方向性和有效性，也关系到学校能否满足学生就业的需要，专业特色体现高职院校的办学特色，反映了该专业在人才培养方面独特的个性和明显的优势。因此，加强专业建设，创建鲜明的专业特色，是增强高职院校竞争力的关键环节。而专业建设的宗旨，是增强高职教育适应经济社会发展的能力，以专业内涵和专业品牌适应社会需求，提高人才培养质量。基于专业建设与改革，推动教育教学改革与产业转型升级衔接配套，推动专业设置与产业需求、课程内容与职业标准、教学过程与生产过程对接，实现职业教育与技术进步和生产方式变革以及社会公共服务相适应，促进经济提质增效升级。当前，在新高考改革的背景下，高职院校是按专业大类招生，专业对于招生、就业具有重要作用。因此，可以说，品牌专业、高水平专业是立校之本，通过重点专业、优势专业、特色专业建设，辐射和带动相关专业群的共同发展，推动学校整体人才培养水平的提升。

三、高职院校专业化教师发展与高水平专业建设

2018年1月20日，中共中央、国务院发布《关于全面深化新时代教师队伍建设改革的意见》，提出“造就党和人民满意的高素质专业化创新型教师队伍”，并将其具体为“全面提高职业院校教师质量，建设一支高素质双师型的教师队伍”和“全面提高高等学校教师质量，建设一支高素质创新型的教师队伍”。[12]由于高职教育具有高教性和职教性，因此上述两项要求都适用于高职院校。

（一）专业化教师发展是高职院校专业建设的主要支撑

1980年，Eric Hoyle教授提出了“专业”的十条基本特点，包括不可或缺的社会功能、专门特有的知识技术、不断变幻的工作要求、全面扎实的知识系统、经历长期的系统培训、专业价值的深度熏陶、捍卫文化的内部操守、因随情境的自主判断、备受尊重的专业团体和颇为不俗的声誉和报酬等。[13]从其所述来看，教师是一种专业，不仅仅只是一般的职业，其关系到教师个人的职业发展，更关系到学生的成长成才。专业化教师发展可被理解为在一定的理念指导下，通过机制设计以提升教师专业与教育技能、促进教师职业成长的过程。教师的专业化发展通常包括三部分内容：一是专业责任，包括经验、判断、爱心等；二是专业自主，包括操守、监督、团队等；三是专业发展，包括培训、研究、进修等。从高职教育发展历程来看，高职院校教师来源多样，在教学经验、工作阅历、教学能力等方面，以及对高等职业教育的认识、理解和把握上教师之间存在着很大差异。因此，教师发展不能被简化或有意无意地“忽略”。高职院校教师与其他类型教育的教师在角色定位与职业发展上也有所不同，以行政指令和专家指导为主的外部评价使教师模糊了自身的角色定位与责任担当，造成了高职院校教师在专业发展中

面对着前所未有的纠结和困惑。有研究者指出,“教育者在施展他们技艺的过程中,要利用并受到实用智慧、专业联系、价值观念以及有科学根据的理论和事实的影响”[14]。根据国务院《关于大力发展职业教育的决定》等相关政策文件和构建现代职教体系对“产教融合、校企合作、工学结合、知行合一”培育模式的要求,深化教师对专业的感知和认同,促进教师专业自觉的形成,增强教师专业自信,建设一支高素质专业化的教师队伍。

(二)高水平专业建设是专业化教师发展的重要依托

教师专业化发展与专业建设是一种共生的关系,专业建设是教师专业发展的重要依托。高职院校侧重教师专业能力、职教能力的培养和培训,在全面开展教师教学能力培养和提升培训的过程中,需要处理好专业研究与研究专业的关系。为此,需要搭建校级教师发展平台,组织研修活动,开展教学研究与指导,提升教师专业素质能力,推进教学改革与创新。加强院系教研室等学习共同体建设,建立完善传帮带机制,并切实推进教师定期到企业实践,不断提升实践教学能力。完善职业院校教师考核评价制度,如双师型教师考核评价要充分体现专业教学能力和专业技能水平;又如鼓励教师发挥专业优势参与专业建设,并对取得成果的教师在专业发展、职称晋升和岗位聘用等方面予以倾斜支持,基于理论教学与实践教学的高度融合,实践教学环节的大幅增加,对大规模的工学交替、社会实践平台构建以及“第二课堂”活动文化等方面的指导,在促进学生专业能力形成的同时,培养一批高素质专业化教师。

四、以高水平专业建设为抓手，推进专业性人才培养与专业化教师发展——浙江金融职业学院的探索与实践

王阳明在《传习录》中指出："未有知而不行者；知而不行，只是未知。"[15]高职院校在吸收借鉴高等教育和职业教育先进教育理念和合理制度元素的同时，明确自身所面临的特殊背景和社会需求，在自身办学方向和发展资源的基础上加强专业建设，努力实现高职教育的本土创新。浙江金融职业学院自2000年举办高职教育以来，一直重视专业建设，以高水平专业建设为抓手，以学生与教师的专业知识、专业能力、专业素养提升为主线，通过实施"品德优化、专业深化、技能强化、形象美化"的四化工程，推进专业性人才培养，通过实施教师职业发展规划，推进专业化教师发展，为学校高水平建设和高质量发展奠定坚实的基础。

（一）以高水平专业建设为抓手，推进专业性人才培养

教育部《关于加强高职高专教育人才培养工作的意见》提出，"形成能主动适应经济社会发展需要、特色鲜明、高水平的高职高专教育人才培养模式"[16]。高职院校人才培养体系主要是由专业知识、技能学习系统和人格培育系统三部分构成，专业知识学习、职业技能训练和职业态度培育是高等职业教育专业性人才培养的三个维度。在这个意义上，高职教育绝不是普通本科的"压缩饼干"。自2013年起，《中国高等职业教育人才培养质量年度报告》编制组就参照美国高校"记分卡"方案，设计出一种衡量人才培养质量的战略管理工具，其中包括就业率、月收入、专业相关度、雇主满意度等关键指标，而这些都旨在打造学校专业优势，引导学生专业成才，促进学生专业核心能力和综合素质的协调发展。我们看到现在有越来越多的学生"觉得自己被推上了

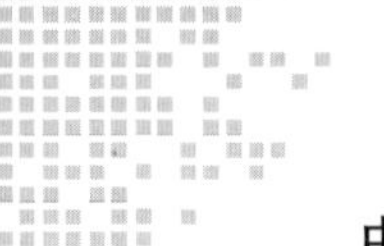

达成某种具体职业目标的特定道路”,学生对课程乃至课外实践的选择都与职业的目标和规划有关。

1.以高水平专业建设夯实专业知识学习基础

专业是一种范式,其具有规范性,由这些规范所构成的专业建设制度是学校共同遵守的、落实专业建设计划和专业建设方案,促进学校专业建设实施与专业设置,专业建设管理与专业建设评价有效性的一系列规程和行为准则,其包括国家专业建设制度和学校专业建设制度。目前,国家对于高等职业教育的专业建设制度尚未起步,学校也没有相应的规范性的制度,从宏观管理看,专业建设制度不规范、不系统、无章可循的情况非常突出,连专业目录尚在试行之中,更无考核、设置和管理的明确标准,使得高等职业教育可持续发展受到严峻挑战。高职院校的专业建设体现在制度层面与作业层面,制度层面的建设内容包括专业人才培养方案、专业教学标准等;专业人才培养方案是人才培养工作的总体设计和实施蓝图。作业层面的建设内容包括专业教学计划、专业教学资源库等。专业教学计划包括专业的具体培养目标、专业的基本修业年限。专业教学资源库,主要内容包括专业教学目标与标准、精品课程体系、教学内容、实验实训、教学指导、学习评价等要素,以规范专业教学基本要求,通过共建、共享专业教学资源库,共享优质教学资源,助推学生专业成才。

2.以高水平专业建设促进职业技能训练开展

技能与用人单位所要求的不匹配,是结构性失业的一个主要因素。专业知识可以传授,但专业技能则非训练不可,根据专业特点,设置与学生专业学习紧密相关的技能训练项目,通过活动、竞赛、讲座、培训、素质拓展训练和学生社团等形式引导学生参与技能训练。专业实践并不是最终目的,其功能在于弥补单一专业建设的缺陷,健全专业学习与课外活动的联动机制,进一步整合深化教学主渠道之外有助于学生提高专业核心竞争力的各种活动和工作项目，从而构建以提升学生专业核心竞争力为导向的职业素质训练体系。学校在全校学生中开展必修技能——“点钞与反假货币技术”和“中文输入”训练，并以金融综合基地“金苑华尔街”、模拟理财实战平台“808理财工作室”“一把手技能训练营”等为基地，为专业教学和校内外实训提供辅助，提高学生的实践水平与专业技能；专业性的社团负责完成专业类活动课程模块的教学计划，通过组织参与专业学科类、职业技能类等竞赛，并以此带动创新创业类竞赛的开展，培养学生职业技能，强化学生实践能力。

3. 以高水平专业建设推动职业态度培育形成

现代社会对高职院校学生的认同感，不仅因学生具有与行业、企业、市场要求相匹配的专业能力，也来源于学生优良的职业精神。高职教育以就业为导向，积极开展培育和铸就具有自身专业特色和实践能力的专业精神，这十分重要。正如黄炎培先生在100多年前重视职业道德教育那样，他标举“敬业乐群”为职业道德教育的基本规范。“敬业”是指“对所习之职业具嗜好心，所依之事业具责任心”。[17]因此，高职院校普遍强调将素质教育融入专业建设，避免学生成为“单向度的人”。正如英国哲学家、教育家怀特海所言：“我们的目标是，要塑造既有广泛的文化修养又在某个特殊方面有专业知识的人才，他们的专业知识可以给他们进步、腾飞的基础，而他们所具有的广泛的文化，使他们有哲学般深邃，又如艺术般高雅。”[18]学校紧密结合专业教学与职业定位，塑造职业意识，培育职业态度，养成职业道德，促进学生顺利就业、优质就业和对口就业，助力学生职业发展。

（二）以高水平专业建设为基础，推进专业化教师发展

1. 以高水平专业建设推进专业带头人培养

高职院校的专业带头人既是专业教育的设计者，专业市场信息的

捕捉者，也是专业教育的组织实施者，专业学生管理的谋局者，专业教育管理的指挥者，是以专业为单位的专兼结合教学团队的协调和指挥者，也是对学生实施全方位教学与育人包括招生就业和日常管理的总设计师。无论是重点专业建设，还是优势专业建设，抑或是特色专业建设，都为专业带头人的培养提供了平台与资源。通过赋予其权力和资源，发挥专业带头人在聘用专任教师、校内兼职教师、校外兼职教师、建设高水平教学团队中的核心作用。创造条件支持专业带头人参加学术会议和行业专业活动，推进基于产教融合的专业建设走向深入，使其成为专业领军人才。

2. 以高水平专业建设推动专业教学团队形成

建设高水平专兼结合专业教学团队是高水平专业建设的基础。学校在国家示范院校建设时期，建设金融管理与实务等 5 个国家重点支持专业及专业群，并以专业为单位建立“三结合”（专业教师、行业企业兼职教师和素质技能类教师）的教学育人团队，教学团队共同研制专业培养方案，共同开发专业教学标准和专业课程，共同编写专业教材，共同分享专业教学经验，共同建设实训实习基地。

3. 以高水平专业建设带动教师职业教学能力提升

高水平专业建设是提升教师教学能力和促进教师专业发展的重要载体和平台。通过这一载体和平台，教师把专业理论与职业实践相结合、职业教育理论与教育实践相结合。在教学和育人过程中，掌握学生专业学习认知特点和技术技能形成的过程及特点，在精通专业技术的基础上，努力提高社会服务能力，通过参加社会实践和行业企业锻炼，参与对企业员工的培训和研究项目，熟悉专业发展前沿，了解行业发展动态，实现专业能力和教学能力的双向提高。

五、结 语

教育部《高等职业教育创新发展行动计划(2015—2018年)》的主要任务与举措的第一条就是提升专业建设水平,本文基于人才培养和教师发展双维度探讨高水平专业建设,旨在尝试将高水平专业建设与专业性人才培养和专业化教师发展有机结合,进一步提升高职院校内涵建设水平。这种前置性研究与探讨在当前国家正筹划启动中国特色高水平高职院校和专业建设计划的背景下更显必要。通过尝试构建中国特色高职教育高水平专业建设理论,以期指导中国特色高职教育高水平专业建设实践,推动中国特色高水平高职院校高质量发展。

参考文献

[1] 夏征农.辞海[M].上海:上海辞书出版社,1999:872.
[2] [3] 顾明远.教育大辞典(三)[M].上海:上海教育出版社,1991:26.
[4] 汪晖.现代中国思想的兴起(下卷第二部):科学话语共同体[M].北京:生活·读书·新知三联书店,2008:1380.
[5] 亚当·斯密.国富论:修订本[M].谢祖钧,译.北京:中华书局,2012:8.
[6] 涂尔干.社会分工论[M].渠东,译.北京:生活·读书·新知三联书店,2000:12.
[7] 杨东平.大学二十讲[M].天津:天津人民出版社,2009:271.
[8] 奥尔托加·加塞特:大学的使命[M].徐小洲,陈军,译.杭州:浙江教育出版社,2001:9.
[9] 王继平.中国教育改革大系:职业教育卷[M].武汉:湖北教育出版社,2016:118.

[10] 马树超,郭扬.高等职业教育:跨越·转型·提升[M].北京:高等教育出版社,2008:138.

[11] 约翰·杜威.民主主义与教育[M].王承绪,译.北京:人民教育出版社,2001:337.

[12] 中共中央、国务院关于全面深化新时代教师队伍建设改革的意见[M].北京:人民出版社,2018:14—15.

[13] 程介明:学习科学是教师专业发展的支撑[EB/OL].(2017-09-01)[2018-10-05]. http://blog.sina.com.cn/s/blog_1745b13e40102x6uk.html.

[14] 理查德·沙沃森,丽萨·汤.教育的科学研究[M].曹晓南,等,译.北京:教育科学出版社,2006:79.

[15] 王阳明.传习录[M].郑州:中州古籍出版社,2008:40.

[16] 教育部关于加强高职高专教育人才培养工作的意见[EB/OL].(2000-01-17)[2019-01-01]. http://old.moe.gov.cn//publicfiles/business/htmlfiles/moe/s7056/201401/xxgk_162628.html.

[17] 田正平,李笑贤.黄炎培教育论著选[M].北京:人民教育出版社,2018:6.

[18] 怀特海.教育的目的[M].庄莲平,王立中,译注.上海:文汇出版社,2012:1.

(本文刊载于《中国职业技术教育》2019年第2期)

关于高水平专业群建设的四个问题

摘 要:高水平专业群建设是“双高”建设的重要组成部分。厘清高水平专业群建设的核心问题是建好高水平专业群的前提条件。

关键词:高水平专业群;建设;评价

“双高计划”的重点在于“建设”,高职高水平专业群建设涉及四个核心问题——为何要建高水平专业群、何谓高水平专业群、高水平专业群怎么建设,以及如何鉴定和评价建设成效。

一、为何要建高水平专业群

专业是高职院校办学和人才培养的基点,专业建设是高职院校内涵发展的重要抓手。早在20年前,教育部发布的《关于加强高职高专教育人才培养工作的意见》就指出,专业设置是社会需求与高职高专实际教学工作紧密结合的纽带,专业建设是学校教学工作主动灵活地适应需求的关键环节。其后,在教育行政部门发布的专业建设相关文件中,示范专业、重点专业、优势专业、特色专业、品牌专业、一流专业、骨干专业等提法不一而足,但建设一批代表和反映我国高职院校办学实力和水平的专业和专业群是政策的共同指向。

《教育部关于全面提高高等职业教育教学质量的若干意见》提出,高职院校要及时跟踪市场需求的变化,主动适应区域、行业经济和社会发展的需要,有针对性地调整和设置专业,建立以重点专业为龙头、相关专业为支撑的专业群,增强学生的就业能力。这是在国家政策文件中首次提出建设专业群。如果说学科建设是中国高校得以迅速发

展的重要基础和主要抓手，那么专业群建设就是推动区域内高职院校专业结构整体优化、打造技术技能人才培养高地和技术技能创新平台的重要抓手。以重点专业为核心，将产业链上的相关专业凝聚在一起，有利于资源综合利用，优势互为补充，有效应对行业企业生产经营状况变化对人才需求的波动，推动教育链、人才链和产业链、创新链的有机衔接。

二、何谓高水平专业群

“双高计划”的核心任务是打造高水平专业群，即面向区域或行业重点产业，依托优势特色专业，健全对接产业、动态调整、自我完善的专业群建设发展机制，促进专业资源整合和结构优化，发挥专业群的集聚效应和服务功能，实现人才培养供给侧和产业需求侧结构要素的全方位融合。校企共同研制科学规范、国际可借鉴的人才培养方案和课程标准，将新技术、新工艺、新规范等产业先进元素纳入教学标准和教学内容，建设开放共享的专业群课程教学资源和实践教学基地。组建高水平、结构化教师教学创新团队，探索教师分工协作的模块化教学模式，深化教材与教法改革，推动课堂革命。建立健全多方协同的专业群可持续发展保障机制。职业教育的逻辑起点是职业标准，难点是岗位和职业能力的确定。

有学者认为，判断职业教育办得好不好，就看是否达到两个标准：一是职业能力所要求的基本标准；二是一定比例的职业能力所要求的更高标准。专业群不仅仅是若干专业的集合，其功能也发生了改变。专业主要体现在人才培养上，而专业群建设不仅立足点是人才培养，还包括技术技能平台打造、社会服务、国际合作与交流等。通过专业群来重新整合专业，强调通用性实验、实践、实训平台的共建、共享。

三、高水平专业群怎么建

由于行业、产业和区域间的差异，高水平专业群建设没有一个放之四海而皆准的标准，组群逻辑、建设方式可以有多种。一是围绕产业链和职业岗位群构建专业群。要进一步提高集聚度，准确定位培养规格，做精做深，与国家重点、业界领先企业深度合作，建设兼具产品研发、工艺开发、技术推广、大师培育功能的技术技能平台，服务重点行业和支柱产业发展。二是以核心专业为基础构建专业群。一方面，布局重点建设专业群时要体现高职学校的办学传统和办学特色；另一方面，专业群怎么建应多听取本专业师生的意见。学生可以在专业群的不同方向中进行选择。尊重学生个性化的发展需要，也有利于培养更加符合产业需求的复合型人才。三是以组织变革保障专业群建设。学校的机构设置要有利于专业群的建设和运行。有些高职院校采取的是以群建系（院）的模式，一个院系对应一个专业群，院系的行政负责人同时也是专业群建设的负责人。这样的安排可以使校、院两级管理顺利实施，也可以使师生生存状态和发展指数、组织健康度和成长指数等内涵建设落到实处。

四、如何鉴定和评价高水平专业群的建设成效

建设高水平专业群对产业结构调整和经济转型升级有着重要的推动作用，主要体现在三个维度，即人才培养、教师发展与社会服务。

一是从人才培养维度来评价高水平专业群。高等职业教育以培养高素质技术技能人才和劳动者为己任，在供给侧结构性改革的背景下，高水平专业群应从区域和行业需求分析出发，科学准确制订和实施专业群人才培养方案，依托“优势专业＋特色专业＋品牌专业”，打造

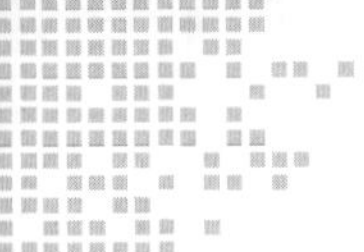

协同生态系统，致力于推动教育链、人才链和产业链、创新链的有机衔接。因此，是否从产业发展角度来研究和谋划高水平专业群建设，以及行业企业用人需求的满足度和用人满意率，是评价高水平专业群的重要标准。

二是从教师发展维度来评价高水平专业群。高素质专业化创新型教师队伍是建设高水平专业群的重要依靠力量，现代职业教育也对高职院校教师提出了更高的期待，要求他们成为同时具备理论教学和实践教学能力的"双师型"教师。以高水平、结构化教学创新团队建设为载体，与行业企业联合，面向职场培养专业群带头人、专业群骨干教师和专业群兼职教师，形成以"双师型"教师为基础、教师教学创新团队为支撑、行业企业兼职教师为补充的教师发展机制，引领和推进高职教育"三教"(教师、教材、教法)改革，是高水平专业群评价的又一标准。

三是从社会服务维度来评价高水平专业群。党的十九大提出要"着力加快建设实体经济、科技创新、现代金融、人力资源协同发展的产业体系"。高水平专业群的布局和统合要紧贴产业发展，明确产业背景和服务领域，通过深化产教融合、校企合作，提升高职院校服务区域经济社会发展的能力。

"双高计划"扬帆起航，希望通过高水平高职院校和专业群的成功建设，积累可复制、可借鉴的改革经验和模式，发挥示范引领作用，形成中国特色高等职业教育的政策、制度、标准体系，推进高等职业教育的高质量发展。

(本文刊载于《江苏教育》2020 年第 20 期)

第五章 《中国特色高水平高职学校和专业建设计划绩效管理暂行办法》专题研究

“治理表”:“双高计划”绩效管理新模式初探

——基于《中国特色高水平高职学校和专业建设计划绩效管理暂行办法》的分析

摘　要:要理解一项教育政策及其演进,就必须了解教育所嵌入的社会政策背景,“双高计划”使高职教育改革发展成为一项公共事务。教育部、财政部日前印发的《中国特色高水平高职学校和专业建设计划绩效管理暂行办法》采用以表格填报和复核进行绩效管理的方式,其中的表格内容既包括院校、专业,也包括社会、政府,利用表格载体,这些主体在一系列基本程序与特定行动的共同作用下,生成了“治理表”现象。在“双高计划”推进过程中,“治理表”被分解为“制表”“对表”

与“验表”三个环节，其在强制性制度向诱致性制度乃至自主性制度变迁的过程中发挥着重要的中介作用。

关键词：“治理表”；“双高计划”；制度变迁

日前，教育部、财政部印发《中国特色高水平高职学校和专业建设计划绩效管理暂行办法》[1]（以下简称《绩效管理办法》），作为教育部、财政部《关于实施中国特色高水平高职学校和专业建设计划的意见》[2]（以下简称“双高计划”）的配套文件，《绩效管理办法》是继《中国特色高水平高职学校和专业建设计划项目遴选管理办法（试行）》[3]（以下简称《遴选管理办法》）之后又一个规范性文件，从而完成了最初政策设计时构想的“一个意见”“两个办法”“三个通知”的规范体系。

与13年前教育部、财政部发布的《国家示范性高等职业院校建设计划管理暂行办法》[4]（以下简称《管理办法》）相比，笔者认为，《绩效管理办法》有三大特点。

一是突出绩效。《绩效管理办法》第一条开宗明义，提出为规范和加强中国特色高水平高职学校和专业建设计划（简称“双高计划”）绩效管理，明确责任，提高资金配置效益和使用效率，确保绩效目标如期实现，而特制定本办法。具体实施过程中，以双高学校绩效自评报告（参考提纲）作为基础文本开展考核评价。

二是条款精简。《绩效管理办法》只有区区12条，与《管理办法》29条的篇幅可谓大幅缩减。主要是因为《管理办法》中的申报评审与组织实施，在《绩效管理办法》出台前的《遴选管理办法》已做了规定，所以在此处就不再赘述了。

三是表格治理。具体体现为采用表格形式进行绩效管理，这集中在《绩效管理办法》的第五条中。该条用附件中的五张表即双高学校建设数据采集表、高水平专业（群）建设数据采集表、基于“双高绩效目标实现贡献度”信息采集表、基于“高水平学校和专业群社会认可度”信息采集表、基于“地方政府(含举办方)重视程度”信息采集表来表征绩效。

在现实的经验场景中,我们高职院校的双高建设办公室里最常见的办公用品是一个个蓝色文件盒,在这些文件盒里装满了包括表格在内的诸多佐证材料。在这些佐证材料重要性越发凸显的表象之下,我们看到,“技术治理”甚至是“数字治理”“表格治理”已经成为重要的治理理念。[5]因此,利用表格进行绩效管理,进而希望达到治理状态的行为就自然而然地发生了。在这里,笔者用“治理表”来概括这种行为,接下来着重围绕这个概念分析“双高计划”绩效管理新模式。

首先,一种宏观的具有根本性、全局性的制度供给,必须建立在对现实社会行动主体制度需求情境加以分析的基础上,这种方法“强调问题与制度和制度变革的原因和后果相联系”[6]。在“项目制”的治理理念下,表格在中国行政系统中的地位日益重要,按常规的行政程序即事前、事中、事后,“治理表”被分解为“制表”“对表”“验表”三个环节。[7]

其次,具体到“双高计划”中,就《绩效管理办法》附件所列的五张表而言,双高学校建设数据采集表和高水平专业(群)建设数据采集表两张表以数据填报为主,侧重于对院校和专业建设情况做定量分析;基于“双高绩效目标实现贡献度”信息采集表、基于“高水平学校和专业群社会认可度”信息采集表和基于“地方政府(含举办方)重视程度”信息采集表这三张表以信息采集为主,侧重于对需求满足和利益相关者的评价做定性分析。

最后,“治理表”在强制性制度向诱致性制度乃至自主性制度变迁的过程中发挥着重要的中介作用。[8]对于政策制定者而言,“双高计划”是一个相对较长的政策过程,其中包含着一系列的政策,也存在一个“渐进调适”的过程,而“治理表”因其所具有的在数据统计、模型建构、比较分析、评价反馈等方面的天然优势,在与其他治理模式的竞争中取得了优势。[9]随着“双高计划”的推进,政府、社会、院校三者间的需求和供给在“治理表”这一框架中得以相遇，这正有利于促进教育制度和教育利益实现平衡。[10]

综上，笔者提出“治理表”的概念，然而在实践中基于表格治理的经验研究却没有得到相应的发展。因此，接下来，笔者所在的研究团队尝试将“治理表”的概念运用于观察和分析中国现阶段高职教育“双高计划”的项目治理中，为制定出与国情相适应的职业教育改革实施政策，进而为推进高职教育高质量发展提供研究支撑。

参考文献

[1] 教育部、财政部关于印发《中国特色高水平高职学校和专业建设计划绩效管理暂行办法》的通知[EB/OL].(2020-12-21)[2020-12-27]. http://www.moe.gov.cn/srcsite/A07/moe_737/s3876_qt/202012/t20201225_507515.html.

[2] 教育部、财政部关于实施中国特色高水平高职学校和专业建设计划的意见[EB/OL].(2019-03-29)[2020-12-20]. http://www.moe.gov.cn/srcsite/A07/moe_737/s3876_qt/201904/t20190402_376471.html.

[3] 教育部、财政部关于印发《中国特色高水平高职学校和专业建设计划项目遴选管理办法(试行)》[EB/OL].(2019-04-19)[2020-12-27]. http://www.gov.cn/xinwen/2019-04/19/content_5384426.htm.

[4] 教育部、财政部关于印发《国家示范性高等职业院校建设计划管理暂行办法》的通知[EB/OL].(2017-07-04)[2020-12-27]. http://www.moe.gov.cn/jyb_xxgk/gk_gbgg/moe_0/moe_1443/moe_1637/tnull_26520.html.

[5] 杜月.制图术:国家治理研究的一个新视角[J].社会学研究,2017(5):192—217.

[6] 道格拉斯·C.诺思,张五常,等.制度变革的经验研究[M].罗仲伟,译.北京:经济科学出版社,2003:2.
[7] 陈正江.教育制度供给与高职院校发展——基于国家示范性高等职业院校建设计划的研究[J].中国高教研究,2016(7):105—109.
[8] 青木昌彦.比较制度分析[M].周黎安,译.上海:上海远东出版社,2001:28.
[9] 陈正江.国家示范性高职院校建设项目运作机制与治理逻辑[J].高教探索,2016(11):80—84.
[10] 康永久.教育制度的生成与变革——新制度教育学论纲[M].北京:教育科学出版社,2004:5.

(原文刊载于2020年12月29日《中国教育报》,有改动)

报表指引双高建设从“怎么看”转向“怎么干”

——基于《中国特色高水平高职学校和专业建设计划绩效管理暂行办法》附件的分析

摘　要：教育部、财政部日前印发的《中国特色高水平高职学校和专业建设计划绩效管理暂行办法》附件包含双高学校绩效自评报告及五张表即双高学校建设数据采集表、高水平专业（群）建设数据采集表、基于“双高绩效目标实现贡献度”信息采集表、基于“高水平学校和专业群社会认可度”信息采集表、基于“地方政府（含举办方）重视程度”信息采集表。这为“双高建设”绘制了“作战图”，明确了“施工图”，双高学校和高水平专业（群）建设要把已有的政策红利用好用足，全面推进“双高计划”，引领职业教育改革发展。

关键词：双高学校；绩效；职业教育

日前，教育部、财政部印发了《中国特色高水平高职学校和专业建设计划绩效管理暂行办法》（以下简称《绩效管理办法》），其附件包含双高学校绩效自评报告及五张表即双高学校建设数据采集表、高水平专业（群）建设数据采集表、基于“双高绩效目标实现贡献度”信息采集表、基于“高水平学校和专业群社会认可度”信息采集表、基于“地方政府（含举办方）重视程度”信息采集表，这为“双高建设”绘制了“作战图”，明确了“施工图”。本文就学习研究双高学校绩效自评报告及五张表谈些笔者个人的思考与意见。

一、报表及其在组织运行中的重要性

做报表对我们来说是再正常不过的事情了，可能是每天都做的工作。对于任何一个组织而言，报表是该组织信息的采集和输出工具，通过报表这个载体，可以了解该组织的数据与信息，为组织及利益相关者决策提供依据。特别是在当前大数据、云计算和人工智能的时代，当报表与这些先进的数据信息处理工具和平台相融合，能更及时、准确、高效地反映组织的运行状态，以便为进一步提升组织绩效提供决策支撑。

二、"双高计划"绩效管理报告

《绩效管理办法》提供了绩效自评报告的参考提纲，为双高学校开展绩效管理提供了指南。具体而言，绩效自评报告包括双高学校绩效目标实现程度及效果，建设任务进度及绩效指标的完成情况，项目预算执行情况，实现双高学校绩效目标采取措施（含改进措施）的有效性（附相关佐证材料），对双高绩效目标实现的贡献度和社会认可度有关情况的说明、经验与做法，未完成或偏离绩效目标的原因以及发现的问题，改进措施及有关工作建议，其他需要特别说明的有关事宜与有关建议等八项内容，其中前四项是必填项，后四项为可选项，这反映出"双高计划"在实施执行过程中，保持了相对的原则性和灵活性，有利于各地各校根据自身情况办出特色，彰显高水平。

三、"双高计划"绩效管理表

"双高计划"绩效管理表包含双高学校建设数据采集表、高水平专业(群)建设数据采集表、基于“双高绩效目标实现贡献度”信息采集表、基于“高水平学校和专业群社会认可度”信息采集表、基于“地方政府(含举办方)重视程度”信息采集表等五张表。事实上,这五张表是绩效自评报告的数据支撑,可以称为“数据版”的自评报告。

这五张表特别对自评报告中的第五部分即双高绩效目标实现的贡献度和社会认可度有关情况进行了说明,其中包含两大方面即双高绩效目标实现的贡献度和社会认可度。具体而言,前者包括引领职业教育改革发展和人才培养,支撑国家战略和地方经济社会发展,形成一批有效支撑职业教育高质量发展的政策、制度、标准等三方面;后者包括学生家长认可度、行业企业认可度、业内影响力、国际影响力等四方面,是对“当地离不开、业内都认同、国际可交流”目标的进一步提升。

事实上,信息积累是一个长期的过程,双高建设的标志性成果及其社会评价等的生成更是一个长期的过程。因此,《绩效管理办法》提供了这种报表模式,这为“双高建设”绘制了“作战图”,明确了“施工图”,双高学校和高水平专业(群)建设要把已有的政策红利用好用足,全面推进“双高计划”,引领职业教育改革发展。

双高建设应将战略导向与目标管理相结合

——双高学校建设数据采集表解读

摘　要:双高学校建设数据采集表是教育部、财政部日前印发的《中国特色高水平高职学校和专业建设计划绩效管理暂行办法》附件中的第一张表,这张表主要包括基础信息、项目资金、绩效指标及其他需要特别说明的问题等四方面的内容,体现出政策设计者将战略管理与目标管理相结合的意图和导向,为双高学校开展建设提供了遵循,指引了方向,双高学校应将战略导向与目标管理相结合,在落实战略导向与开展目标管理的结合中产出建设绩效。

关键词:双高学校;数据采集;战略导向;目标管理

日前,教育部、财政部印发的《中国特色高水平高职学校和专业建设计划绩效管理暂行办法》(以下简称《绩效管理办法》),其附件包含的五张表中第一张表就是双高学校建设数据采集表。本文尝试从战略导向的视角分析双高建设,从目标管理的层面对双高学校建设数据表进行解读。

一、双高学校建设数据采集表概览

双高学校建设数据采集表主要包括基础信息、项目资金、绩效指标及其他需要特别说明的问题等四方面的内容,其中基础信息包括项目建设学校全称、类别(双高建设基础)及专业群名称;项目资金包括预算安排情况和资金使用情况;绩效指标分为一级指标、二级指标、三级指标;最后是其他需要特别说明的问题作为附录。

二、战略导向与目标管理概况

战略导向是确定组织使命，根据外部环境和内部要素确定组织目标，保证战略的正确落实并使组织使命最终得以实现的一个动态过程。目标管理是由组织制定的一定时期内组织期望达到的总目标，然后由各部门和全体员工根据总目标的要求，制定各自的分目标，并积极主动地设法实现这些目标的管理方法。在实践中，前者体现为一种宏观导向，后者体现为一种微观行为，两者之间通过在目标与如何实现目标上达成共识的基础，激励和帮助组织取得优异绩效，从而实现组织目标。

三、"双高建设"的战略导向与目标管理

（一）从战略导向看双高建设

战略导向的核心是明确使命，这种使命既包括国家战略导向，也包括组织使命担当，这在双高建设启动实施过程中得到了充分的体现。

从国家的战略导向来看，2018 年 11 月中央深改委会议通过了《国家职业教育改革实施方案》（以下简称《实施方案》），并于 2019 年 1 月发布，《实施方案》提出"启动实施中国特色高水平高等职业学校和专业建设计划，建设一批引领改革、支撑发展、中国特色、世界水平的高等职业学校和骨干专业（群）"；2019 年 2 月，中共中央、国务院发布的《中国教育现代化 2035》，在十大战略任务中就包含"集中力量建成一批中国特色高水平职业院校和专业"；2019 年 4 月，教育部、财政部发布了《关于实施中国特色高水平高职学校和专业建设计划的意见》（以下简称"双高计划"），明确要集中力量建设 50 所左右高水平高职学校和 150

个左右高水平专业群，打造技术技能人才培养高地和技术技能创新服务平台，支撑国家重点产业、区域支柱产业发展，引领新时代职业教育实现高质量发展。

从组织的使命担当来看，双高建设的使命是建设一批引领改革、支撑发展、中国特色、世界水平的高等职业学校和骨干专业（群），要完成这个使命，56 所“双高计划”建设立项学校和 197 个高水平专业群首先必须在基于类型特色打造上下功夫，立足于基于类型特色的自身建设上见成效，将落实《实施方案》作为必修课，将实施“双高计划”作为必答题，通过开展“一加强、四打造、五提升”十大任务，完成好推进高等职业教育高质量发展这份时代答卷。在这个意义上，双高学校建设的项目必须从资金预算安排和资金使用两个方面予以加强，因为无论是中央财政投入资金、地方各级财政投入资金，还是举办方投入资金、行业企业支持资金，都是外部对学校完成双高建设的重要支持。因此对投入绩效提出要求是必需的，这也在另一方面促使学校要以更大的担当来完成这一光荣使命。

（二）从目标管理看双高学校建设数据采集表

目标管理是由组织制定的一定时期内组织期望达到的总目标，然后由各部门和全体员工根据总目标的要求，制定各自的分目标，并积极主动地设法实现这些目标的管理方法。根据“双高计划”明确的十大任务，双高建设学校自身内涵建设主要体现在“一加强、四打造、五提升”上，其中，加强党的建设是出发点，发挥着重要的指导和引领作用，也就是在党建指导和引领双高建设的前提下，通过完成九大任务即“四打造”——打造技术技能人才培养高地、打造技术技能创新服务平台、打造高水平专业群、打造高水平双师队伍和“五提升”——提升校企合作水平、提升服务发展水平、提升学校治理水平、提升信息化水平、提升国际化水平来强化内涵建设，带动职业教育持续深化改革，实现高

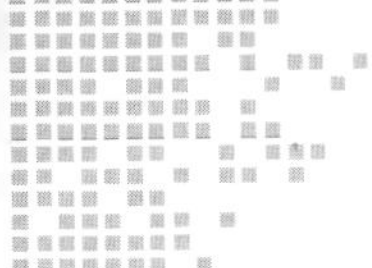

质量发展。

双高学校建设数据采集表包括指标、目标值、实现值三大要素，其中指标包括一级指标、二级指标和三级指标，而这些指标在一种逐级递进的关系中形成指标体系，即一级指标分别细化为若干个二级指标，二级指标又分别细化为若干个三级指标。同时，目标值、实现值均以累计数的形式呈现，这种增量体现出项目建设的效益，其中，目标值包括实施期满目标值和阶段性目标值。

具体而言，指标体系中包括产出指标、效益指标、满意度指标三个一级指标。同时，在产出指标项下又包括数量指标、质量指标、时效指标；在效益指标项下又包括社会效益指标、可持续影响指标；在满意度指标项下又包括服务对象满意度指标。产出指标项下的数量指标、质量指标均以完成“四打造”“五提升”为其具体工作内容，《绩效管理办法》要求“双高计划”学校提供5个左右反映十大建设任务的案例，原则上每个案例不少于500字；时效指标以任务完成进度为其具体评价方式；效益指标项下的社会效益指标将引领职业教育改革发展和人才培养的贡献度，支撑国家战略和区域经济社会发展的贡献度，推动形成一批国家层面有效支撑职业教育高质量发展的政策、制度、标准的贡献度作为测量依据，可持续影响指标则把项目标志性成果可持续影响的时间作为评价标准。满意度指标项下的服务对象满意度指标，则从在校生、毕业生、教职工、用人单位、家长这些学校中的主体及利益相关者的角度进行测量。也就是说，在实践中，这种测量应具有定量统计和定性描述相结合的特征。

此外，双高学校建设数据采集表要求填报类别（双高建设基础），这将是下一步分类管理和分类考核的依据，此处不做赘述。

对标对表　进一步提升高水平专业群建设水平

——基于高水平专业(群)建设数据采集表的分析

摘　要:教育部、财政部日前印发的《中国特色高水平高职学校和专业建设计划绩效管理暂行办法》附件包含高水平专业(群)建设数据采集表。高水平专业群建设是“双高计划”的重要内容,全国 253 个高水平专业群的内涵式发展要求提升每一个专业群人才培养环节的质量。高水平专业(群)建设数据采集表产出指标项下的数量指标、质量指标均包括人才培养模式创新、课程教学资源建设、教材与教法改革、教师教学创新团队、实践教学基地、技术技能平台、社会服务、国际交流与合作等八个方面,通过促进专业资源整合和结构优化,发挥专业群的集聚效应和服务功能。

关键词:高水平专业(群)建设;数据采集表;指标体系

日前,教育部、财政部印发的《中国特色高水平高职学校和专业建设计划绩效管理暂行办法》(以下简称《绩效管理办法》)[1],其附件包含双高学校建设数据采集表、高水平专业(群)建设数据采集表等五张表。本文就高水平专业(群)建设数据采集表进行分析和解读。

一、高水平专业(群)建设数据采集表概览

高水平专业(群)建设数据采集表,主要包括绩效指标及其他需要特别说明的问题两部分内容,更显精简和聚焦。与双高学校建设数据采集表绩效指标的形式相同,高水平专业(群)建设数据采集表也包括指标、目标值、实现值三大要素,同时也由一级指标、二级指标、三级指

标三个层次构成，即一级指标分别细化为若干个二级指标，二级指标又分别细化为若干个三级指标。同时，目标值、实现值均以累计数的形式呈现，这种增量体现出项目建设的效益，其中，目标值包括实施期满目标值和阶段性目标值。

二、高水平专业（群）建设数据采集表中的指标体系

高水平专业（群）建设数据采集表中的指标包括产出指标、效益指标、满意度指标，在产出指标项下又包括数量指标、质量指标、时效指标，在效益指标项下又包括社会效益指标、可持续影响指标，在满意度指标项下又包括服务对象满意度指标。时效指标以任务完成进度为其具体评价方式；《绩效管理办法》要求“双高计划”专业群需要提供5个左右反映专业群九大建设任务的案例，每个案例不少于500字。效益指标项下的社会效益指标将引领职业教育改革发展和人才培养的贡献度，支撑国家战略和区域经济社会发展的贡献度，推动形成一批国家层面有效支撑职业教育高质量发展的政策、制度、标准的贡献度作为测量依据，可持续影响指标则把项目标志性成果可持续影响的时间作为评价标准。满意度指标项下的服务对象满意度指标则从在校生、毕业生、教职工、用人单位、家长这些学校中的主体及利益相关者的角度进行测量。也就是说，在实践中，这种测量应具有定量统计和定性描述相结合的特征。

三、高水平专业（群）建设数据采集表产出指标分析与解读

高等职业教育以培养高素质技术技能人才和劳动者为己任，“双高计划”采用高水平学校和高水平专业群两类布局和模式，这意味着

专业群建设就成为高水平高职教育的重要基石，全国253个高水平专业群的内涵式发展要求提升每一个专业群人才培养环节的质量。[2]高水平专业(群)建设数据采集表产出指标项下的数量指标、质量指标均包括人才培养模式创新、课程教学资源建设、教材与教法改革、教师教学创新团队、实践教学基地、技术技能平台、社会服务、国际交流与合作等八个方面，通过促进专业资源整合和结构优化，发挥专业群的集聚效应和服务功能。

(一)人才培养模式创新

专业教育是动态响应和服务国家重大战略和区域经济社会发展需求、培养经济社会建设所需应用型专门人才的主渠道。人才培养模式是指在一定的教育思想指导下，为达到所追求的人才培养目标而确立的学生需要具备的知识、能力、素质结构，以及为达成该目标而建立的组织、制度和方法。[3]通常而言，人才培养方案主要分为课程建设、培养模式和培养环节、教学支撑体系三个部分。按照"厚基础、宽口径、强实践、重创新"的培养理念，拓宽专业基础，加强专业交叉与融合，以"项目制"扎实推进专业群建设。[4]

(二)课程教学资源建设

社会经济和科技产业的迅速发展，使得能力培养的重要性远远超过现成知识的获取。面向区域或行业重点产业，依托优势特色专业，健全对接产业、动态调整、自我完善的专业群建设发展机制，实现人才培养供给侧和产业需求侧结构要素全方位融合。精品课的建设在高职教育界树立了好课程的典范，每个学校的教学传统在一门门精品课程、在线开放课程，一个个"双师型"创新性教学团队中继承发展。精品课的建设包括基础课、公共外语、思政课、体育课、通识课程、转专业课程等各个方面，并发挥优质课程和资源的引领示范作用。

(三)教材与教法改革

“三教”是教学基本建设的重要内容,教师、教材、教法分别对应解决“谁来教”“教什么”“如何教”三个核心问题。[5]高水平专业(群)建设数据采集表将教材与教法改革和教师教学创新团队并列,为我们深化教育教学改革、推动内涵式发展奠定了良好的基础。深化“三教”改革,对于建设中国特色、世界水平的高质量人才培养体系意义重大,有助于实现课堂革命。

(四)教师教学创新团队

“百年大计、教育为本,教育大计、教师为本。”教师是推动“三教”改革的主体,制订和实施教师教学能力提升计划,构建更为完善有效的教师教学培训体系。在此基础上,不断推进教师教学培训实现全覆盖。特别重要的是,专业带头人作为高水平专业群建设的领导者、组织者和具体实施者,对专业群建设的目标定位、课程体系建设、人才培养、科研和社会服务等具有重大关系乃至产生着决定性影响,因此要加大专业带头人培养培训力度。[6]在教师队伍建设上,要加强学校自身培养外,还要通过引进高层次人才或聘任行业专家、优秀校友等担任兼课教师的方式,进一步充实提升师资力量和质量,着力构建“顶尖专家学者、双专业带头人、双师型教师”三位一体高水平、结构化教师教学创新团队。

(五)实践教学基地

随着“互联网+职业教育”的迅猛发展,教师运用现代信息技术更新教材和改进教法成为新常态,具体表现为适应新技术的需求,通过创造性的转化,将其纳入教学标准和教学内容,这种新技术在实验、实训、实习等教学过程的关键环节中的应用尤为重要,这些都是保证教学质量的前提条件。[7]在这个过程中,就需要吸引企业联合建设产业学院和企业工作室、实验室、创新基地、实践基地，将新技术、新工艺、新规范等产业先进元素纳入教学标准和教学内容，建设开放共享的专业群课程教学资源和实践教学基地，注重加强实践教育并落实到学生培养全过程。

(六)技术技能平台

"职业教育是以技能为中心的综合职业能力的教育"[8]，技术技能的积累是高职教育的重要特征，这就要求高职院校以应用技术解决生产生活中的实际问题。为此，必须打破在学校里办教育的思维定势，深化产教融合，强化教学、学习、实训相融合的教育教学活动，推动专业设置与产业需求对接，课程内容与职业标准对接，教学过程与生产过程对接，毕业证书与职业资格证书对接，在教学改革中紧贴职业实践，融入职业要素，完善职业教育和培训体系。[9]加强新产品开发和技术成果的推广转化，推动中小企业的技术研发和产品升级，服务乡村振兴战略，广泛开展面向农业农村的职业教育和培训。面向区域经济社会发展急需的紧缺领域，大力开展高技能人才培训。积极主动开展职工继续教育，拓展社区教育和终身学习服务。

(七)社会服务

社会服务是高等教育的重要职能，也是其不可回避的责任。[10]高水平专业群与行业领先企业在人才培养、技术创新、社会服务、就业创业、文化传承等方面深度合作，形成校企命运共同体。把握全球产业发展、国内产业升级的新机遇，主动参与供需对接和流程再造，推动专业建设与产业发展相适应，实质推进协同育人。[11]施行校企联合培养、双主体育人的中国特色现代学徒制。推行面向企业真实生产环境的任务式培养模式。牵头组建职业教育集团，推进实体化运作，实现资源共建共享。[12]

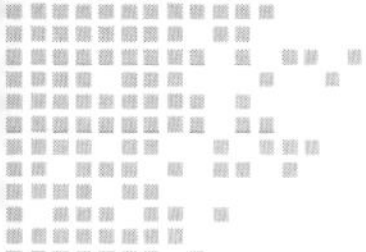

(八)国际交流与合作

加强与职业教育发达国家的交流合作,引进优质职业教育资源,参与制订职业教育国际标准。开发国际通用的专业标准和课程体系,推出一批具有国际影响的高质量专业标准、课程标准、教学资源,打造中国职业教育国际品牌。积极参与"一带一路"建设和国际产能合作,培养国际化技术技能人才,促进中外人文交流。探索援助发展中国家职业教育的渠道和模式。开展国际职业教育服务,承接"走出去"中资企业海外员工教育培训,建设一批鲁班工坊,推动技术技能人才本土化。

早在20世纪80年代初,时任联合国教科文组织高等教育发展主任、教育专家纳伊曼指出,未来学专家对明天曾做过预言:"高等教育计划中将包括从成人中选择'监护人'——会计、医生、工程师、商人、木匠、建筑人员、规划人员,他们都可成为'校外学校'中的老师。"这使得学校的教学与职业工作紧密联系在一起。[13]高水平专业群建设对高职院校的发展具有重要的意义,也一定会产生深远的影响;而全面推进高水平专业建设的关键在于落实。我国高职教育有着"基层出政策"的优良传统,很多院校在专业群建设实践中创造性地开展工作,积累了很多好的经验和做法,尤其是部分学校在很多方面的创新性举措收到了特别好的成效。[14]如何把这些好的经验和做法以及行之有效的举措总结推广开来,建立健全多方协同的专业群可持续发展保障机制,推动高职教育高水平专业群建设不断深入,不断提升高职教育人才培养质量,这将是"双高计划"永恒的主题。

参考文献

[1] 教育部、财政部关于印发《中国特色高水平高职学校和专业建设计划绩效管理暂行办法》的通知[EB/OL].(2020-12-21)[2020-12-27]. http://www.moe.gov.cn/srcsite/A07/moe_737/s3876_qt/202012/t20201225_507515.html.

[2] 教育部、财政部关于中国特色高水平高职学校和专业建设计划拟建单位的公示[EB/OL].(2019-10-26)[2020-12-27]. http://www.gov.cn:8080/xinwen/2019-10/26/content_5445161.html.

[3] 陈正江.高职教育高水平专业建设——基于专门性人才培养与专业化教师发展的二维审视[J].中国职业技术教育,2019(2):78—83.

[4] 周建松,孔德兰,陈正江.高职院校高水平专业建设政策演进、特征分析与路径选择[J].中国职业技术教育,2017(25):41—48.

[5] 周建松,陈正江.高职院校“三教”改革:背景、内涵与路径[J].中国大学教学,2019(9):91—95.

[6] 王亚南.高职学校专业带头人专业化的制度制约及优化路径[J].高等工程教育研究,2019(2):108—112.

[7] 张红.高职院校高水平专业群建设的路径选择[J].中国高教研究,2019(6):105—108.

[8] 黄尧.职业教育学——原理与应用[M].北京:高等教育出版社,2009:19.

[9] 潘海生.中国特色高水平专业群建设的核心任务与建设路径[J].大学教育科学,2020(1):116—118.

[10] 刘晓.高职学校高水平专业群建设:组群逻辑与行动方略[J].中国高教研究,2020(6):104—108.

[11] 王亚南,成军.高职学校高水平专业群建构:内涵意蕴、逻辑及技

术路径[J]. 大学教育科学,2020(6):118—124.

[12] 陈正江. 关于高水平专业群建设的四个问题[J]. 江苏教育,2020(20):75—76,80.

[13] 欧阳河. 以范式改革推进高水平专业群建设[N]. 中国教育报,2020-03-03(9).

[14] 纳伊曼. 世界高等教育的发展趋势[M]. 北京:教育科学出版社,1982:136.

以双高建设绩效彰显“大有作为”贡献度

——基于“双高绩效目标实现贡献度”信息采集表的解读

摘　要:作为教育部、财政部日前印发的《中国特色高水平高职学校和专业建设计划绩效管理暂行办法》附件中三张非必填项之一,基于“双高绩效目标实现贡献度”信息采集表从引领职业教育改革发展和人才培养方面,支撑国家战略和地方经济社会发展方面,推动形成一批国家层面有效支撑职业教育高质量发展的政策、制度、标准方面对双高绩效目标实现贡献度进行定量和定性的测量和评价,并以指标、编码和标志性成果的形式彰显“双高计划”的成效。

关键词:“双高建设”;绩效;贡献度

日前,教育部、财政部印发的《中国特色高水平高职学校和专业建设计划绩效管理暂行办法》(以下简称《绩效管理办法》),对标党的十九届五中全会的部署要求,对接国家战略需要,响应改革任务部署,紧盯“引领”、强化“支撑”、凸显“高”、彰显“强”、体现“特”,通过绩效评价体现示范引领作用,力争以项目建设带动职业教育发展大有作为。[1]《绩效管理办法》附件中有三张非必填项的表格,基于“双高绩效目标实现贡献度”信息采集表是其中的一张。本文对该表进行分析和解读。

一、基于“双高绩效目标实现贡献度”信息采集表概览

围绕办好新时代职业教育的新要求,基于“双高绩效目标实现贡献度”信息采集表,从引领职业教育改革发展和人才培养方面,支撑国家战略和地方经济社会发展方面,推动形成一批国家层面有效支撑职

业教育高质量发展的政策、制度、标准方面三个维度对双高绩效目标实现贡献度进行定量和定性的测量和评价。[2]每个维度均包括标志性成果名称、绩效目标设定中对应的三级指标编码与指标值、标志性成果简介、社会评价佐证材料目录四个要素。具体而言，绩效目标设定中对应的三级指标包括数量指标、质量指标、社会效益指标、可持续影响指标等，其中数量指标为定量指标，其他三个指标为定量与定性相结合指标，这些指标都是为了佐证标志性成果，而标志性成果又由名称、简介及社会评价佐证材料目录等构成。

二、基于"双高绩效目标实现贡献度"信息采集表中的三个维度

《教育部、财政部关于实施中国特色高水平高职学校和专业建设计划的意见》(以下简称"双高计划")开宗明义：为深入贯彻落实全国教育大会精神，落实《国家职业教育改革实施方案》，集中力量建设一批引领改革、支撑发展、中国特色、世界水平的高职学校和专业群，带动职业教育持续深化改革，强化内涵建设，实现高质量发展。[3]《绩效管理办法》附件基于"双高绩效目标实现贡献度"信息采集表中的三个维度，就是根据以上宗旨而设定的。

(一)引领职业教育改革发展和人才培养方面

"双高计划"为建设教育强国、人才强国做出重要贡献，推动职业教育"下好一盘大棋"，并致力于把职业教育改革发展的"龙头"舞起来，[4]这反映了国家加快实现职业教育现代化的制度取向，回应了高职教育推进高质量发展的制度需求。通过实施"双高计划"，促进高职学校和专业群办学水平、服务能力、国际影响显著提升，为职业教育改革发展和培养千万计的高素质技术技能人才发挥示范引领作用，建设一大批

当地离不开、业内都认同、社会均满意、国际可交流的高职院校，[5]持续为职业教育高质量发展打造样板、树立标杆贡献力量。

(二)支撑国家战略和地方经济社会发展方面

我国高等职业教育与改革开放同步，40 多年来尤其是进入 21 世纪后，在积极推进高等教育大众化和加快发展职业教育双重政策的推动下，我国高等职业教育实现了历史性的发展，为支撑国家战略和地方经济社会发展做出了历史性贡献。中国特色社会主义进入了新时代，从服务建设现代化经济体系和更高质量更充分就业需要出发，高等职业教育必须牢固树立新发展理念，聚焦高端产业和产业高端，不断深化产教融合、校企合作，引领职业教育服务国家战略、融入区域发展、促进产业升级，推动职业教育长入经济、汇入生活、融入文化、渗入人心、进入议程。[6]

(三)推动形成一批国家层面有效支撑职业教育高质量发展的政策、制度、标准方面

政策、制度、标准在推进国家治理体系和治理能力现代化的过程中发挥着重要作用。在我国现实国情条件下，各级政府是各类推动经济社会发展项目的最重要的供给主体，随着政府职能逐渐向提供公共服务的转变，计划逐渐成为政府公共服务体制的重要载体，以计划推进高职教育改革和发展也是实现这种公共服务的重要手段。高等职业教育改革与发展的显著特征是“计划驱动与项目引领”，[7]随着《国家职业教育改革实施方案》的颁布，我国高等职业教育迎来了新一轮制度供给，持续出台的政策措施推动着高职教育大发展、大改革、大提高。[9]

三、基于“双高绩效目标实现贡献度”信息采集表中的指标、编码与标志性成果

就“双高计划”而言，不到两年时间，就完成了政策“组合拳”即一个《意见》、两个《办法》、三个《通知》。[8]《意见》立足于“建”，明确学校改革发展任务和中央地方保障举措；《遴选管理办法》立足于“选”，明确遴选条件和程序，公开申请、公平竞争、公正认定；《绩效评价办法》立足于“管”，突出过程管理、动态调整，保证建设质量。当然，“双高计划”的推进不能仅仅停留在政策、制度、标准层面，它必须依靠具体的运作机制和操作方式才能落地实施。[10]基于“双高绩效目标实现贡献度”信息采集表就是这样的一项运作机制，其中的指标与编码就是为了实现这项运作机制的可操作、可复制、可推广而设计的。

（一）指标

作为非必填项的一张表，基于“双高绩效目标实现贡献度”信息采集表具有开放性。也就是说，填表前要先判断绩效目标设定中有无对应的三级指标，如有，才填，然后根据对应的三级指标填写指标值。这种能充分发挥职业院校的主动性和创造性，鼓励其根据本校建设方案自行设置指标，学校根据设定绩效目标开展自评，并按照年度、中期及实施期结束后三个阶段进行填报，省级和中央在此基础上，按照规则和程序进行检查评价，督促学校落实建设主体责任，持续提高建设水平。

（二）编码

编码是信息从一种形式或格式转换为另一种形式的过程，将数据转换为代码或编码字符，并能译为原数据形式，是计算机书写指令的过程，程序设计中的一部分。由编码构成的编码体系有利于人们运用计算机批量处理数据和信息。《办法》设计了“双高计划”建设数据采集样表,这些样表旨在引导和规范197所“双高计划”建设单位能根据建设情况,及时、准确、完整地采集数据,当这些海量数据生成后,通过一定的编码规则进行转换,使之成为信息,而这些信息可更好地为“双高计划”建设单位、政府部门、社会公众所知晓和应用,进一步彰显数字治理在“双高计划”中的显著成效。

(三)标志性成果

基于“双高绩效目标实现贡献度”信息采集表中特别对标志性成果予以强调,标志性成果主要包括名称和简介,每个维度的标志性成果简介不超过1000字,同时要以社会评价作为佐证,并附列材料目录。可以说,标志性成果是“双高计划”建设成效的重要体现,必须做到有始有终、有声有色、有果有实、有形有神。2020年6月,中共浙江省委十四届七次全会提出要全面落实习近平总书记考察浙江重要讲话精神,建设好十个方面“重要窗口”,加快形成13项具有中国气派和浙江辨识度的重大标志性成果。[11]作为“双高计划”项目建设单位,我们必须提出符合自身实际、务实可行的目标、任务、举措,以重大标志性成果为牵引,争创制度优势,提升治理效能,打造硬核成果,彰显建设“重要窗口”的使命担当。

参考文献

[1] 教育部、财政部联合印发“双高计划”绩效管理暂行办法并召开项目建设推进视频会[EB/OL].(2020-12-08)[2020-12-28]. http://www.moe.gov.cn/jyb_xwfb/gzdt_gzdt/s5987/202012/t20201228_507880.html.

[2] 教育部、财政部关于印发《中国特色高水平高职学校和专业建设计

划绩效管理暂行办法》的通知[EB/OL].(2020-12-23)[2020-12-25]. http://www.moe.gov.cn/srcsite/A07/moe_737/s3876_qt/202012/t20201225_507515.html.

[3] 教育部、财政部关于实施中国特色高水平高职学校和专业建设计划的意见[EB/OL].(2019-04-01)[2019-04-05]. http://www.moe.gov.cn/srcsite/A07/moe_737/s3876_qt/201904/t20190402_376471.html.

[4] 高志研.“双高计划”引领新时代职业教育高质量发展[N].中国教育报,2019-04-09(9).

[5] 王继平.扎根中国大地,奋力办好新时代职业教育[EB/OL].(2018-11-07)[2020-12-28]. http://www.moe.gov.cn/jyb_xwfb/xw_fbh/moe_2069/xwfbh_2018n/xwfb_20181107/sfcl/201811/t20181107_353850.html.

[6] 陈子季.用系统思维下好“职业教育一盘大棋”[N].中国教育报,2020-12-03(1).

[7] 周建松,陈正江.政策驱动与项目引领:高职教育发展的制度逻辑——基于“示范计划”和“双高计划”的分析[J].黑龙江高教研究,2019(9):116—119.

[8] 10问答权威解读“双高计划”,看职业教育如何“下好一盘大棋”[EB/OL].(2019-04-08)[2019-04-09]. https://news.china.com/zw/news/13000776/20190409/35622048_all.html.

[9] 马树超,郭扬,等.中国高等职业教育历史的抉择[M].北京:高等教育出版社,2009:215.

[10] 康翠萍.“治策”“知策”“行策”:教育发展规划决策模式及其选择[J].教育研究,2015(9):46—50.

[11] 本报特约评论员.加快形成一批具有中国气派和浙江辨识度的重大标志性成果[N].浙江日报,2020-06-24(1).

双高建设:政策驱动与政府主导的制度逻辑

——基于"地方政府(含举办方)重视程度"信息采集表的拓展性分析

摘　要:作为教育部、财政部日前印发的《中国特色高水平高职学校和专业建设计划绩效管理暂行办法》附件中三张非必填项之一基于"地方政府(含举办方)重视程度"信息采集表,从地方性政策制度、地方政府主要领导联系学校机制的建立与运行、地方政府主导共建的技术技能人才培养及创新与服务平台、人财物的投入等四个维度,对地方政府(含举办方)重视双高建设的程度进行定量和定性的测量和评价,构建政府行业企业学校协同推进双高建设新机制。

关键词:信息采集表;政府行为;院校治理

日前,教育部、财政部印发了《中国特色高水平高职学校和专业建设计划绩效管理暂行办法》[1](以下简称《绩效管理办法》),其附件中有三张非必填项的表格,基于"地方政府(含举办方)重视程度"信息采集表解读是其中的一张。本文对该表进行分析和解读。

一、基于"地方政府(含举办方)重视程度"信息采集表概览

基于"地方政府(含举办方)重视程度"信息采集表,从地方性政策制度、地方政府主要领导联系学校机制的建立与运行、地方政府主导共建的技术技能人才培养及创新与服务平台、人财物的投入等四个维度,对地方政府(含举办方)重视双高建设的程度进行定量和定性的测量和评价。

二、基于“地方政府(含举办方)重视程度”信息采集表四个维度的拓展性分析

《教育部、财政部关于实施中国特色高水平高职学校和专业建设计划的意见》(教职成〔2019〕5 号)明确的基本原则之一为坚持省级统筹,即发挥地方支持职业教育改革发展的积极性和主动性,加大资金和政策保障力度。中央财政以奖补的形式通过相关转移支付给予引导支持。多渠道扩大资源供给,构建政府行业企业学校协同推进职业教育发展新机制。《绩效管理办法》主要从以下四个方面采集信息,进而对地方政府(含举办方)重视双高建设的程度进行定量和定性的测量和评价。

(一)地方性政策制度

改革开放 40 多年来,我国高等职业教育改革的显著特征是“政策驱动”。在我国现实国情条件下,各级政府是各类推动经济社会发展项目的最重要的供给主体,随着政府职能逐渐向提供公共服务的转变,尤其在国家加快发展现代职业教育的主题背景下,政府在考量高职院校发展实际需求的基础上,发挥其宏观引导作用,制定规则和监督执行,以保证竞争的公平和兼顾各方利益平衡。虽然不是每一项政策都会驱动改革,但每一次改革背后毫无疑问都会有政府的政策驱动。政策驱动改革的背后,既反映了高等职业教育改革自身的路径依赖,也凸显了国家治理中“政令出于中央”的一贯逻辑。[2]

政策驱动高等职业教育改革的成功得益于行政权力的强制性、“锦标赛”体制以及对顺从的激励。由于政府所拥有的体制权威,使得以政府主导成为当代中国国家治理的制度逻辑。作为新旧治理体制衔接的一个重要机制,政策是推动各项建设的重要载体和平台。依托

政策所具有的信息交换、资源配置和利益分享等功能，政府意图与高职院校意愿得以聚合。政策反映出政府行政方式和高职院校办学模式的调整，其作用的发挥远远超越了作为一项技术性管理手段的价值，达成整合高职教育资源、推动高职院校发展的目标。[3]

（二）地方政府主要领导联系学校机制的建立与运行

一项教育改革的成功在很大程度上取决于教育规划方案的科学性、合理性，但选择什么样的方案则又取决于规划决策的主体及其决策模式。[4]在我国当前的中央与地方关系局面下，行政体制本身会内生出一种“锦标赛”的独特现象，即中央会在经济上向地方政府大规模放权，并通过各种方式鼓励和促使地方政府在主要的经济指标上展开竞赛。事实上，这种状况已从经济领域延伸到社会领域，通常这种竞赛在严格的设计下展开，各级政府及其领导人、各类组织乃至普通民众都被动员起来，类似于竞技比赛。[5]上海交通大学校长翁史烈曾言：“学校改革中出现的问题根源并不完全在于体制，而很大程度在于缺乏良好的运行机制，在目前外部条件还不十分完备的情况下，学校改革将主要依靠自身的努力，通过练内功建立起良好的运行机制。”[6]

诺斯把制度定义为“博弈规则”。他把博弈规则分为两类：正式规则——宪法、产权制度和契约，和非正式规则——规范和习俗。[7]其中存在的“一个关键的假定就是通过减少管理过程中规划项目的创新性和环境的不确定性与执行机构的管理能力之间的差距，计划者可以在设计阶段显著地提高规划发展计划的实施水平”[8]。地方政府主要领导作为一种制度主体，其主导着政府与高职院校，各高职院校之间以及高职院校内部的结构关联，由此形成从中央到地方、从政府到高职院校上下之间动员、中介与反馈等一系列动态的运行机制。[9]

（三）地方政府主导共建的技术技能人才培养及创新与服务平台

作为在高等教育和职业教育两大体系交叉领域中生成的一种教

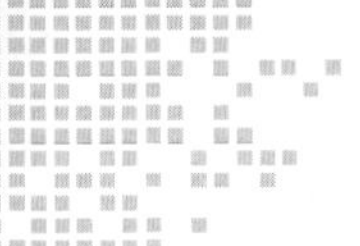

育类型，高等职业教育具有鲜明的历史特征与深刻的制度烙印。研究表明，政策是推动我国高等职业教育发展的重要动力，现代化导向是政策生成的主导逻辑，政府、院校市场共同推进是高等职业教育发展的基本方式。政策发布形式多样化、多以计划方式推进、发布载体多为会议和文件，这些政策形式具有很强的连续性。[10]随着我国教育体制改革的深入推进，高等职业教育中许多带有历史特征的制度和政策因素发生着深刻的变化。[11]在“双高计划”中，技术技能人才培养及创新与服务平台成为重要任务，地方政府从合法性建构、制度建设、权威价值引导三方面赋予双高计划以完整的价值和意义，这里存在着政策的供给问题、可信承诺问题和相互监督问题。[12]

（四）人财物的投入

教育政策有效需求的界定，一方面要考虑政策需求主体利益及其教育责任，另一方面要考虑政府对于政策的资金配置与支付能力。中央政府掌握着项目在各个产业领域院校的支付重点的决定权，通过项目的形式承载和分配资金，表明其政策导向。[13]如果没有国家和地方政府财政专项的支持，双高建设是难以持续和完成的。政府运用公共财政支持双高建设并以项目方式配置资金，而高职院校通过项目反映其发展诉求与资金需求，这就使得自上而下的政府资金供给与自下而上的资金需求得以对接。[14]这些项目资金支付大多由“条线”部门采取专项支付或者以项目资金的形式自上而下地转移和流动，而高职院校则需要通过申请项目的形式来获得转移支付，项目资金实行专项支付和专款专用。对于项目院校，中央财政安排建设经费，并要求地方政府向批准立项的院校建设项目配套投入。随着自上而下项目建设资金规模的扩大和管理监督手段的使用，财政资金专项化的各种以项目管理为中心的政策、制度和机制建立了起来。[15]

三、结　语

党的十八届三中全会提出:“完善和发展中国特色社会主义制度,推进国家治理体系和治理能力现代化。”[16]高职院校治理体系和治理能力现代化的进程,不仅在很大程度上反映着构建现代职业教育体系的进程,也反映着高职教育高质量发展的进程。[17]“一定程度的压力能够克服隐蔽环境里人类满足环境的本性和避重就轻的工作态度。”[18]因此,在中国特色社会主义新时代,特别是在中国特色高水平高职学校与专业建设计划的过程中,高等职业教育政策的演进需要充分考量激励相容,以保持政府、行业企业与院校之间的张力,构建政府行业企业学校协同推进双高建设新机制。

参考文献

[1] 教育部、财政部关于印发《中国特色高水平高职学校和专业建设计划绩效管理暂行办法》的通知[EB/OL].(2020-12-23)[2020-12-25]. http://www.moe.gov.cn/srcsite/A07/moe_737/s3876_qt/202012/t20201225_507515.html.

[2] 王建华.政策驱动高等教育改革的背后[J].清华大学教育研究,2019(1):56—64.

[3] 陈正江.国家示范性高职院校建设项目运作机制与治理逻辑[J].高教探索,2016(11):80—85.

[4] 康翠萍.“治策”“知策”“行策”:教育发展规划决策模式及其选择[J].教育研究,2015(9):46—50.

[5] 周飞舟.锦标赛体制[J].社会学研究,2009(3):54—77,244.

[6] 眭依凡.论大学[M].北京:人民教育出版社,2017:134.

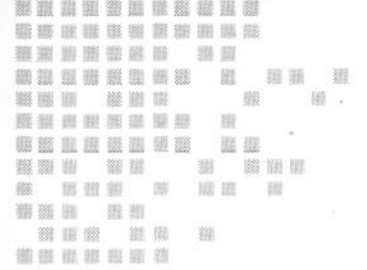

[7] 青木昌彦，周黎安，王珊珊. 什么是制度？我们如何理解制度？[J]. 经济社会体制比较，2000(6)：28—38.

[8] T. 胡森，T. N. 波斯尔斯伟特. 教育大百科全书：教育政策与规划[M]. 重庆：西南大学出版社，2011：99.

[9] 阎光才. 政策情境、组织行为逻辑与个人行为选择——四十年来项目制的政策效应与高校组织变迁[J]. 高等教育研究，2019(7)：33—45.

[10] 周建松，陈正江. 改革开放以来我国高等职业教育发展政策的演进[J]. 教育学术月刊，2019(12)：3—8.

[11] 周建松，陈正江. 我国高等职业教育政策的演进——基于1996—2016年三个重大事件的分析[J]. 中国人民大学教育学刊，2016(4)：41—50.

[12] 埃莉诺·奥斯特罗姆. 公共事物的治理之道——集体行动制度的演进[M]. 余逊达，陈旭东，译. 上海：上海译文出版社，2014：274.

[13] 折晓叶，陈婴婴. 项目制的分级运作机制和治理逻辑——对“项目进村”案例的社会学分析[J]. 中国社会科学，2011(4)：126—148.

[14] 周雪光. 中国国家治理的制度逻辑——一个组织学研究[M]. 北京：生活·读书·新知三联书店，2017：38.

[15] 周雪光，刘世定，折晓叶. 国家建设与政府行为[M]. 北京：中国社会科学出版社，2012：46.

[16] 中共中央关于全面深化改革若干重大问题的决定[EB/OL]. (2013-11-15)[2013-11-26]. http://cpc.people.com.cn/n/2013/1115/c64094-23559163.html.

[17] 周建松，陈正江. 高职院校治理体系现代化：理论意涵与实现机制[J]. 现代教育管理，2016(7)：6—12.

[18] 罗伯特·W. 麦克米金. 教育发展的激励理论[M]. 武向荣，译. 北京：北京师范大学出版社，2008：92.

对标对表 做好"双高学校"绩效自评报告

——基于基准化分析的视角

摘 要：教育部、财政部日前印发的《中国特色高水平高职学校和专业建设计划绩效管理暂行办法》附件中列举了双高学校绩效自评报告及双高学校建设数据采集表等五张表，这种新模式运用基准化分析法进行绩效评估，旨在通过"自评报告+治理表"的应用来规范和加强绩效管理，提高资金配置效益和使用效率，有助于院校和其他学校比较建设成效，并制定提高绩效的方法，确保建设目标如期实现。

关键词："双高学校"；绩效；自评报告；基准化分析

日前，教育部、财政部印发的《中国特色高水平高职学校和专业建设计划绩效管理暂行办法》(以下简称《绩效管理办法》)附件中列举了双高学校绩效自评报告(以下简称"自评报告")及双高学校建设数据采集表等五张表。本文着重运用基准化分析理论框架谈谈对自评报告的理解。

一、双高建设学校为什么要提交自评报告

自评，是自我评价的简称。相应地，自评报告就是自我评价的报告，它是针对一个组织或个人在某一时段工作的总结与评价。《绩效管理办法》第三条规定：绩效目标是"双高计划"在实施期内预期达到的产出和效果。可以说，自评是开展考核的前提，是为了各建设院校摸清家底，自评报告是双高建设学校在实施期内预期达到的产出和效果的总结与评价。当前，有关"双高计划"及双高建设绩效评价的研究成果不

多，而且处于缺乏系统整理、发表出版的状态。特别值得引起重视和注意的是，目前多数高职院校只是粗糙地使用了各类评价指标体系中的绩效数据，而且对这些数据和信息的分析也比较狭窄和浅陋，这既不利于建设院校将已有的研究成果应用于指导实践，也不利于同行之间的深入交流和提高。

事实上，在“双高计划”启动与实施的过程中，政府、行业企业，特别是院校自身，越来越开始重视对绩效的研究，并据此维持并不断提高其自身的竞争优势与地位。基于上述情状，《绩效管理办法》列举了自评报告，着重考察双高学校对接国家战略，响应改革任务部署，紧盯“引领”、强化“支撑”、凸显“高”、彰显“强”、体现“特”，展示在国家形成“一批有效的职业教育高质量发展政策、制度、标准”方面的贡献度，并通过“双高计划”有关系统填报与备案，这为进一步推进双高建设提供了治理工具保障。

二、双高建设学校自评报告的主要内容

《绩效管理办法》附件中列举了自评报告的参考提纲，这份提纲包括了自评报告的主要内容，由双高学校绩效目标实现程度及效果等八部分组成。可以说，这既界定了双高建设的“共同目标”，也相当于为双高建设学校开展自评提供了一个通用模板。通过这些内容，我们尝试判断和分辨出双高学校所拥有而普通院校所缺乏的一些关键特征，诸如在学校层面和专业群层面的特色以及对双高绩效目标实现的贡献度和社会认可度等方面；也就是说，通过对照这些目标是否达成，可以对双高建设学校的绩效做出评价。笔者将这八部分内容整合为三个方面加以分析。

(一)目标实现程度

目标实现程度属于方向性的范畴,它在一定程度上影响甚至可能决定了双高建设学校往哪里发展的问题,是战略问题。因此,它对于双高建设学校而言是至关重要的。这方面的内容主要包括总体目标的实现程度及效果与阶段性目标的实现程度及效果。

(二)指标完成情况

指标是目标的下位概念,指标是用来衡量达成目标的各项建设任务的完成情况,相对于目标实现程度而言,指标完成情况属于战术问题。这方面的内容主要包括学校层面和专业(群)层面建设任务进度、绩效指标的完成情况,及相应的项目预算执行情况。此外,还需要对实现双高学校绩效目标采取措施的有效性以及对双高绩效目标实现的贡献度和社会认可度有关情况的说明进行评估。

(三)经验与改进

“双高计划”旨在通过集中力量建设一批引领改革、支撑发展、中国特色、世界水平的高职学校和专业群,带动职业教育持续深化改革、强化内涵建设、实现高质量发展。因此,双高学校建设中的经验与做法、甚至包括未完成或偏离绩效目标而出现的问题,无论,是对双高建设学校自身,还是其他双高建设单位,抑或是其他高职院校都是弥足珍贵的。双高建设学校要基于此总结经验,并对发现的问题提出改进措施及有关工作建议。在这个意义上,只有对高职院校的评价机制进行较为具体的指标性的规定,“双高计划”的价值效应才可能达到最大化。

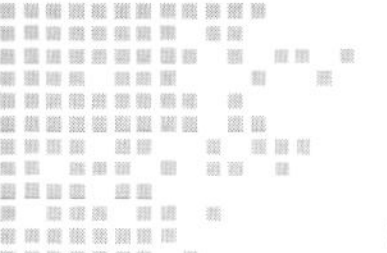

三、基准化分析在双高建设学校自评中的应用

基准化分析(benchmarking exercises)是一种对照目标和指标进行绩效评估的方法,也就是我们经常所讲的“对标”“对表”,这种方法非常强调质量标准(quality standards)和质量优化(quality enhancement)在绩效评估中的作用。因此,绩效目标应做到科学合理、细化量化、可衡量可评价、体现项目核心成果。在“双高计划”推进过程中,开展院校自评即是通过基准化分析,考察其在战略愿景、决策过程、规章制度、竞争性环境以及组织文化等方面目标的实现程度和指标的完成情况。哈泽尔科恩(Hazelkorn)指出,如今“基准化分析已经将院校绩效比较变成一项战略工具”。特别是在大数据、云计算和人工智能的时代,绩效评价逐渐开始向鼓励开展数据交换和广泛分析转变。就未完成或偏离绩效目标的原因以及发现的问题与改进措施的描述和分析而言,这对一所学校来说殊为不易,可以说,做到这一条关键是在日常的建设与管理中都要列出更加详细的量化指标,以清单式的形式来进行数据的实时采集与即时评价。

四、双高建设院校撰写自评报告时应把握的三大原则

学校根据设定绩效目标开展自评。自评环节由学校在总体指标框架下,按照年度、中期及实施期结束后三个阶段进行填报。由于根据本校建设方案自行设置指标,因此可以充分发挥职业院校的主动性和创造性,双高建设院校撰写自评报告时应把握以下三大原则。

(一)内部评价与外部评价相结合

我们知道,不同的高职院校介于不同的区域经济社会发展和历史

文化环境中，不同地区和不同院校如何促进建设一批引领改革、支撑发展、中国特色、世界水平的高职学校和专业群？它们是否面临同样的问题和挑战？一些区域和院校的成功战略和经验是否可以复制到其他区域和院校的环境之中？当然，双高院校和专业群在资源、治理、领导力和组织文化方面，会因处于不同的地区或因位于不同的教育生态系统中而导致采取不同的建设路径，尽管不同的高职院校拥有共同的战略焦点和目标，但从自评报告中可以识别出它们之间不同的建设重点、发展过程和管理机制。因此要坚持内部评价与外部评价相结合的原则。

（二）过程性评价与终结性评价相结合

对于双高建设学校而言，过程性评价与终结性评价通常均包含院校治理框架、质量保障体系、经费投入与使用、透明度与信息公开等要素，由于各个院校所处的环境不同，一些要素可能是必需的，一些则可能并非十分重要，但是，所有这些要素都具有非常重要的评估价值和指导意义。评估指标体系包含一级指标、二级指标、观察点，其中，评价标准、指标说明及计分办法也非常重要，它要求各建设院校对照指标做出自评描述，然后在院校内部由相应的责任部门领受工作任务，继而通过任务分解以加快指标的完成度。在自评的基础上，更好地开展督导评价。

（三）自治与问责相结合

与投入、绩效与问责相联系的是建设、管理与评估，从国家或区域的视角来看是建设高职教育发展高地，从学校的视角来看是管理双高建设进程，从绩效考核的视角来看是评估双高建设绩效，从而形成了一个包含多层次指标的闭环系统。因为具有竞争力的经费来源和资助计划，一定要求院校和专业群层面开展与其相对应的内涵建设与治理改革，这对于双高建设学校而言乃是一种激励或是倒逼其开展改革，进而通过开展有效和自治的管理评估，鼓励实现战略愿景和行动创新，以此有效回应快速变化的区域、全国乃至全球的需求与挑战。

五、双高建设院校自评结果的运用

《绩效管理办法》明确了绩效管理的结果运用原则，即强调教育部、财政部评价结果是完善相关政策、调整中央财政奖补资金、本周期验收以及下一周期“双高计划”遴选的重要依据。同时规定若发生“学校思政工作出现重大问题”“在实施期出现重大问题，经整改仍无改善”等情形时，“双高计划”学校将退出计划，并且不得再次申请“双高计划”。以此来评价学校的双高水准，并以此为依据给予特别财政支持。对于政府及其部门而言，需要认真评估双高建设学校的需求、资源和长期利益，并以此为基础，设计整个国家高职教育发展战略。对于双高院校而言，追求最佳没有通用的模式或秘方，力争能够成为“最佳实践案例”是多数院校的工具性目标，有学者用更形象的“百花园”“百家宴”来描述。双高学校绩效自评要扭转“一纸报告”就是“一个句号”的观念，应当深挖绩效自评报告后续成果，提升绩效自评后的“产能”，发挥绩效自评报告的综合作用。

2018 年 1 月，《教育部 2018 年度工作要点》提出启动实施中国特色高水平高职院校和高水平专业计划。在过去的三年里，越来越多的省（自治区、直辖市）和院校，以及众多的机构加入了这场追求高质量发展过程中。这种旨在提升办学内涵的现象不仅可追溯到优质校建设、骨干校建设乃至示范校建设阶段，我们也可以看到这种趋势必将延续到今后较长的一段时间。当然，简单的经验复制并不能有效地将某一模式从一个学校移植到另一个中去，需要各个双高建设学校根据自身情况博采众长，消化吸收，真正做到创造性转化、创新性发展。

参考文献

[1] 陈正江. 治理表,"双高计划"绩效管理新模式[N]. 中国教育报,2020-12-29(9).